KB273450

굿 라이프를 위한 전망의 지혜

심리학의 묘미

고영건 지음

THE HIDDEN DELIGHTS OF PSYCHOLOGY

박영story

CONTENTS

들어가는 글
: 미로 같은 삶에서 지혜로운 길 찾기

때때로 세상살이는 찰스 디킨스Charles Dickens의 소설을 떠올리게 한다. 『두 도시 이야기』는 이렇게 시작한다.

"최고의 시간이면서 최악의 시간이었다. 지혜의 시대였지만 어리석음의 시대이기도 했다. 믿음의 신기원이 도래함과 동시에 불신의 신기원이 열렸다. 빛의 계절이면서 어둠의 계절이었다. 희망의 봄이었지만 절망의 겨울이기도 했다. 우리는 모든 것을 다 가진 것 같다가도 모든 것을 다 잃은 것 같았다. 다 함께 천국으로 향하다가도 지옥으로 떨어지는 것만 같았다."[1]

이따금씩 삶이 복잡한 미로에 빠진 것 같을 때가 있다. 미로maze와 미궁labyrinth은 다르다.[2] 미로는 복잡한 여러 갈림길로 구성되어 있으나 출구가 존재하기 때문에 올바른 경로를 찾아 벗어나는 것이 가능하다. 반면에 미궁은 시작점에서 끝점까지 오직 한 방향으로만 진행되어 갈림길이 없으며 사실상 출구가 존재하지 않는다. 세상의 미로에서 지혜로운 길을 찾기 위해서는 특별한 준비가 필요하다.

세상을 바라보는 두 가지 방법이 있다. 하나는 '눈'으로 바라보는 것이다. 또 다른 하나는 '마음의 눈'으로 바라보는 것이다. 여기서 눈은 '육안肉眼'을, 그리고 마음의 눈은 '심안心眼'을 뜻한다. 기본적으로 이 둘은 세상을 다르게 본다.

우리에게 심안을 일깨워줄 수 있는 수많은 길들이 존재한다. '심리학'도 그중 하나다. 심리학은 '마음心'의 문제를 다루는 대표적인 학문이기 때문이다.

심리학은 '심학心學'과는 다르다. '유학'에서 심학은 마음의 본질에 기초해 인성을 수양하는 법을 다루는 것을 뜻한다.3) 대조적으로, 심리학은 객관적으로 관찰 가능한 자료에 기초해 인간의 마음과 행동을 탐구하는 학문이다. 심리학의 관점에서 본다면, 심안은 바로 '심리학적인 안목'을 의미한다.

학문의 측면에서 심리학은 매우 독특한 특징을 지니고 있다. 바로 자연과학, 사회과학, 인문학적인 접근 간 '통섭通攝'을 추구한다는 점이다. 심안, 혹은 심리학적인 안목은 그 세 가지 접근 모두를 필요로 한다. 무릇 온전한 것이 올 때 비로소 부분적으로 하던 것이 사라지는 법이기 때문이다.4)

시카고 대학의 사회과학 빌딩 외벽에는 과학적 방법론의 전통과 관련된 유명한 금언이 새겨져 있다.5) "측정할 수 없는 지식은 빈약하고 불충분하다."6) 이 문구는 영국의 물리학자 켈빈 경Lord Kelvin이 과학적인 방법론을 강조하면서 했던 말을 차용한 것이다.

이 말에 대해 시카고학파의 초기 멤버 중 하나인 경제학자 제이콥 바이너Jacob Viner는 이렇게 덧붙였다. "숫자로 측정하고 나타낼 수 있을 때조차도, 여전히 당신의 지식은 빈약하고 불충분하다."7)

왜냐하면, 인간의 삶과 세상을 움직이는 데 결정적인 역할을 하는 것들 중에는 과학적으로 측정할 수 없는 것이 포함되어 있기 때문이다.8)

인간의 삶과 관련된 수많은 난제들을 이해하고 해결하는 데는 과학적인 방법만으로는 충분하지 않다. 기본적으로 인간의 마음과 행동 문제를 다루는 경우에는 과학적인 방법과 인문학적인 지혜를 통합적으로 활용하는 것이 필요하다. "삶은 과학의 대상이 되기에는 너무나 인간적인 것"9)이기 때문이다. 따라서 우리는 과학과 지혜 중 굳이 어느 하나만을 선택할 이유는 없다! 그리고 심리학은 과학과 지혜 그 둘 모두를 지향하는 대표적인 학문이다.

1. 인생이라는 학교에서 배워야 하는 삶의 지혜, 전망

우리에게는 왜 심리학적인 안목이 꼭 필요한 것일까? 그 이유는 바로 우리가 자신과 세상을 제대로 이해하기 위해서는 육안으로는 보지 못하는 세계를 심안을 통해 온전하게 바라볼 수 있어야 하기 때문이다.

우리가 지도와 나침반을 가지고 여행을 떠난다고 가정해 보자. 우리에게 아무리 정교한 지도와 훌륭한 나침반이 있다고 해도 우리가 목적지에 도달하는 것이 보장되지는 않는다. 아무리 정교한 지도와 나침반을 가지고 있어도 자신이 지도상 어디에 있는지 모른다면, 그것들은 무용지물일 뿐이기 때문이다. 보통 우리는 이러한 문제와 관련된 지혜를 '인생이라는 학교'에서 배운다. 아마도 다음의 '사고실험'은 현재 자신이 어디에 있는지를 파악하는 데 도움이 될 것이다.

어느 날 저녁에 당신이 혼자 집 근처를 산책하고 있었다. 하필이면 그때 어느 정신과 폐쇄병동에서 '조현병' 환자가 치료진 몰래 빠져나왔다. 그래서 병원에서는 환자를 찾기 위해 의료진을 내보냈다.

문제는 정말 우연히도 그 환자가 당신과 쌍둥이처럼 닮았다는 점이다! 그래서 의료진은 당신을 보자마자 자신들이 찾던 조현병 환자로 오인했다. 의료진이 다짜고짜 당신을 앰뷸런스에 태우려 할 때 당신은 강력하게 항의했다. 하지만, 의료진은 당신이 폐쇄병동으로 되돌아가기 싫어서 거짓말을 한다고 생각했다. 공교롭게도 당신은 지갑과 휴대폰을 모두 집에 두고 나왔기 때문에 신분을 증명할 길이 없었다. 결국 당신은 정신과 폐쇄병동에 입원하게 되었다.

만약 이처럼 당신이 실수로 정신과 폐쇄병동에 입원하게 된다면, 당신은 어떻게 하겠는가? 흔히 사람들은 이 질문을 받으면, 치료진의 오해를 풀기 위해 노력하겠다고 대답한다. 예를 들면, 가족과의 통화를 요청하거나 병원의 진료 기록과 자신의 상태를 비교해달라고 요구하는 것이다.

그런데 정신과 폐쇄병동은 매우 특수한 곳이다. 정신과 폐쇄병동에 입원한 환자들 중에는 망상 속에서 자신은 특별한 사람이며 자신의 신분을 알고 있는 외부인에게 연락해달라고 요청하는 사람들이 있다. 이런 이유로 치료진은 자신의 정체를 알고 있는 외부인과 연락을 취해 달라는 요청을 받는 것에 익숙하다. 특히 문제는 당신이 폐쇄병동을 탈출했던 환자와 똑같이 생겼다는 점이다. 그래서 치료진 중 그 누구도 당신이 폐쇄병동을 탈출한 환자와는 다른 사람이라는 점을 상상조차 할 수 없었다. 또 치료진의 입장에서 볼 때, 이미 한 번 탈출한 적이 있는 당신의 말을 믿기는 더더욱 어려울 것이다.

만약 이러한 상황이라면, 당신은 어떻게 하겠는가? 단, 이 질문에 답할 때는 다음의 순서를 따라가 보기 바란다. 먼저, 이러한 문제 상황에서 '퇴원 시기를 앞당길 수 있는 방법이 존재한다고 믿는가?'라는 물음에 답한다. 다음으로, 만약 그러한 방법이 존재한다고 믿는다면, 그 구체적인 방법이 무엇인지 답하는 것이다. 그리고 만약 그러한 방법이 존재하지 않는다고 믿는다면, 그 이유가 무엇인지 답하는 것이다.

가수 심수봉이 한 TV 토크쇼에서 직접 들려준 이야기는 이 문제와 관련해서 좋은 시사점을 준다.10) 심수봉은 박정희 대통령 시해사건의 현장에 있었던 것이 계기가 되어 그 후로 정부 보안부서의 요주의 인물 중 하나가 되었다. 당시에 심수봉의 남편이 정부에 비판적이었는데 이 일 때문에 두 사람 모두 '서빙고 대공분실'로 끌려간 적이 있었다. 그때 심수봉은 남편이 고초를 겪는 고문실 옆방에서 그 소리를 고통스럽게 듣고 있어야 했다.

그 과정에서 심수봉은 심리적으로 상당한 충격을 받았고 그 후 본인의 의사와는 무관하게 정신병원으로 강제 입원되었다. 이송된 병원에서 심수봉은 치료진에게 퇴원하게 해달라고 요청했지만 약한 달이 지나서야 비로소 퇴원할 수 있었다.

심수봉의 일화는 일단 정신과 폐쇄병동에 입원을 하게 되면, 당사자가 퇴원을 요청하더라도 실제로 퇴원을 할 때까지는 상당한 시일이 걸릴 수 있다는 점을 보여준다. 왜냐하면, 기본적으로 정신과 폐쇄병동에서는 정신과 치료가 필요한 사람과 그렇지 않은 사람을 구분하는 것이 매우 어렵기 때문이다.

1973년 저명 학술지 '사이언스'에 놀라운 연구 결과가 발표되었다.11) 심리학자 데이비드 로젠한David Rosenhan이 정신과 의사가 치료를 필요로 하는 사람과 그렇지 않은 사람을 얼마나 정확하게 구분해내는지 테스트한 결과를 발표한 것이다.

그는 8명의 일반 성인을 12개 병원의 정신과로 보냈다. 이들은 정해진 각본대로 정신과 의사에게 이따금씩 불분명한 형태의 환청을 경험한다고 말하면서 내적인 공허감 등을 호소하였다. 그 결과, 8명 모두 정신병적인 증상을 갖고 있는 것으로 진단되었고 그중 7명은 조현병 진단을 받았다. 결국 이들은 7일에서 52일, 평균 약 19일 동안 정신과 폐쇄병동에 입원조치되었다. 실험참여자들은 폐쇄병동에서 처방된 항정신병 약물을 삼키지 않고 입 안에 잠시 숨겼다가 몰래 버렸다.12)

중요한 점은 일단 폐쇄병동에 입원한 다음부터는 8명 모두 일반 사람들처럼 행동했다는 점이다. 그럼에도 불구하고 이들이 폐쇄병동에서 퇴원하기까지는 평균 약 19일이 걸렸다. 특히 입원 시 조현병 진단을 받았던 7명은 퇴원할 때도 진단명이 바뀌지 않았다.

하지만 로젠한의 연구에는 심각한 결함이 있었다.13) 그 대표적인 예로 로젠한은 논문에서 밝히지 않았지만 본인이 직접 가짜 환자 중 하나로 참여했다. 더 심각한 문제는 자신이 가짜 환자로 병원을 방문했을 때, 논문에 보고했던 것보다 훨씬 더 심각한 정신병적인 증상들을 보고했다는 점이다.

로젠한의 연구와 관련된 가장 흥미로운 결과는 그가 논문을 출판한 다음에 정신과 의사들이 그에게 격렬하게 항의하면서 드러나게 되었다. 한 정신과 의사는 로젠한이 환자 역할을 맡은 실험참여자들을 진료체계가 제대로 갖추어지지 않은 병원으로 보낸 것이 분명하다고 비판했다. 그러면서, 만약 앞으로 석 달 동안 그가 자신의 병원으로 실험참여자들을 보낼 경우 가짜 환자들을 모두 찾아낼 수 있다고 주장했다.14) 그러자 로젠한도 그 제안을 받아들였다.

로젠한은 직접 병원 회의에 참석해 치료진에게 앞으로 석 달 이내에 적어도 한 명 이상의 가짜 환자가 병원을 방문하게 될 것이라고 말했다. 그리고 향후 석 달 간 정신과를 방문하는 모든 환자들에 대해 진짜 환자인지, 가짜 환자인지를 평가해 달라고 요청했다.

석 달 후 그 병원의 정신과 의사들은 테스트 기간 동안 정신과에서 진료를 받은 193명의 환자들 중에서 로젠한이 보낸 가짜 환자들을 무려 23명이나 찾아냈다고 주장하였다.15) 그 병원에서 근무하는 간호사와 사회복지사들의 평가에서는 가짜 환자의 숫자가 41명이나 되었다.

그러자 로젠한은 테스트 기간 동안 자신은 가짜 환자를 한 명도 보낸 적이 없다고 반박했다. 이로써 정신과의사들과 로젠한의 대결은 로젠한의 승리로 일단락되었다.

다만, 현대적인 기준을 적용하는 경우, 약 12~21% 수준의 진단 오류는 바람직한 것은 아닐지라도 그렇다고 해서 그렇게 놀랄 만한 수준은 아니라고 할 수 있다. 하지만 직업적 자존심을 내걸고서 로젠한에게 대결을 신청했던 정신과 의사, 간호사, 사회복지사들은 자신의 진단 실력을 과신했다. 그들은 자신이 가짜 환자에게 속아 넘어가는 일은 "절대로 일어나지 않을 것이고 설사 일어난다 하더라도 금방 바로잡을 수 있다"16)고 호언장담했다. 그러나 현실은 그들의 생각과는 분명하게 달랐다.

로젠한의 실험 이후, 정신의학의 진단체계는 혁명적으로 변했다. 정신과 의사 앨런 프랜시스Allen Frances에 따르면, "그러한 변화는 로젠한의 프로젝트가 촉발한 것이었다."[17]

로젠한의 주장처럼, 정신과 폐쇄병동에서는 치료가 필요한 사람과 그렇지 않은 사람을 구분하는 것이 일반 사람들이 생각하는 것보다는 훨씬 더 어렵다. 그 이유가 무엇일까?

2. 1급수 물고기와 3급수 물고기

저자는 지난 2000년부터 이러한 문제를 효과적으로 설명하기 위해 '1급수 물고기와 3급수 물고기 이야기'를 창안해서 활용해 왔다. 때로는 비유적인 표현이 논리적인 설명보다 문제의 핵심을 더 잘 짚어내기 때문이다.

세상에는 '1급수 물고기'와 '3급수 물고기'가 있다. 3급수에는 3급수 물고기가 산다. 그리고 1급수에는 1급수 물고기와 3급수 물고기가 산다. 따라서 어떤 물고기가 1급수에서 사는 경우에는 그것이 1급수 물고기인지 아니면 3급수 물고기인지 구분하기 어렵다. 반면에 어떤 물고기가 3급수에서 사는 경우에는 그것이 3급수 물고기라는 것을 쉽게 파악할 수 있다. 1급수 물고기는 3급 수질을 견뎌낼 수 없기 때문이다.

자 그렇다면, 비유적으로 표현할 경우 정신과 폐쇄병동은 1급수의 환경에 해당될까 아니면 3급수의 환경에 해당될까? 물론, 1급수 환경이다. 그렇다면, 1급수 환경에서 1급수 물고기와 3급수 물고기를 구분할 수 있을까? 아마도 어려울 것이다. 이것이 바로 정신과 폐쇄병동에서는 치료가 필요한 사람과 그렇지 않은 사람을 구분하는 것이 어려운 이유다!

　세상에는 1급수 물고기에 해당되는 사람들이 있다. 이들은 3급수에서는 건강하게 생활하기가 어렵다. 그래서 3급수에서 생활하다가 문제가 생기면 1급수 환경에 해당되는 정신과 폐쇄병동 혹은 그와 유사한 곳으로 가서 치료를 받는다. 반면에 3급수 물고기에 해당되는 사람들은 3급수 환경에서도 잘 적응한다.

　1급수 물고기가 3급수 환경에서 생활하는 데 어려움을 겪는 경우, 1급수 물고기를 탓하는 것은 그다지 지혜롭지 못한 태도다. 정작 문제인 것은 1급수 물고기가 아니라 3급수 환경이기 때문이다. 중요한 것은 1급수 물고기를 3급수 물고기로 바꾸는 것이 아니라, 3급 수질을 1급 수질로 바꾸는 것이다.

　이러한 점은 인간의 경우도 마찬가지다. 누군가 3급수 환경에 잘 적응하지 못한다면 그것은 3급수 환경을 바꿀 필요가 있다는 강력한 신호라고 할 수 있다. 3급수 물고기에 해당되는 사람들이 3급수 환경에서 잘 적응할 수 있다고 해도, 그들 역시 3급수보다는 1급수에서 생활하는 것이 더 좋을 것이다.

　로젠한의 논문은 다음과 같은 질문으로 시작된다. "만약 '온전한 정신'과 '정신이상'이 존재한다면, 우리는 그것들을 어떻게 구분할 수 있을까?"[18] 로젠한이 제기했던 이러한 문제의식은 오늘날에도 여전히 우리에게 중요한 시사점을 준다.

　2008년 영국의 BBC 방송국은 로젠한의 질문과 관련된 흥미로운 리얼리티쇼를 방영했다.[19] "당신은 어느 정도로 이상합니까?"라는 프로그램이다. 그 방송에서는 런던 교외의 한 저택에서 10명의 지원자가 모여 일주일간 함께 생활하는 모습을 보여주었다. 10명의 지원자 중 5명은 심각한 정신장애를 앓은 적이 있었고 나머지 5명은 일반 성인이었다.

이 프로그램의 제작의도는 저명한 정신과 의사, 임상심리학자, 정신건강 간호사로 구성된 전문가 패널이 과연 이 두 집단을 성공적으로 구분해낼 수 있는지를 테스트하는 것이었다. 패널은 정신건강 분야의 저명한 전문가들로 구성되었다. 예를 들면, 패널 중 하나인 정신과 의사 마이클 퍼스트Michael First는 미국의 컬럼비아 의과대학 정신과 교수로서 대표적인 정신과 진단체계인 'DSM−5'의 개정판 작업에서 에디터를 맡기도 했다.[20]

정신건강 전문가들이 지원자들의 잠재적인 취약성을 평가할 수 있도록 하기 위해, 지원자들에게는 도전 과제로 외양간 청소, 스탠드업 코미디 공연, 심리검사 등이 주어졌다. 그리고 정신건강 전문가들이 감별해내야 하는 정신장애는 조현병, 우울증, 양극성장애, 사회불안장애, 강박장애, 섭식장애였다.

테스트 결과, 정신건강 전문가들은 정신장애의 병력을 갖고 있는 지원자 5명 중 2명만 정확하게 감별해냈다.[21] 나머지 세 명의 경우, 한 명에 대해서는 실제 병력과는 다른 진단을 내렸고 나머지 두 명에 대해서는 그들에게 정신장애의 병력이 있다는 점을 눈치채지 못했다. 또 지원자 중 건강한 성인 2명에 대해서는 그들에게 정신장애가 있다고 오진했다. 특히, 정신건강 전문가들은 실제로는 조현병 병력이 없었던 지원자가 그러한 병력이 있는 것처럼 보인다고 평가하는 동시에, 실제로 조현병 병력이 있는 지원자는 알아차리지 못했다.

BBC의 리얼리티쇼는 로젠한이 남긴 메시지가 21세기에도 여전히 유효하다는 점을 보여준다. 정신건강 분야의 세계적인 석학들조차도 정신장애를 정확하게 판별해내기는 어려울 수 있다는 것이다.

그렇다면, 스스로 자문해보기를 바란다. "나는 1급수 물고기인가, 아니면 3급수 물고기인가?" 누구에게나 힐링은 필요하다. 만약 당신이 3급수 물고기라면, 많이. 만약 당신이 1급수 물고기라면, 아주 많이.

만약 2급수 물고기라면? 2급수 물고기 역시 1급수 물고기와 마찬가지로 3급수에서 온전하게 살 수 없는 것은 마찬가지다. 여기서 가장 중요한 점은 안타깝게도 우리 모두가 3급수에서 살고 있다는 사실이다!

1급수 물고기와 3급수 물고기 이야기의 시사점은 다음과 같다. 첫째, 3급 수질의 세상 속에서 1급수 물고기들이 심리적으로 어려움을 겪는다면, 그들을 탓하는 것은 결코 지혜로운 관점이 아니라는 것이다. 둘째, 이 세상의 3급 수질을 1급 수질로 바꾸기 위해서는 1급수 물고기와 3급수 물고기가 서로 힘을 합칠 필요가 있다는 것이다. 마지막으로, 진정한 치유를 위해서는 세상을 지금보다 조금 더 살 만한 곳으로 바꾸려는 노력이 필요하다는 점이다. 3급수 물고기가 3급 수질에 적응하거나 1급수 물고기가 3급 수질에 적응하게 되는 것은 진정한 치유가 될 수 없다. 진정한 치유는 이 세상의 3급 수질을 1급 수질로 바꾸는 것이어야 한다!

3. 심리학적인 전망이 필요한 이유

기본적으로 이 책에서는 심리학적인 '전망prospection'을 통해 개인의 삶의 문제에서 한국 사회가 직면하고 있는 문제에 이르기까지 다양한 이슈들을 조망해보고자 한다. 전망은 미래에 대한 일종의 정신적 표상으로서, 삶을 적응적인 방향으로 이끌어가는 데 필수적인 역할을 한다.

보이지 않지만 심안으로 바라봐야 하는 대표적인 세계 중 하나는 바로 '리스크risk' 영역이다. 리스크와 관련해서 널리 알려진 정의 중 하나는 다음과 같다. "당신이 예상 시나리오를 남김없이 고려했다고 생각한 후에 남는 것이 리스크다."22) 이처럼 우리들에게 리스크는 보이지 않는다! 하지만 역사는 리스크가 보이지 않는다는 이유로 그에 대한 대비가 소홀했던 사람들에게 가장 심각한 비극이 발생한다는 점을 보여준다.

사람들은 눈에 보이지 않는 세계에 대해서는 잘 생각하지 못하는 경향이 있다. 셜록 홈스Sherlock Holmes의 '실버 브레이즈Silver Blaze'23) 이야기는 우리가 눈에 보이지 않는 세계에는 주의를 잘 기울이지 못하는 경향이 있다는 점을 잘 보여준다. 살인 사건을 수사 중인 경감이 셜록 홈스에게 물었다. "혹시 제가 주목하기를 바라는 것이 있습니까?" 셜록 홈즈는 이렇게 말했다. "그날 밤, '개에게 일어난 흥미로운 사건'이요." 그러자 경감은 다음과 같이 대답했다. "그 개는 그날 밤에 아무것도 하지 않았습니다." 이에 셜록 홈즈는 이렇게 지적했다. "그것이 바로 이상한 사건이었죠." 나중에 셜록 홈즈는 그 이유를 다음과 같이 설명했다. "분명히 한밤중에 찾아온 방문자는 그 개가 잘 알고 있는 사람이었습니다."

사람들이 자신의 눈에 보이지 않는 것에 대해 생각하는 것을 어려워하는 점은 심리학 실험을 통해서도 분명하게 입증된다. 한 실험에서 참여자들에게 BFK처럼 세 개의 알파벳 문자로 구성된 무의미 철자세트를 한 번에 두 개씩 제시해 나가면서, 둘 중 하나만이 특별한 철자세트라고 알려주었다.24) 참여자가 수행해야 하는 과제는 60번의 시행 이내에 그 특별한 철자세트를 구성하는 규칙이 무엇인지를 알아내는 것이었다. 이 실험에서는 동시에 제시되는 두 개의 철자세트 중 '특별한 철자세트에는 T가 포함되어 있다는 사실'을 알아내는 것이 참여자가 알아내야 하는 규칙이었다. 이러한 과제에서는 참여자들이 그 규칙을 알아내는 데 평균적으로 약 35번의 시행이 필요했다.

그런데 특별한 철자세트를 구성하는 규칙을 바꿔서, '특별한 철자세트에는 T가 포함되어 있지 않은 것'을 규칙으로 설정하고서 참여자들에게 과제를 수행하도록 하면, 참여자들은 정해진 60번의 시행을 마칠 때까지 아무도 문제를 해결하지 못했다. 이처럼, 사람들은 자신의 '눈에 보이는 것에 대해서 생각하는 것'에 비해 자신의 '눈에 보이지 않는 것에 대해서 생각하는 것'을 훨씬 더 힘들어 한다. 하지만 때때로 삶에서는 '눈에 보이지 않는 세계'에 각별한 주의를 기울이는 것이 중요할 수 있으며 이러한 문제 상황에서는 심리학적인 접근이 필요하다.

기본적으로 인간의 마음은 보이지 않는 세계다. 심리학적인 전망은 우리가 이처럼 '보이지 않는 세계'를 '보이는 세계'를 통해 바라볼 수 있도록 해주고 그러한 세계와 관련된 의사결정을 보다 더 지혜롭게 할 수 있도록 도와준다.

사실, 우리가 눈으로 볼 수 있는 대상이라고 해서 사람들이 그러한 대상을 제대로 보는 것이 보장되는 것도 아니다. 왜냐하면, 사람들은 눈에 보이는 세계조차 놓칠 때가 있기 때문이다. 특히, 이러한 영역에서 문제가 발생했을 때는 상식적인 방법으로는 문제를 해결하기가 어렵기에 심리학적인 접근이 더욱더 중요해진다.

오토바이 사고의 절반 이상은 자동차와의 충돌로 일어난다.[25] 특히 이러한 사고의 65%는 자동차 운전자가 좌회전을 하면서 앞에 있는 오토바이를 보지 못한 채 주행을 하다가 발생하게 된다. 이러한 현상은 '부주의 맹시inattentional blindness'[26]와 관계가 있다. 이것은 우리가 즈의를 기울이지 않는 대상은 눈앞에 있어도 제대로 보지 못하는 현상을 말한다.

자동차 운전자들은 자신이 주행 중인 도로 위에는 주로 자동차가 있을 것으로 기대하기 때문에, 그러한 기대에서 벗어나 있는 오토바이가 실제로 눈앞에 나타날 가능성을 잘 떠올리지 못한다. 이는 우리가 때때로 '눈에 보이는 것'을 보는 것이 아니라, '예상 가능한 것'을 보는 경향이 있음을 시사한다.

이러한 부주의 맹시 문제 역시 우리의 생각이 보이지 않는 세계까지는 잘 미치지 못하는 것과 관계가 있다. 눈에 잘 띄지 않는 것(도로 위의 오토바이)은 생각으로 잘 떠올리지 못하기 때문에 자연히 그에 대한 대비도 소홀하게 되는 것이다.

아마도 상식적으로는 이러한 도로 위 오토바이 사고 문제를 예방해 줄 것으로 기대되는 문제해결 방법은 오토바이가 시각적으로 자동차 운전자의 눈에 잘 띄도록 만드는 것이 될 것이다. 하지만 이러한 상식적인 방법은 실제로는 기대만큼 효과적이지는 않다. 시각적으로 오토바이가 눈에 띄도록 만들더라도, 어차피 운전자가 도로에서 오토바이를 발견하는 것을 충분히 예상 가능한 것으로 떠올리지 못하면 그러한 시각적 효과는 나타나지 않기 때문이다.[27] 이런 이유로 도로 위를 주행하는 오토바이가 적은 지역보다 많은 지역에서 오히려 자동차와 오토바이 간 접촉 사고는 훨씬 적게 일어나게 된다.

4. 이 시대의 선남선녀善男善女들을 위한 전망의 지혜

영국의 철학자 아이리스 머독Iris Murdoch은 행복에 관해 다음과 같은 명문을 남겼다.

> "우리는 단순히 자유로워진다고 해서, 혹은 교육을 받았다고 해서 행복해지는 것이 아니다. 교육은 만약 우리가 행복하다면, 바로 그때 우리가 행복하다는 사실을 깨닫게 해주는 수단이 될 수 있다. 교육은 우리의 눈을 뜨게 하고, 귀를 열어주며 우리의 삶에서 기쁨이 어디에 숨어 있는지 알려준다. 그와 더불어 세상에서 가장 중요하고도 유일한 자유는 정신적 자유라는 점을 확신시켜준다. 이를 통해 교육은 우리에게 마음, 즉 교육받은 마음이 제시하는 길을 자신감 있게 걸어갈 수 있는 확신을 심어준다."[28]

삶에서 전망의 지혜를 배우는 것도 마찬가지다. 전망의 지혜를 터득한다고 해서 행복한 삶이 보장되는 것은 아니다. 하지만 전망의 지혜는 우리의 삶이 행복한 방향으로 가고 있는지 아니면 잘못된 방향으로 가고 있는지를 스스로 모니터링해 볼 수 있는 중요한 기준을 제시해 준다. 이를 통해 만약 우리의 삶이 잘못된 방향으로 가고 있다면, 전망의 지혜를 갖추지 못한 사람에 비해 신속하게 자신의 삶을 바로 잡을 수 있는 기회를 제공해 준다.

인생에서 가장 슬픈 일 중 하나는 죽는 순간까지도 자신의 삶이 어떠한 것이었는지를 파악할 수 있는 전망의 지혜를 갖추지 못하는 것이다. 아마도 이러한 사람은 죽을 때까지 자신의 삶에 대해 한 치의 후회조차 안 할 것이다. 하지만 삶에서 때로는 후회를 안 하는 것이 후회를 하는 것만 못할 수 있다. 그러한 일은 주로 전망의 지혜를 갖추지 못한 채 삶을 마칠 때 일어난다! 그러한 삶에서는 의미를 찾기도 어렵고 삶 자체가 인간적으로 풍요롭지도 않을 것이며 진정한 의미에서의 행복감도 주지 못할 것이다.

우리는 오직 한 번뿐인 인생을 그렇게 살 이유가 없다! 아니, 오직 한 번뿐인 인생이 그렇게 흘러가는 것을 그냥 내버려둬서는 안 될 것이다!

2024년 12월, 한국의 민주주의는 새로운 시험대에 올랐다. 버락 오바마Barack H. Obama 전前 미국 대통령은 한 포럼에서 민주주의의 어려움을 보여주는 사례로 '한국'을 언급하기도 했다.29) 현재 한국 사회가 직면하고 있는 혼란이 마치 새롭게 대두된 위기처럼 보일지라도 실상은 '오래 묵힌 숙제'에 해당된다. 즉, '미해결된 과제의 귀환'인 것이다.

시절이 하 수상할수록 우리가 잊어서는 안 되는 것이 있다. 바로 인생의 묘미 중 하나가 '그럼에도 불구하고'에 있다는 점이다. 중국의 시인 꾸청顧城은 이러한 점을 상징적으로 보여주는 짧은 시를 남겼다. "어둔 밤은 내게 검은 눈동자를 주었지만, 나는 그것으로 세상의 빛을 좇는다."30)

지금 이 순간에도 우리 사회에서 민주주의의 핵심 원칙들은 끊임없이 공격받고 있다. 그리고 이 틈을 타 비관주의와 냉소주의가 곳곳에서 자라고 있다. '그럼에도 불구하고' 바로 지금이 우리가 민주주의에 대해 숙고하고 민주주의의 금자탑을 다시 세우기 위한 어려운 도전에 나서야 할 적기라고 할 수 있다. 왜냐하면, '민주주의의 심장'은 바로 지금과 같은 사회적 긴장과 갈등을 창조적이고 생산적인 에너지로 전환하는 것이기 때문이다.

작가 테리 윌리엄스Terry T. Williams에 따르면, 민주주의의 '첫 번째 보금자리the first home'는 바로 인간의 마음이다.31) 이런 맥락에서 작가 파커 파머Parker J. Palmer는 우리가 민주주의 핵심 인프라 중 하나인 '마음의 보이지 않는 역동'에 각별한 주의를 기울여야 한다고 주장했다.32)

흔히 사람들은 '긴장과 갈등'이 위험한 것이어서 가능하면 없애야 한다고 믿지, 우리 모두가 마음속에 품어야 할 심리적인 에너지라고 생각하지는 않는다. 실제로 긴장과 갈등은 삶에서 스트레스를 유발한다. 하지만 우리는 부정적이고 파괴적인 '디스트레스distress'와 긍정적이고 성장에 기여하는 '유스트레스eustress'를 구분할 필요가 있다.33) 민주주의의 핵심 요소 중 하나는 바로 사회적 디스트레스를 심리적으로 성숙하게 유스트레스로 전환하는 것이다.

본질적으로 민주주의에서는 긴장과 갈등을 사회의 발전을 위한 원동력으로 삼는다. 이런 점에서 사회 속 긴장과 갈등을 다양성에 대한 존중과 관용의 정신을 바탕으로 성숙하게 풀어내려 하지 않고, 상대를 '억압'하거나 '악마화'하려는 모든 시도는 반민주적이라고 할 수 있다.

어느 사회에서나 긴장과 갈등은 존재하기 마련이다. 하지만 사회적 긴장과 갈등 '때문에' 특단의 조치가 필요하다는 식의 미성숙한 주장은 민주주의와 양립할 수 없다. 민주주의에서는 그러한 긴장과 갈등에도 '불구하고' 어떤 선택의 지혜를 발휘하는가가 중요하다.

사회에서 민주적 가치가 올바르게 자리 잡기 위해서는 시민이 '인생이라는 학교'에서 '공감'과 '연민'을 배워야 한다. 공감에 대한 사회학습 과정에서의 핵심은 다른 사람의 생각과 감정이 '나와 다름에도 불구하고' 그리고 내가 상대방의 생각과 감정을 '도무지 이해할 수 없음에도 불구하고' 그러한 상대방을 포용하고 존중하는 법을 배우는 것이다.

여기서 중요한 점은 우리가 공감을 제대로 배우기 위해서는 누군가로부터 적어도 한 번은 연민을 선물 받은 적이 있어야 한다는 것이다. 연민은 상대방이 경험하는 고통이나 혼란을 제거해 줌으로써 그 사람의 삶이 더 나아질 수 있도록 돕고자 하는 것이다. 연민은 동정과 다르다. 동정은 우리에게 불편감을 심어주는 부정 감정인 반면, 연민은 우리가 사회적으로 가치 있는 삶을 살도록 해주는 긍정 감정이다. 이런 점에서 연민은 공감의 뿌리라고도 할 수 있다.

공감과 연민은 베푸는 사람과 받는 사람 모두에게 유익함을 선사해 준다는 점에서 사랑만큼이나 좋은 것이다. 하지만 삶에서 공감과 연민의 가치를 배우는 것은 비싼 대가를 요구하기도 한다. 누구나 자신의 삶에서 중요한 사람(예컨대, 부모)에게 미운털이 박히는 값비싼 수업료를 치르고서야 실감나게 깨우칠 수 있기 때문이다. 대부분의 사람들이 공감하기 어려운 행동을 했음에도 불구하고 누군가로부터 연민을 선물 받는 경험을 할 때, 비로소 우리는 공감과 연민의 진정한 가치를 깨닫게 된다. 바로 이것이 민주주의의 근간을 이루는 사회 경험인 것이다.

민주주의에 걸맞는 성품은 결코 타고나는 것이 아니다. 인생이라는 학교에서 공감과 연민의 가치를 성숙하게 체화해낸 사람들만

이 민주주의 사회의 시민이 될 수 있다. 민주주의의 묘미는 '그럼에도 불구하고'에 있다.

존 어빙John Irving의 소설, '사이더 하우스The Cider House Rules'에는 현실과는 동떨어진 억압적 규율들이 야기하는 사회적 모순을 어떻게 해결할 것인지에 관한 고민이 담겨 있다. 존 어빙은 자신의 소설을 동명의 영화 시나리오로 직접 각색해 제72회 아카데미 시상식에서 각색상을 수상하기도 했다.34) 작품 속에서 사이더 하우스 규칙들은 사이더 하우스 인부들의 숙소 벽에 붙어 있는 규정들로서, 현실과 동떨어진 억압적인 규율들을 상징한다.

어느 사회에서나 억압적인 성격의 사이더 하우스 규칙들은 존재한다. 이러한 사이더 하우스 규칙들의 문제에 대처하는 한 가지 방법은 '악법도 법이다'는 식의 믿음을 갖는 것이다. 오랫동안 '악법도 법'이라는 말은 소크라테스Socrates가 했던 말로 와전되어 왔다. 하지만 소크라테스는 악법도 법이라는 말을 한 적이 없다.35) 이런 이유로 헌법재판소는 교육부에 초중고교 사회 교과서의 소크라테스 일화 부분을 수정해달라고 공식적으로 요청하기도 했다.36) 소크라테스가 '악법도 법'이라고 말하면서 독배를 마셨다는 일화를 준법정신 강조를 위한 사례로 사용하는 것이 결코 바람직하지 않다는 것이다.

소크라테스 일화에 관한 오해와는 별도로, 사이더 하우스 규칙들과 관련해서 준법정신을 강조하는 관점은 여전히 유효할 수 있다. 다만, 그러한 시각만이 유일하게 가치 있는 관점이라고 할 수는 없다. 왜냐하면, 사이더 하우스 규칙들에 대해 준법정신을 강조하는 것이 완벽한 답안은 아닐 것이기 때문이다. 만약 사이더 하우스 규칙들과 관련해서 준법정신을 강조하는 식의 대처가 완전한 것이 아니라면, 대안을 적극적으로 탐색할 필요가 있을 것이다.

사이더 하우스 규칙들의 문제에 대처하는 또 다른 방법으로는 잘못된 것을 바로잡기 위해서 모순적인 성격의 규칙을 깨트리는 것이다. 이것이 대안으로 기능하기 위해서는 전제 조건이 필요하다. 바로 사회가 선량한 시민의 존재 가치를 인정해 주는 것이다. 비록 사이더 하우스 규칙에는 저촉되더라도, 많은 사람들이 공감할 수 있는 선행은 얼마든지 존재한다. 만약 누군가의 선한 행동에 대해 과반수 이상의 사람들이 공감할 수만 있다면, 이러한 특수한 조건하에서는 사회도 선량한 시민이 사이더 하우스 규칙에 저촉되는 행동을 한 것에 대해 관용을 베푸는 것이 가능할 것이다.

물론, 세상 사람들 중 사이더 하우스 규칙에 저촉되는 행동을 하는 사람들의 숫자가 늘어날 경우 그 사회는 엄청난 혼란에 빠지게 될 것이다. 하지만 사이더 하우스 규칙들이 명백히 존재하는 상황에서 모든 사람들이 그러한 규칙들에 그저 눈을 감은 채 살아가게 된다면, 수많은 사람들이 무기력감 속에서 희생양으로 전락하게 될 것이다. 애초에 인간이 만든 규칙이 완벽할 수 없는 것이라면, 어느 사회에서든지 사이더 하우스 규칙과 더불어 그러한 규칙에 저촉되는 행동을 보이는 사람은 나타나기 마련이다.

단, 어느 사회에서든지 사이더 하우스 규칙들에 대항해 마치 '신과도 같은 역할playing god'을 맡는 사람들은 반드시 선량한 사람, 즉 심리적으로 성숙한 사람이어야 한다. 특히, 그러한 사람은 '연민'에 기초한 공감적 태도를 갖추고 있어야 한다.

'세븐Seven'이라는 영화에는 연쇄살인을 통해 세상 사람들에게

성서에 등장하는 7대 죄악, 즉 식탐, 탐욕, 태만, 욕정, 교만, 시기, 분노에 대한 설교를 남기고자 하는 과대망상 환자가 등장한다. 그는 자신이 신의 대리인으로서 옳은 일은 한다고 믿었지만, 정작 그 자신은 신의 대리인에게 가장 중요한 자질 중 하나를 갖추지 못했다. 바로 연민에 기초한 공감적 태도가 없었던 것이다.

시인 윌리엄 예이츠William B. Yeats는 1차 세계대전의 참상과 현대문명의 위기를 목격한 후 이런 명문을 남겼다. "최선의 인간은 신념을 잃고 최악의 인간은 열정을 얻는다."[37]

최악의 인간이 열정적으로 됨으로써 심각한 혼란을 초래하는 것을 막기 위해서라도, 건강한 사회라면 선한 사람들이 신념을 지키려 애쓰는 것을 존중해 주거나 최소한 방해라도 하지 않아야 한다.

존 어빙은 이렇게 말했다. "모름지기 선남선녀라면, 마치 신과도 같은 역할을 맡을 수 있는 순간들을 잘 포착해야 하는 법이다!"

이런 맥락에서 이 책에서는 세상의 선남선녀들이 자신과 세상을 지혜롭게 바라볼 수 있도록 해주는 '심리학적인 전망'에 관해 소개하고자 한다. 부디, 이 책이 개인의 삶과 사회를 보다 더 나은 방향으로 이끌어나가는 데 조금이나마 도움이 될 수 있기를 바란다!

심리학의 묘미

굿 라이프를 위한 전망의 지혜

1

유년기
우리 마음의
초상화

세 가지 심리성적 발달 유형

오스트리아의 정신과 의사, 지그문트 프로이트Sigmund Freud는 정신분석psychoanalysis'을 창안했다. 그는 우리의 의식이 바다 위에 떠 있는 빙산의 일각에 불과하며 물속에 잠겨있는 빙산의 몸통인 '무의식unconscious'이 우리의 마음과 행동에 결정적인 역할을 한다고 주장하였다. 그에 따르면, 누군가의 마음과 행동을 이해하기 위해서는 그 사람의 생각이 아니라, 행동 이면의 무의식적인 특성을 분석하는 것이 중요하다.

지그문트 프로이트

사실, 프로이트가 무의식이라는 표현을 처음 사용했던 것은 아니다.[1] 하지만, 프로이트 이전의 무의식은 인간의 동기와는 무관한 '자동적 사고'에 가까웠다. 다시 말해서, 특별한 이유가 있어서 나타나는 것이 아니라, 의식 없이 기계적으로 이루어지는 정신 현상일 뿐이었다. 대조적으로, 프로이트의 무의식은 특별한 동기 때문에 사람들이 의식하지 못하는 것으로서 삶의 본질을 이해할 수 있도록 해주는 핵심적인 정신 현상이다.

　정신분석은 일종의 마음의 X-ray에 해당되는 심리적 분석 기법이다. 뢴트겐Röntgen의 X-ray가 육안으로 보이지 않는 신체 구조물을 들여다 볼 수 있게 해준다면, 정신분석은 사람들이 의식하지 못하는 행동 이면의 무의식적인 특성을 이해할 수 있도록 해준다.

　82세 때인 1938년에 프로이트는 BBC 방송국의 요청을 받고서 육성으로 정신분석에 관한 짧은 기록을 남겼다.[2] 이 기록을 남긴 후 채 1년도 지나지 않아 그는 세상을 떠났다. 그가 남긴 육성 기록은 그의 사후에 정신분석이 거치게 될 운명을 상징적으로 보여준다.

　"저는 신경과 전문의로서 전문적인 활동을 시작했으며, 신경증 환자들의 마음을 편안하게 해주기 위해 노력했습니다. 한 동료의 영향과 더불어 제가 노력한 결과, 저는 정신적인 삶에서 무의식, 본능적 충동의 역할 등에 관한 몇 가지 새롭고 중요한 사실을 발견하게 되었습니다. 이러한 발견으로부터 심리학의 한 분야이자 신경증 치료를 위한 새로운 방법인 정신분석학이라는 신학문이 탄생했습니다. 저는 이러한 행운 때문에 큰 대가를 치러야 했습니다. 사람들은 제가 밝혀낸 사실들을 믿지 않았고, 저의 이론을 불쾌하게 여겼습니다. 저항은 강하고 끈질겼습니다. 그럼에도 불구하고 결국 저는 제자를 양성하고 국제 정신분석 학회를 설립하는 데 성공했습니다. 하지만 그 싸움은 아직 끝나지 않았습니다."

　프로이트가 세상을 떠난 지 80여 년이 지난 오늘날까지도 그 싸움은 끝나지 않았다. 여전히 사람들은 프로이트의 이론을 불편해한다. 정신분석은 사람들이 의식할 경우 마음이 불편해지기에 웬만해서는 의식하고 싶어 하지 않는 무의식의 세계를 다루기 때문이다.

　하지만 우리는 마음 속 불편한 진실을 가능한 한 적기에 마주

대할 필요가 있다. 삶에서 진실은 외면한다고 해서 사라지는 것이 아니다. 우리가 마음 속 진실과 관련해서 선택할 수 있는 길은 세 가지뿐이다. 후회하기 전에 깨닫는 것, 후회한 다음에 깨닫는 것 그리고 죽을 때까지 못 깨닫는 것.

프로이트는 인간의 중요한 성격 유형이 유년기의 심리-성적인 발달psycho-sexual development 과정을 통해 형성된다고 주장했다.3) 그는 출생 후 발달 과정에서 심리-성적 에너지인 '리비도Libido'가 신체의 어느 부위에 집중되느냐에 따라, 5가지 발달 단계를 거쳐 성격 유형이 형성된다고 제안하였다. 이때 아동은 각 발달단계를 거치면서 고유한 발달적 경험을 하게 된다. 이러한 심리-성적인 발달 과정을 거쳐 형성되는 성격 유형은 성인기 이후에 직업 활동 및 배우자를 선택하는 것과 같은 삶의 중요한 문제들에 영향을 미치게 된다.

이러한 심리-성적 발달이론을 바탕으로, 프로이트는 인간의 성격특징이 주로 초기 아동기의 경험에 의해 결정된다는 '정신적 결정론psychic determinism'을 주장하였다. 물론, 성인기의 모든 행동이 초기 아동기 경험에 의해 결정된다는 것은 아니다. 그보다는 유년기에 형성된 일종의 취향이 성인기 이후에도 지속적으로 영향을 미치게 된다는 뜻이다.

프로이트의 심리-성적인 발달 이론은 행동의 중요한 동인을 성욕에서 찾는 '범성욕론pansexualism'이라는 비판을 받아 왔다. 하지만 프로이트가 강조한 심리-성적인 욕구는 신체적으로 단순히 성욕을 느끼는 것과는 다른 것이다. '성행동sexuality'과 '심리-성적인 행동 psycho-sexuality'은 개념적으로 다르다. 어떤 사람은 그 두 가지 중에서 성행동에 상대적으로 더 많은 시간과 노력을 들이는 반면, 또 다른 사람은 심리-성적인 행동에 더 많은 시간과 노력을 들인다.

예를 들면, 피카소Pablo Picasso는 평생 일곱 명의 여인을 만났지만 그중 누구와도 행복한 관계를 맺지 못했다.4) 대신 그는 그림을 통해서 자신의 여인들에 대한 애증의 감정을 예술적으로 표현하는 데 몰두했다. 이때 피카소가 자신의 여인들을 화폭에 담는 것은 성행동과는 관계가 없다. 하지만 피카소의 작품 활동은 심리-성적인 행동에 해당된다. 이런 점에서 프로이트는 신체적인 성욕은 인간의 삶에서 핵심적인 역할을 하지 못하지만 심리-성적 에너지는 문명의 근간을 이룬다고 주장하였다. 그러므로 프로이트의 이론을 범성욕론으로 평가하는 것은 타당한 주장이 아니다. 왜냐하면, 프로이트는 생물학적인 측면의 성행동보다는 심리-성적인 행동의 중요성을 상대적으로 더 강조했기 때문이다. 프로이트의 심리-성적인 발달 이론은 [표 1]에 요약되어 있다.

심리-성적인 발달이 중요한 이유는 그러한 심리적인 역동이 삶의 중요한 원동력이 되기 때문이다. 삶에서 심리-성적인 '드라이브drive'는 식욕이나 성욕만큼이나 강렬할 수 있다. 더 중요한 점은 식욕이나 성욕은 나이가 들어감에 따라 점차 감퇴하는 반면, 심리-성적인 드라이브는 오히려 더욱 더 강렬해질 수 있다는 점이다.

구순기oral stage는 생후 18개월까지의 시기이며 이 단계에서 유아가 경험하는 쾌감의 주요 원천은 구강 활동이다.5) 신생아는 입안에 무언가가 들어오면 반사적으로 빠는 행동을 나타낸다. 하지만 이러한 '빨기 반사'와 '젖을 빠는 것'은 서로 성격이 다른 것이다. 자동적으로 나타나는 빨기 반사와는 다르게, 젖을 효과적으로 빨기 위해서는 연습을 통해 노하우를 축적하는 것이 필요하다.

엄마 뱃속에서 태아는 별다른 노력 없이도 그리고 특별한 관계를 맺지 않더라도 탯줄의 자동 기능을 통해 안락감과 쾌락을 경험할 수 있다. 하지만 엄마 뱃속에서는 태아가 기쁨을 경험하기 어렵다. 왜냐하면, 기쁨은 소중한 사람과의 관계 속에서 당사자가 각별한 노력을 기울여야만 경험할 수 있는 긍정정서이기 때문이다.

신생아는 젖을 빨 때 엄마와 협력적인 관계를 맺는 것을 통해 생애 처음으로 '세상을 맛보는 기쁨'을 경험하게 된다. 모유 수유 과정에서 아기는 엄마와의 상호작용을 통해 자신에게 필수적인 영양분을 섭취하는 동시에 '관계의 기쁨'도 경험하게 된다. 이런 점에서 아기가 엄마 젖을 빠는 것은 단순히 영양분을 공급받는 것 이상의 심리학적인 의미를 갖는다.

항문기anal stage는 18개월에서 3세까지의 시기에 해당되며 이 시기에는 항문과 관련된 활동이 쾌감의 주요 원천이 된다. 보통 아기는 18개월 무렵부터 몸에서 대변이 빠져나가는 것을 제어하는 항문 괄약근을 통제할 수 있게 된다. 그래서 정해진 때에 정해진 곳에 가서 용변을 보는 '배변훈련toilet training'도 전통적으로 이 무렵 시작된다.

표 1 심리-성적 발달 단계

단계	해당연령	주요 쾌감의 원천	주요 발달과제
구순기	0~18개월	입, 입술, 혀	이유(離乳)
항문기	18개월~3세	항문	배변훈련
남근기	4~5세	성기	오이디푸스 콤플렉스
잠복기	6~12세	없음	방어기제의 발달
성기기	사춘기 이후	성기	성숙한 성적 친밀감

그런데 배변훈련을 받는 과정에서 아이는 배설물을 통해 쾌감을 얻는 것을 사회로부터 제지받게 된다. 즉, 용변은 보고 싶을 때 보는 것이 아니라 정해진 때에 봐야 하고, 만지고 싶다고 해서 함부로 만질 수 있는 것이 아니라 위생적인 방식으로 다루어야 한다는 점을 배우는 것이다. 이 시기에 아동은 주로 배변을 '배출'하거나 '보유'하는 활동을 통해서 심리적인 만족감을 경험하게 된다. 배변훈련 과정에서 아이가 엄격한 훈육을 받거나 허용적인 경험을 하는 정도에 따라, 심리학적인 상징의 측면에서 성인기의 여러 활동이 영향을 받게 된다. 예를 들면, '돈'을 저축하거나 소비하는 것, '청결함'을 추구하거나 지저분한 생활을 하는 것, '규칙'을 지키거나 어기는 것 등이 항문기와 밀접한 관계가 있는 활동에 해당된다.

남근기phallic stage는 항문기 이후부터 4, 5세까지의 시기에 해당되며 이 시기에는 성기와 관련된 활동이 쾌감의 주요 원천이 된다. 이 시기의 아동들은 자신의 성기 부위를 자극함으로써 특별한 쾌감을 얻을 수 있다는 것을 자연스럽게 깨닫게 된다. 그리고 남자 아이와 여자 아이의 성역할에 관한 고정관념도 이 무렵 뿌리를 내리게 된다.6) 예를 들면, 여자아이가 남자 아이보다 핑크색을 더 선호하게 되는 경향성도 이 시기에 두드러진다.

이 시기의 주요한 발달과제는 '오이디푸스 콤플렉스Oedipus complex' 문제를 해결하는 것이다. 오이디푸스 콤플렉스는 무의식적으로 남아가 어머니에게는 애정을 그리고 아버지에게는 적대감을 가지게 되는 현상을 말한다. 여아의 경우에는 '엘렉트라 콤플렉스Electra complex'를 겪게 되는데, 여아 역시 이성의 부모인 아버지에게는 애정을, 동성의 부모인 어머니에게는 적개심을 갖게 된다.

오이디푸스는 소포클레스Sophocles의 희곡에 등장하는 인물이다. 그는 테베Thebae 왕국의 왕자로 태어났지만, 장차 아버지를 죽일 운명이라는 신탁 때문에 태어나자마자 버려졌다. 그 후 그는 이러한 사실을 모르는 상태에서 결국 아버지를 죽이고 어머니와 결혼하게 된다. 하지만 나중에 진실을 깨닫게 된 오이디푸스는 스스로 자기 눈을 찔러 맹인이 되었다. 엘렉트라 역시 소포클레스의 희곡에 등장하는 공주로서, 정부情夫와 모의해 자신의 아버지를 죽인 어머니를 증오하다가 결국 아버지에 대한 복수로 남동생과 함께 어머니를 살해했다.

프로이트의 오이디푸스와 엘렉트라 콤플렉스 이론은 정신과 환자들이나 보일 법한 문제행동을 일반 사람들에게 잘못 적용하는 것이라고 오랫동안 비판받았다. 하지만 이러한 콤플렉스는 동서양 모두에서 보편적으로 나타나는 현상이다. 이런 점은 프로이트가 남긴 메시지의 중요성을 다시금 떠올리게 해준다.

다만, 프로이트가 남근기라는 성적으로 편향된 용어를 사용했던 것은 명백한 잘못으로 보인다. 여성의 선거권이 인정된 시기가 미국 1920년, 영국 1928년, 프랑스 1944년인 점7) 등을 고려할 때, 프로이트의 남녀 차별적인 관점 역시 시대적 한계를 반영하는 것이라고 할 수 있다.

3세에서 5세 사이에 남자아이와 여자아이 모두 이성에게 자신이 매력적으로 보이도록 하는 데 특별한 관심을 갖는다. 심리학적으로 이성(또는 연인)에게 매력적으로 보이고자 하는 히스테리적인 hysteric 특성은 다음의 두 가지 형태로 나타날 수 있다. 첫째, 남자의 경우에는 남성다움을 과시하고(근육맨 스타일) 여자의 경우에는 여성스러움을 강조(공주처럼 행동)하는 것이다. 둘째, 남자의 경우에는 여성성을 강조하고(꽃미남 스타일) 여자의 경우에는 남성성을 부각시키는 것(여성 호위무사 스타일)이다.

사실, 남근기는 생애 처음으로 경험하게 되는 '질풍노도'의 시기라고 할 수 있다. 이 시기는 인지적인 발달의 측면에서 '전조작기'에 해당된다. 전조작기는 어른과 같은 논리적이고 합리적인 사고가 형성되기 이전 시기로서, 아동들의 사고가 주로 유아적인 환상과 공상으로 가득 들어차는 시기다. 오이디푸스 콤플렉스와 일렉트라 콤플렉스는 바로 이러한 전조작기 사고와 밀접한 관계가 있다.

6~12세에 도달하면, 잠복기latent period가 찾아온다. 이 시기에 아이들은 심리-성적인 관심이 줄어들면서 정서, 심리, 사회적으로 평온해진다. 이때는 심리적 갈등이 상대적으로 줄어들기 때문에 아이들은 학업이나 기술을 배우는 데 집중할 수 있는 마음 상태를 갖추게 된다. 이 시기에 아동들이 정서적인 안정감을 획득하게 되는 비결 중 하나는 바로 인지적으로 전조작기에서 벗어나 구체적인 사물과 관련해서는 어른처럼 생각할 수 있는 능력이 발달하게 되는 것이다. 예를 들면, 이 시기의 아동들은 '산수'를 할 수 있을 만큼의 논리적인 사고력을 갖추게 된다. 또 이 시기에는 심리사회적 유능성의 측면에서 방어기제defense mechanism도 발달하게 된다. 방어기제는 우리가 현실적인 문제를 효과적으로 다루기 위해 사용하는 무의식적인 대처기제를 말한다.

마지막으로 성기기genital period는 13세 이후의 사춘기 시기다. 이 시기에는 '2차 성징'이 나타나면서 심리-성적인 욕구보다는 신체적인 성적 욕구에 더 큰 호기심이 주어진다. 사춘기에는 인지적인 측면에서도 '수학'을 할 수 있을 만큼의 추상적인 사고 능력을 갖추게 된다.

사춘기 청소년들의 핵심 과제는 추상적인 사고력과 방어기제를 종합적으로 활용함으로써 내적인 욕구를 자기중심적이고 미숙한 방식이 아니라, 사회적으로 수용 받을 수 있는 형태로 전환하는 법을 배우는 것이 된다. 만약 이러한 심리적 발달과제들을 성공적으로 해결한다면, 사춘기 이후에 개인은 다른 사람들과 성숙한 관계를 맺고 또 직업과 같은 사회적 과제들을 성공적으로 수행할 수 있게 된다.

심리-성적인 발달 과정에서의 또 다른 핵심적인 개념으로는 '고착fixation'과 '퇴행regression'을 들 수 있다. 고착은 군대에서 진격을 하기 전에 예비 병력을 후방에 남겨두는 것과 비슷하다고 할 수 있다. 다만, 이러한 고착이 심하게 일어날 경우에는 한 단계에서 다음 단계로 이행하지 못하고 이전 단계에 계속 머무르게 될 수도 있다. 고착이 일어나게 되는 원인으로는 해당 단계에서 지나친 만족감을 경험하거나 심한 좌절감을 경험하는 것을 들 수 있다.

퇴행은 지나치게 위협적이거나 좌절을 주는 상황에 직면했을 때, 고착이 일어난 단계로 되돌아가 그 시기의 특징적 행동들을 현저하게 나타내는 것을 말한다. 퇴행은 군대가 진격을 하던 중에 적군을 만나 위험에 처하게 되면 지원군이 있는 후방으로 후퇴하는 것과 비슷하다고 할 수 있다.

기본적으로 프로이트는 고착과 퇴행이라는 개념을 신경증 환자의 증상을 설명하기 위한 용어로 사용했다.8) 하지만 고착이 늘 병리적인 것만은 아니다. 앞서 군대의 예를 들었던 것처럼, 전쟁을 수행하면서 후방에 예비 병력을 배치하는 것이 때로는 효과적인 작전이 될 수도 있기 때문이다. 고착이 병리적이지 않은 수준으로 일어날 경우, 성인기에 심리-성적인 발달 단계에 기초한 세 가지 성격 유형을 나타낼 수 있다.

구순기적 성격 유형에서는 먹는 것, 말하는 것, 노래 부르는 것 등을 즐긴다. 이러한 구순기적 성격 유형과 관련된 고착 및 퇴행적 행동으로는 식탐, 과음, 과도한 흡연, 언어적인 공격성 등을 들 수 있다.

항문기적 성격 유형에서는 절약, 청결, 정확, 정교함, 균형감, 질서정연함을 선호한다. 이러한 항문기적 성격 유형과 관련된 고착 및 퇴행적 행동은 두 가지가 있다. 하나는 지나치게 인색하거나 강박적인 모습을 보이는 '보유' 유형이다. 또 다른 유형인 '배출' 유형은 보유 유형과는 정반대되는 모습, 즉 낭비와 사치, 지저분하고 비위생적인 행동, 무분별한 행동을 보인다.

남근기적 성격 유형에서는 사교 활동과 낭만적 연애 활동을 선호하고 남자와 여자의 전형적인 모습에 대한 특별한 관심과 흥미를 나타낸다. 이러한 남근기적 성격 유형과 관련된 고착 및 퇴행적 행동으로는 자기-과시적 행동, 충동적인 의사결정, 지나친 경쟁의식, 문란한 성생활 등을 들 수 있다.

지금까지 살펴본 프로이트의 세 가지 심리성적 발달 유형에 관한 이해를 돕기 위해 실제 인물 사례를 소개하도록 하겠다. 다만, 비교 사례들의 통일성을 유지하기 위해 세 사람의 CEO 사례를 살펴보고자 한다.

프레드 터너Fred Turner의 구순기적 성격과 심리적 성숙

패스트푸드 체인점 맥도날드McDonald의 CEO 프레드 터너는 드레이크 대학교Drake University를 졸업한 후, 맥도날드의 첫 번째 매장에서 햄버거를 뒤집는 '그릴맨Grill man'으로 일했다.9) 터너는 맥도날드를 세계 최대 레스토랑 체인으로 만드는데 창업자인 레이 크록 Ray Kroc 이상으로 기여를 한 것으로 보인다.

사실, 크록은 비즈니스에서 '맛'을 우선시하는 편이 아니었다. 예를 들면, 전통적인 밀크셰이크 제조법은 냉동된 아이스밀크 베이스를 손으로 직접 떠서 사용하는 것이었다. 하지만, 크록은 가맹점들이 전통적인 방식이 아니라, 상대적으로 보관 및 활용이 용이한 액체 밀크셰이크 믹스를 사용하도록 했다. '맛'보다는 '후루룩 마시는 느낌'을 더 중시했던 크록은 셰이크가 얼음 결정과 우유 고형물로 두껍게 만들어지도록 해주는 특별한 안정제를 개발해 첨가했다.10)

크록과는 다르게, 터너는 전형적인 구순기적 성격의 소유자가 CEO가 된다면 어떤 모습일지를 잘 보여준다. 그는 맥도날드 햄버거 소스의 맛과 관련된 유명한 에피소드를 남겼다.11) 회장직에서 물러나기 얼마 전, 그는 맥도날드 직원 중 누구도 문제를 인식하지 못하던 상황에서 경영진 사무실로 가서 맥도날드 햄버거 소스에 문제가 있다고 지적했다. 빅맥Big Mac의 독특한 맛을 결정짓는 '스페셜 소스'가 더 이상 특별하지 않다는 것이었다. 그에 따르면, 소스의 맛이 변질되었던 것이다.

그의 이러한 문제 제기에 대해 다른 임원들은 소스가 달라졌다는 사실 그 자체를 눈치채지 못했기 때문에 소스에는 아무런 문제가 없다고 주장했다. 하지만 터너는 자신의 주장을 굽히지 않았다. 결국 재조사를 실시했고, 그 과정에서 오리지널 레시피가 사라진 상태라는 것을 발견하게 되었다. 이러한 사실은 회사에 엄청난 충격을 주었다. 이에 터너는 약 30년 전에 오리지널 소스를 개발하는 데 참여했던 캘리포니아 공급업체를 찾아냈고 오리지널 소스를 복원했다.

그 후 터너는 블라인드 테스트를 통해 임원들에게 두 종류의 햄버거를 시식하게 했다. 그 결과, 시식에 참여한 모든 임원들의 의견이 일치했다. 세월이 흐르면서 맛이 변해버린 당시의 햄버거가 아니라, 바로 오리지널 맥 소스를 복원한 햄버거를 선택한 것이다. 결국 터너의 도움을 통해 오리지널 레시피가 성공적으로 복원될 수 있었다. 이러한 일화는 터너가 단순히 경영자로서만 뛰어난 역량을 가지고 있었던 것이 아니라, 맛을 음미하는 데도 특별한 감각을 갖고 있었음을 보여준다.

터너는 맥도날드에서 에그 맥머핀Egg McMuffin, 치킨 맥너겟Chicken McNuggets, 해피밀Happy Meal을 탄생시킴으로써 미국의 패스트푸드 요리 문화에 커다란 공헌을 했다.12) 베이컨 대신 소시지를 사용하고 치즈를 추가한 다음, 그러한 재료들을 잉글리시 머핀에 넣어 재료들이 흐물거리지 않도록 만든 에그 맥머핀은 1975년 미국의 전 지점에서 도입된 후, 아침 식사 혁명을 일으켰다. 맥도날드의 아침 판매량이 급증한 것이다.

에그 맥머핀을 성공시킨 후 터너는 엄지손가락 크기 정도의 닭고기 핑거푸드인 치킨 맥너겟을 세상에 선보였다. 터너는 뼈를 제거한 닭고기를 작은 덩어리의 튀김으로 만든 다음 이것을 다양한 소스와 함께 제공했다. 치킨 맥너겟 역시 큰 성공을 거두었고 출시 한 달 만에 맥도날드는 미국 내에서 KFC에 이어 두 번째로 큰 닭고기 구매 회사가 되었다. 아이들은 치킨 맥너겟을 좋아했는데 맥너겟이 감자튀김이나 스낵처럼 간편하게 먹을 수 있었을 뿐만 아니라, 동일한 양을 기준으로 할 때 햄버거보다 두 배의 지방을 함유하고 있기 때문이었다.13) 특히 맥너겟과 함께 제공되는 매운맛, 새콤한 맛, 달콤한 맛, 시럽 맛 등 다양한 소스들은 까다로운 식성을 가진 사람들까지도 사로잡았다.

터너는 어린아이들도 즐길 수 있는 메뉴로 해피밀을 도입하였다.14) 해피밀을 통해 어린이들은 스스로 자신의 음식을 선택하면서 느끼게 되는 자율성의 첫 경험을 나타내주는 상징적인 메뉴로 자리 잡게 되었다.15) 사실, 해피밀은 그 이름 자체만으로도 구순기와의 연관성을 쉽게 떠올릴 수 있도록 해준다.

지금까지 살펴본 것처럼, 터너의 삶과 구순기적 특성은 불가분의 관계라고 할 수 있다. 만약 누군가가 평생 구순기적인 특성만을 두드러지게 나타낸다면, 그것을 성숙한 형태의 심리-성적인 발달이라고 평가하기는 어렵다. 전형적인 구순기 고착에 해당되기 때문이다.

터너가 평생 구순기적인 특성만 나타낸 것은 아니다. 그는 자신의 구순기적인 특성을 바탕으로, 항문기적인 특성과 남근기적인 특성을 창의적이고 성숙한 방식으로 통합해냈다.

터너는 맥도날드와 패스트푸드 산업 전체에 걸출한 유산을 남겼는데 바로 '햄버거 대학'을 창립한 것이다. 터너는 재임 중 음식의 질을 보장하기 위해 엄격한 표준화가 필요하다고 믿었다. 이에 그는 음식 준비에 대한 세세한 지침이 포함된 매뉴얼을 제작했는데 이 과정에서 '정교함'과 밀접한 관계가 있는 항문기적 특성이 구순기적 특성과 결합되었다.[16] 예를 들면, 그는 매뉴얼에 감자튀김의 정확한 두께는 0.28인치이고 한 번에 구울 수 있는 햄버거의 개수는 여섯 개라는 식으로 상세한 지침을 담았다. 그의 이러한 모습을 존경했던 동료는 그를 '기준의 수호자Guardian of standards'라고 평하기도 했다.[17]

터너는 자신의 삶을 풍요롭게 하는 데 사교적인 면에서 강점을 갖는 남근기적인 특성을 적절히 활용했다. 그는 업무에서는 단호하고 엄격했을지라도, 인간관계에서는 누구보다도 친밀감을 중시했다. 그는 자신과 함께 하는 모든 사람들에게 사회적인 호칭 대신 자신의 이름을 부르도록 했다.[18] 실제로 그는 자신의 자녀와 손주들에게도 아버지 또는 할아버지라는 호칭 대신 이름을 부르라고 하는 등 진정한 '친구'가 되기 위해 각별한 노력을 기울였다.

맥도날드의 CEO,
프레드 터너와 마스코트

터너는 CEO이면서도 함께 일하는 직원들과 친밀한 관계를 맺는 것을 중시했기 때문에 직원들 사이에서 인기가 많았으며 재임 중 사실상 맥도날드의 마스코트 역할을 했다.[19] 동료들은 그를 '맥도날드의 심장과 영혼'으로 불렀다.[20] 까다로운 성격의 크록조차도 회고록에서 터너의 인간적인 매력에 대해 다음과 같이 평가했다.

> "내게 아들은 없었지만, 프레드는 내 아들뻘 나이였으며, 내가 바랄 수 있는 모든 열망과 재능을 지니고 있었다. 그래서 나는 종종 내가 아들을 두고 있다고 말하곤 했다. 그 이름이 바로 프레드 터너다. 그는 단 한 번도 나를 실망시킨 적이 없었다."[21]

터너가 세상을 떠났을 때, 시카고의 대표적인 일간지에 그를 기리는 전면 추모 광고가 게재되었다.[22] 이 전면 광고를 제작한 사람은 터너와 함께 오랫동안 광고 업무를 진행했던 광고 에이전시 대표 키스 라인하르트Keith Reinhard였다. 그가 터너에게 헌정한 광고의 헤드라인은 '세상을 바꾼 그릴맨'이었다. 이 일화는 맥도날드에서 그가 함께 일했던 동료들이 그를 얼마나 사랑했는지를 단적으로 보여준다.

1990년 광고 미디어 '애드버타이징 에이지Advertising Age'는 터너를 1980년대를 대표하는 광고인으로 선정했다.[23] 대표적인 선정 이유는 1984년 로스앤젤레스 올림픽을 위해 맥도날드 올림픽 수영 경기장을 건설한 '스포츠 후원 마케팅 분야의 선구적 행보'였다. 스포츠는 상징적인 의미에서 남근기 성격과 밀접한 관계가 있다.

CEO로 재임하던 중에 터너는 구순기적인 특성을 바탕으로 하되, 거기에 매몰되지 않고 항문기적인 특성과 남근기적인 특성을 함께 아우르는 형태로 자신만의 고유한 성숙 인격을 발달시켜 나갔다. 그 결과, 그가 CEO로 재직하는 동안 맥도날드 지점은 3배 이상 늘었고 세계시장으로 무대를 확장해 맥도날드사를 세계 최대 패스트

푸드 체인으로 키워냈다. 그의 이러한 공헌을 기려 2004년, 맥도날
드 본사의 햄버거 대학 캠퍼스에는 터너의 이름이 헌정되었다. 맥도
날드를 창업한 것은 크록이었지만, 바로 그 맥도날드를 글로벌 패스
트푸드 기업으로 성장시킨 사람은 터너였다.

존 록펠러John D. Rockefeller의 항문기적 성격과 심리적 성숙

3

세계적인 석유 재벌 존 록펠러는 스탠더드 오일Standard Oil 사社의 설립자이다. 정신분석적인 관점에서 볼 때, 록펠러는 전형적인 항문기 성격의 소유자라고 할 수 있다. 록펠러는 항문기 성격 중 보유 유형에 속한다. 여기서 보유 유형이란 일단 '들어온 것input'을 가능한 한 '배출output'하지 않고 쌓아두는 데서 심리적 쾌감을 경험하는 것을 말한다.

록펠러는 어린 시절부터 경제관념이 철두철미해서 '호모 이코노미쿠스homo economicus'로 불릴 만한 행적을 많이 남겼다.24) 예를 들면, 그는 유년 시절 도매로 사탕을 구입한 뒤 형제들에게 소매로 판매해 이윤을 챙길 정도였다. 그의 고등학교 시절 절친 중 하나는 그가 돈에 미쳐있었다고 말하기도 했다.

록펠러는 스스로를 '숫자의 인간'이라고 평할 정도로 회계에 능했으며 어려서부터 일기 대신 회계장부를 기록하였다.25) 경비 절감의 대가였던 그는 불필요한 지출을 찾아내 낭비 요소를 줄이는 데 뛰어난 재능을 보였지만 손해를 입을 경우에는 쉽게 앓아눕고는 하였다.

록펠러가 남긴 일화 중 상당 부분은 그가 돈에 남다르게 집착했던 일에 관한 것이었다. 록펠러가 보험료 150달러 때문에 극심한 스트레스 장애로 고통받았던 일화는 스크루지Ebenezer Scrooge 같았던 그의 면모를 잘 보여준다.26) 그는 보험료 150달러가 너무 비싸다고 생각해 보험에 가입하지 않은 상태에서 4만 달러 상당의 곡물을 배로 운송했다. 그때 폭풍이 몰아쳐 그 곡물 운송선이 큰 위험에 처하게 되었다. 당시 그는 배가 침몰할까봐 전전긍긍했다. 그러자 그의 동업자는 그 화물에 대해 그 시점에서라도 보험에 가입하려고 뛰쳐나갔다. 동업자가 성공적으로 보험에 가입하고서 되돌아왔을 때, 록펠러의 스트레스 증상은 줄어들기는커녕 오히려 더 악화되었다. 동업자가 나간 사이에 화물이 안전하게 목적지에 도착했다는 전보가 도착했고, 그러자 이번에 록펠러는 보험료를 낭비한 것에 너무 화가 나서 앓아눕게 되었다.

록펠러가 석유 사업에 뛰어들어 석유회사를 경영하게 된 것도 심리학적인 상징의 측면에서는 항문기적인 성격과 밀접한 관계가 있다고 할 수 있다. 석유는 동·식물의 유체遺體로 이루어진 유기물이 '밑거름'이 되어 형성되는 것이다. 따라서 석유는 상징적인 의미에서 '거름', 즉 썩은 동식물, 똥, 오줌과 같은 의미를 갖는다.

항문기에 고착된 사람이 보여주는 인색함과 합리적인 경제 활동으로서의 근검절약은 비슷해 보이지만 분명한 차이가 있다. 합리적으로 근검절약하는 사람은 필요한 경우 기꺼이 지출을 하기 때문에 궁극적으로는 행위자 자신과 주변 사람 모두 절약의 경제적 효과와 혜택에 대해 만족한다. 대조적으로, 항문기적 고착의 맥락에서 돈에 집착하는 사람은 록펠러의 보험료 일화가 보여주듯이 합리적인 지출조차 좀처럼 하려 들지 않는다. 결과적으로 이러한 사람은 돈을 모으면 모을수록 돈에 대한 탐욕이 더 커져 행복해지기보다는 오히려 불만족감이 증가하게 된다. 이것은 마치 목마른 사람이 아무리 바닷물을 퍼마신다 해도 해갈되기는커녕 더 큰 갈증에 시달리는 것과 유사하다고 할 수 있다.

미국의 반독점 규제 법안이 확립되기 이전에, 록펠러는 사실상 최초의 트러스트인 스탠더드 오일 트러스트를 조직했다.[27] 그의 조직은 아무런 법적인 제약 없이 시세조작과 경쟁 억제를 일삼는 등 시장에서 독점적인 지위를 누렸다. 이를 계기로 미국에서는 수많은 기업연합이 급속도로 퍼져나갔다. 그 결과, 그는 한 때 미국에서 공공의 적으로 등극하기도 했다.

그가 50세가 되던 해인 1889년에 록펠러가 미국 최고의 부자라는 기사가 보도되었다. 그러자 반트러스트 관련 여론으로 뭇매를 맞는 와중에도 그에게는 세계 각지에서 엄청난 우편물이 쇄도했다. 주로 도움과 기부를 요청하는 서신들이었다. 또 일상생활에서도 그가 오가고 머무는 곳마다 사람들은 그에게 수많은 요청을 하였다. 사실상 정상적인 생활이 불가능할 정도였다.

그는 자신이 처한 난감한 상황에 대해서 이렇게 말했다. "부는 엄청난 축복 아니면 엄청난 저주, 둘 중 하나로 이어질 수밖에 없습니다."[28] 결국 그는 엄청난 스트레스를 받았고 그의 건강에 적신호가 들어 왔다.

그의 기관지와 간이 망가진 것이다.[29] 기관지는 공기의 이동 통로일 뿐만 아니라, 이물질을 걸러주는 역할도 한다. 또 간은 섭취한 음식물들을 신체가 필요로 하는 영양소로 적절하게 변화시키는 동시에, 신체 조직에서 사용하고 남은 노폐물을 다시 간으로 운반해

처리하는 대사기능을 한다. 이물질과 노폐물에 대해 필터 역할을 하는 기관어 문제가 생긴 것이다. 이러한 기관들은 상징적인 의미에서 항문기적인 성격과 밀접한 관계가 있다.

결국 그는 절친이자 주치의였던 해밀턴 비거Hamilton F. Biggar 박사로부터 돈과 생명 둘 중 하나를 택하라는 판정을 받게 되었다. 결국 록펠러는 1891년 사업에서 사실상 손을 떼고 요양에 전념할 수밖에 없었다.

그가 기업경영에서 잠시 손을 떼고서 처음 시도했던 일은 건강 회복을 목적으로 농사를 짓는 것이었다. 이러한 농사 역시 거름을 만지는 일이라는 점에서 석유사업과 마찬가지로 항문기적인 성격과 밀접한 관계가 있다.

평생 일에 파묻혀서 살던 록펠러에게 요양 생활은 오랫동안 잊고 지냈던 인생의 즐거움에 다시 눈 뜨게 해주었다. 그는 고등학생 때 음악가가 되겠다는 포부를 가진 적 있었는데 그 시절에는 피아노 연습을 하루에 6시간씩이나 하기도 했다.30) 기업경영에서 물러난 후에 그는 온 집안을 음악으로 가득 채우며 지냈다. 그는 집안에 피아노와 축음기는 물론이고 교회용 오르간도 들여 놓았다.31) 그리고 그의 집에는 찬송가 전문 오르간 연주자도 있었다. 물론, 찬송가를 부르는 것은 그의 몫이었다. 그는 교회에서도 우렁찬 목소리로 찬송가를 불렀다. 그는 자신의 이러한 요양생활에 대해 '멋진 성악가'가 되어 가고 있다고 유머러스하게 자평하기도 했다.32) 성악은 대표적인 구강기 관련 활동에 해당된다.

다행히 이러한 휴식은 록펠러가 건강을 회복하는 데 크게 기여하였고 그 과정에서 그의 심리적 발달 과정도 촉진되었다. 심리적 성숙 과정은 수전노 같았던 록펠러를 놀랍게도 후덕한 자선가로 변화시켰다.

그는 건강을 회복하자마자 1892년에 감사의 마음으로, 자신이 1890년에 설립한 시카고 대학교University of Chicago에 100만 달러라는 거금을 기부하였다. 또 1895년에 록펠러는 당시로서는 교육계에서의 단일 기부금으로는 최고액이었던 300만 달러를 시카고 대학에 추가로 기부했다. 이처럼 그가 거액을 기부한 덕분에 시카고 대학은 변변한 개교식조차 없는 상태에서 문을 열었지만, 순식간에 일류 대학의 반열에 오르게 되었다.33)

특히, 1910년에 록펠러는 마지막으로 1,000만 달러를 기부한 후, 시카고 대학교가 기부자에게 휘둘리지 않고 자유로운 발전을 지속해 나갈 수 있도록 자신은 학교 일에 일절 관여하지 않겠다고 선언했다.34) 그가 그때까지 개인으로서 시카고 대학교에 기부한 총액은 3,500만 달러나 되었다. 이를 통해 록펠러는 기부자가 학교 재단을 소유하거나 감독하지 않고 설립자인 동시에 후원자가 되는 새로운 기부 모델을 제시하였다. 당연히 세상 사람들은 그의 이러한 변화에 열광하였다. 심지어는 과거에 스탠더드 오일사를 조사했던 뉴욕 상원 청문회에서 그를 심문하는 검사 역할을 맡았던 새무얼 운터마이어Samuel Untermyer조차도 그에 대해 "존경하는 대통령 다음으로 록펠러는 미국의 가장 훌륭한 시민"35)이라는 찬사를 남겼다.

한때 공공의 적이었던 록펠러는 세상 사람들의 손가락질을 피해 "돌로 된 담과 철조망 그리고 창살 달린 철문"36) 안쪽 세계로 숨어 들어가야만 했다. 하지만 심리적 성숙 과정은 그를 밖으로 나와 따뜻한 햇볕을 쬐는 것만으로도 너무 기쁜 나머지, 화사한 꽃과 관

록펠러의 탐욕스러운 항문기적 보유 유형 사업방식에 대한 풍자만화와 노년기
에 동전을 나눠주던 모습

목을 바라보면서 찬송가를 부르는 사람으로 바꿔주었다.[37]

노년기에 록펠러는 만나는 사람들에게 10센트짜리 동전을 팁으로 주는 습관으로 유명했다.[38] 그래서 그는 외출할 때면, 주머니에 동전을 가득 채워서 나갔다. 이때 그는 자신의 독특한 습관에 한 가지를 은밀하게 추가했는데 동전과 더불어 사람들에게 교훈 한마디를 덧붙이는 것이다.[39]

록펠러는 생애의 상당 기간 동안 언론의 혹독한 비판에 시달렸고 이에 내심 언론인들과 접촉하는 것을 불편해 했다. 하지만 노년기에 골프를 매우 좋아하게 된 록펠러는 기자들을 초대해 골프 모임을 가졌다.[40] 앞서 언급한 것처럼, 골프와 같은 스포츠 활동은 남근기적 성격과 밀접한 관계가 있다. 이 모임에서 록펠러는 익살스러운 분위를 연출하면서 유머를 사용해 분위기를 유쾌하게 만드는 데 기여했다. 그러자 록펠러에 대한 기자들의 태도도 매우 우호적으로 바뀌었다. 록펠러와 함께 골프를 친 일행 중에는 유머 작가 대표단도 포함되었다. 그들은 록펠러의 유머에 매력을 느껴 록펠러를 명예회원으로 추대했다.

록펠러는 노년기에 '마치 놀이에 열중한 아이'41) 같은 모습을 나타냈다. 크리스마스 파티 때는 아이들과 어울려 요란한 나팔을 불면서 마을을 돌아다니기도 했다.

그는 골프를 칠 때 군중들이 모여들 때면 그중에서도 특히 매력적인 여성들을 향해 손을 흔들고는 했다. 특히 아내와 사별한 후에는 여성들과의 드라이브를 즐겼다. 사업을 할 때 록펠러는 주로 어두운 단색의 정장을 입었지만 노년기에 그는 마치 은퇴한 연극배우가 입을 것 같은 밝은 의상을 즐겨 입었다.42) 특히 그는 당시에 유행하는 옷을 사서 입는 것을 좋아했는데 어떤 날은 하루에 3번 옷을 갈아입기도 했다.43)

실제로 그는 자신이 직접 배우 역할을 하는 것을 즐겼다. 나이가 들어 공식 행사에 참석하기 어려워졌을 때 그는 자신을 주인공으로 한 뉴스영화를 제작해 행사장에서 상연하도록 했다.44) 이때 그는 필요 이상으로 촬영에 몰입해 주변 사람들이 건강을 생각해서 만류를 해야할 정도였다. 촬영 후 록펠러는 흥분상태에서 카메라맨에게 "영화배우가 된 기분"45)이라고 말하기도 했다. 그의 이러한 일화들은 남근기적 특성과 밀접한 관계가 있다고 할 수 있다.

록펠러는 항문기적 특성을 바탕으로 구순기적인 특성과 남근기적인 특성을 창의적이고 성숙한 방식으로 통합해냈다. 그 결과, 그는 당대에 세계 최고의 부자이면서 동시에 기부 문화를 선도하는 세계 최고의 자선가가 되었다.

그는 자신의 삶에 대해서 이렇게 노래했다. "내 삶은 길고도 행복한 휴일 같았다. 일도 가득하고 놀이도 가득했으며, 가는 길에 걱정은 내려놓았다. 그리고 매일매일 하나님은 나에게 선하셨다."46)

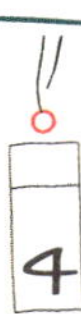

앤드류 카네기의 아버지는 실을 얽어서 천을 만드는 직조공이 었다. 산업혁명 이후에 증기 직물기가 확대 보급됨에 따라, 수공업 자들은 생계에 심각한 어려움을 겪었다. 카네기는 자서전에서 자신 의 기억 속 아버지를 소개하면서 로버트 번스Robert Burns의 다음과 같은 시 구절을 인용하였다. "제발 일하게 해달라고 한 남자가 울면 서 매달렸다."47) 결국 카네기의 집에서는 어머니가 가계 운영을 위 한 방향키를 잡고서 집안을 이끌었다.

카네기는 어린 시절부터 영웅담을 좋아했다.48) 그는 특히 스코 틀랜드 왕 로버트 더 브루스Robert the Bruce와 올리버 크롬웰Oliver Cromwell을 존경했다. 브루스는 잉글랜드 왕국의 에드워드 1세에 맞 서 싸운 전쟁에서 승리해 스코틀랜드 왕국의 독립을 쟁취한 영웅이 었다. 그리고 크롬웰은 영국의 찰스 1세를 처형한 후 군주제를 폐지 하고서 영국 역사상 유일한 공화정부인 '잉글랜드 공화국'을 세운 인물이었다. 이 두 사람 모두 상징적으로 '나라의 아버지(국부)'인 국 왕을 무찌른 영웅이라는 점에서 카네기의 이러한 일화는 정신분석 에서 말하는 남근기 오이디푸스 콤플렉스와 밀접한 관계가 있다고 할 수 있다. 실제로 자서전에서 카네기는 오이디푸스 콤플렉스를 떠올리기에 충분한 말을 남기기도 했다. "아버지가 일찍 돌아가셨기 때문에 이후로 어머니는 내 독차지가 된 것이다."49)

카네기가 채 20살이 되기도 전에 부친이 세상을 떠난 관계로 그는 이른 나이에 집안의 가장이 되었다. 그 후로 카네기는 무려 30년 넘게 홀어머니를 모시고 독신으로 살았다. 그 기간 동안 그의 곁을 지켰던 여자는 사실상 오직 어머니뿐이었다.50) 그의 어머니는 아들의 일에 늘 참견했고 자신이 옳다고 믿는 일을 아들이 따르도록 요구했다. 카네기는 부친이 세상을 떠난 후 무려 30년간이나 곁으로 보기에는 마치 이성 교제에 별다른 관심이 없는 사람처럼 행동했다.

카네기가 결혼을 하는 데 그의 어머니가 걸림돌이 된 것은 분명해 보인다.51) 사실, 그는 48세가 되던 해에 루이즈 휘필드Louise Whitfield라는 여성과 비밀리에 약혼을 했다. 하지만 카네기의 어머니는 그 두 사람이 깊은 관계를 맺고 있다고 생각하지는 않았다. 실제로 반년 뒤 두 사람은 파혼했다.

51세 때 어머니가 세상을 떠나자 비로소 카네기는 어머니의 그늘에서 벗어날 수 있었다. 그는 52세 때 22살 연하의 루이즈와 결혼했고 62세가 되어서야 외동딸을 얻을 수 있었다.

카네기가 나중에 '강철왕'이라는 별명을 얻게 된 것도 그의 남근기 히스테리적인 성격, 보다 구체적으로는 '마초macho 스타일'의 성격과 밀접한 관계가 있다고 할 수 있다. 마초는 남성성을 과시하는 남자를 뜻한다. 1872년 무렵만 해도 제조가 쉬운 반면 잘 부스러지는 선철銑鐵이 많이 사용되고 있었다. 하지만 카네기는 비록 제조 과정은 복잡할 지라도 강한 남성성의 상징인 강철鋼鐵의 놀라운 잠재력을 꿰뚫어 보았고 남들보다 한발 앞서 철강산업에 뛰어들어 주도권을 잡았다.

카네기는 고층 빌딩 건축용 강철(H빔)을 생산해 냄으로써 시카고가 세계 최초의 마천루 도시가 되도록 하는 데 결정적인 기여를 했다. 심리학적인 관점에서 보면, 우뚝 솟아있는 고층 빌딩은 전형적인 남근 상징에 해당된다.

카네기의 마초 스타일 성격과 불가분의 관계에 있는 사건 중 하나는 바로 1892년 홈스테드 제철소 파업으로 인한 유혈사태다. 당시에 카네기는 노조 불인정 정책 및 임금 삭감 조치를 시행하는 등 노조에 대해 강경책을 주로 사용했다. 그 과정에서 카네기의 대리인이었던 헨리 프릭Henry C. Frick은 파업 파괴자로 악명 높았던 핑커튼Pinkerton 탐정 회사를 통해 300명의 무장 요원을 공장에 투입했다. 그러자 파업 노동자들은 총과 다이너마이트로 맞섰고 결국 12명이 사망하고 수많은 사람들이 부상당하는 비극이 발생했다.52)

카네기의 남근기적 성격과 밀접한 관계가 있는 또 다른 사건으로는 1889년의 존스타운Johnstown 댐 붕괴 사건을 들 수 있다. 1889년 5월, 상류에 거대한 저수지가 있던 사우스 포크South Fork 댐이 무너지면서 하류로 엄청난 양의 물이 방출되었고 그 결과 무려 2,200명이 넘는 존스타운 주민들이 사망했다.53) 그리고 1,600채의 집이 파괴되는 등 말 그대로 도시 전체가 완전히 쑥대밭이 되었다.

문제는 이처럼 홍수 피해가 커지게 된 결정적인 원인 중 하나가 바로 카네기와 동료들이 사냥과 낚시를 하는 사우스 포크 사교 클럽을 만들기 위해 댐의 높이를 기준보다 약 1미터나 낮추었던 것이었다. 이러한 설계상의 문제는 예기치 않은 폭우가 쏟아졌을 때 댐의 붕괴를 촉발하는 데 결정적인 역할을 했다. 남근기 고착의 주

카네기, 그의 어머니, 그리고 홈스테드 제철소 유혈사태

요한 특징 중 하나가 바로 사냥 같은 남성적 활동이나 사교 모임과 같은 낭만적 활동에 대해 특별한 관심을 갖는 것이다.

사실, 존스타운 댐 붕괴 사고는 예방할 수 있었던 재난이라고 할 수 있다. 만약 카네기를 비롯한 거부들이 휴식 활동에서의 낭만적인 분위기를 조금 양보하고서 시민의 안전을 위해 노력했더라면, 존스타운은 이 끔찍한 비극을 예방할 수 있었을 것으로 보인다.

카네기는 스스로 강철 전문가가 아니라고 믿었지만, 강철 전문가들이 자신을 위해 일하도록 만드는 놀라운 재능을 보여주었다. 이것이 가능했던 이유는 남근기의 히스테리적인 성격의 소유자로서 카네기가 대단히 뛰어난 사교술과 처세술을 지니고 있었기 때문이었다. 카네기는 어려서부터 다른 사람의 마음을 사로잡는 데 천부적인 재능을 나타냈다.

유년 시절, 카네기는 자신이 키우는 토끼의 먹이를 구하기 위해 동네 아이들을 유혹했다. 그가 동네 아이들에게 토끼 먹이를 구해오면 토끼의 이름을 그 아이들의 이름으로 짓겠다고 설득한 것이다.54) 그 결과, 그는 손쉽게 토끼 먹이를 구할 수 있었다. 그의 이러한 천부적인 능력은 나중에 사업을 할 때도 큰 역할을 하였다.

훗날 펜실베이니아 철도회사에 강철레일을 팔기 위해 그는 자신이 피츠버그에 건설한 강철 공장의 이름을 펜실베이니아 철도회사 사장의 이름을 따서 애드가 톰슨 공장이라 명명하기도 했다. 카네기가 직접 선택한 그의 묘비명은 그의 히스테리적인 사교적 특성을 상징적으로 잘 보여준다. "여기에 자신보다 더 현명한 사람들을 주위에 둘 줄 알았던 사람이 누워있다."55)

터너 및 록펠러와 마찬가지로, 카네기 역시 남근기적 특성만을 나타냈던 것은 아니었다. 그가 철강왕이 되는 데는 항문기적 특성도 중요한 기여를 했다. 예를 들면, 당시에 철강업자들은 가격이 비싸다는 이유로 신형 가스 용광로를 도입하는 데 거부감을 갖고 있었다. 그들은 신형 용광로가 한마디로 자본을 낭비하는 것이라고 믿었다. 하지만 카네기는 신형 용광로가 '폐기물'을 절반으로 줄여줄 수 있다는 점에 매료되어 신형을 과감하게 도입하였고 결과도 성공적이었다.56)

카네기는 구순기적 특징도 향유할 줄 알았다. 그는 차 마시는 것을 좋아했는데 스리랑카를 방문했을 때, 정통 실론티를 마시고는 쾌재를 부르면서 즐거워했다.57) 그의 유년 시절에 실론티는 오직 부자들만 마실 수 있는 차였기 때문이었다. 또 카네기는 달변가이기도 했다.58) 그는 거침없는 말솜씨로 많은 연설 기록을 남겼다. 그중 1905년에 했던 세계 평화를 위한 국제 동맹에 관한 명연설은 활자화되어 13개국에 번역 판매되기도 했다.59)

이처럼, 카네기는 남근기적인 특성을 바탕으로 항문기적 특성과 구순기적인 특성을 창의적이고 성숙한 방식으로 통합해냈다. 그 결과, 그는 '부의 복음'을 전하는 전도사가 되었다.60) 그는 자기 재산의 95%를 기부했고 미국 전역에 2,500개의 도서관을 건립하였다.

심리-성적 발달에서의 성숙의 중요성

　　지금까지 터너의 구순기적 성격, 록펠러의 항문기적 성격, 그리고 카네기의 남근기적 성격에 관해 살펴보았다. 앞서 언급한 대로, 이 세 가지 성격유형은 심리-성적인 발달 과정에서 고착이 일어난 것과 밀접한 관계가 있다. 하지만 세 사람의 삶에서는 고착이 일어난 이후에도 성숙의 과정이 멈추지 않았다.

　　사람들은 보통 구순기적인 욕구, 항문기적인 욕구, 그리고 남근기적인 욕구 중 어느 하나에 고착되는 경향이 있다. 반면에, 성숙한 인격을 갖춘 성인은 어느 하나의 욕구에 고착되지 않고 이러한 세 가지 인간적 욕구들을 문화적으로 승화된 형태로 충족하려 노력하게 된다.

　　만약 세 사람이 심리적인 성숙을 위해 애쓰지 않았더라면, 그들의 삶에서 역사적인 성취를 일궈내기는 어려웠을 것으로 보인다. 개념상 특정 시기에 고착된 사람이 심리적인 성숙에 따른 효과를 얻기는 어렵기 때문이다.

　　누구든지 심리-성적 성격유형을 기준으로 평가할 경우, 다음의 네 가지 중 어느 하나에 해당될 수 있다. 구강기적 성격, 항문기적 성격, 남근기적 성격, 그리고 고착으로부터 벗어난 성숙 인격 유형.

구강기적 성격, 항문기적 성격, 그리고 남근기적 성격의 소유자가 자신의 활동 분야에서 뛰어난 성취를 일궈내는 것은 가능하다. 하지만 그들이 터너, 록펠러, 카네기의 사례가 보여주는 것처럼, 성숙 인격 유형만큼 뛰어난 성취를 나타내기는 어렵다. 무엇보다도, 구강기적 욕구, 항문기적 욕구, 남근기적 욕구 모두는 인간의 삶을 풍요롭게 이끌어 주는 원동력이 될 수 있기 때문에 그중 하나에만 집착하는 형태로 삶을 살아갈 이유가 없다.

구강기적 성격 유형이 성숙 인격 유형으로 변하기 위해서는 구강기적 고착 상태에서 벗어나는 것이 중요하다. 이를 위해서는 다음의 세 가지 점에 주의할 필요가 있다.

첫째, 구강기적 성격 유형에 속하는 사람들은 무엇보다 식탐을 경계해야 한다. 과도한 음식 섭취는 과체중을 유발하여 고혈압 또는 당뇨 등과 같은 건강상의 문제를 야기할 수 있다. 둘째, 구강기적 성격 유형에 속하는 사람들은 평상시에 스트레스 관리 훈련을 받아 두는 것이 중요하다. 왜냐하면, 구강기적 성격 유형에 속하는 사람들은 스트레스를 받을 때면, 평상시보다 음식을 과도하게 섭취하거나 과음하거나 또는 흡연을 과도하게 할 가능성이 높기 때문이다. 셋째, 구강기적 성격 유형에 속하는 사람들은 다소 수다스러운 인상을 줄 수 있을 뿐만 아니라, 흥분상태에서 말실수를 해서 사회적으로 곤란한 일을 겪을 위험성이 있다. 특히 이들은 스트레스 상황하에서 과도한 수준의 언어적 공격행동(심한 욕을 하는 것 등) 때문에 다른 사람들에게 부정적인 인상을 줄 수 있음을 기억할 필요가 있다.

다음으로, 항문기적 성격 유형이 성숙 인격 유형으로 변하기 위해서는 항문기적 고착 상태에서 벗어나는 것이 중요하다. 이를 위해서는 다음의 네 가지 점에 주의할 필요가 있다.

첫째, 자신이 고수하고 있는 생활습관들 중에 강박행동의 문제를 갖고 있는 것은 없는지 면밀하게 검토할 필요가 있다. 제 아무리 질서정연한 생활이 유익할 할지라도, 함께 생활하는 사람들과 지속적으로 갈등을 일으킨다면, 그러한 활동은 대화와 타협을 통해 조정되어야 한다. 둘째, 돈에 과도하게 집착하는 것을 경계할 필요가 있다. 돈은 유용한 가치를 가지고 있으나 돈의 가치를 지나치게 중시할 경우, 주변 사람들에게 수전노의 인상을 줄 수 있을 뿐만 아니라, 궁극적으로 대인관계를 손상시킬 위험성이 있다. 셋째, 평생 일에만 얽매여 생활하기보다는, 여가활동의 질을 높이고 여가시간의 양을 늘리기 위해 노력할 필요가 있다. 이를 위해 평상시에 여가를 즐기기 위해 꾸준히 실천하는 활동들의 목록을 작성해보라. 만약 5분 정도 고민을 해도 10가지를 떠올리지 못한다면, 가족이나 가까운 친구에게 조언을 구하기 바란다. 여가활동을 위한 10가지 목록을 완성한 다음에는 아무리 바쁘더라도 주말에는 그중 어느 하나라도 꾸준히 실천하기 바란다. 넷째, 당신의 생각과는 달리, 가족과 친구들은 당신이 그들을 소중하게 여긴다는 것을 모를 수 있다는 점에 주목할 필요가 있다. 함께 생활하는 가족이나 친구들에게 주로 일이나 과제와 관계된 얘기를 주로 하기보다는 당신 자신이나 그들의 감정과 기분에 관한 얘기를 중심으로 대화를 이어나가려 노력하기 바란다. 이러한 노력을 게을리 하게 될 경우, 당신은 점차 주변 사람들로부터 고립되어 갈 것이다.

마지막으로, 남근기적 성격 유형이 성숙 인격 유형으로 변하기 위해서는 남근기적 고착 상태에서 벗어나는 것이 중요하다. 이를 위해서는 다음의 네 가지 점을 주의할 필요가 있다.

첫째, 삶에서 중요한 의사결정은 가능한 한 객관적인 정보를 바탕으로 판단하려 노력할 필요가 있다. 남근기적 성격 유형에 속하는 사람들은 가능성을 중시하는 형태의 직관적이고 인상 위주의 판단을 내리는 데 익숙하기 때문에 어떤 대상에 강렬하게 매혹되었을 때에는 현실적인 판단력이 흐려질 수 있다. 따라서 남근기적 성격 유형은 매력적으로 느껴지는 목표를 설정하게 되는 경우, 속단하지 말고 한걸음 뒤로 물러서서 보수적으로 재검토하는 시간을 가질 필요가 있다. 특히 인상에 치우친 판단 때문에 실수하지 않도록 중요 안건에 대해서는 가능한 한 세부사항과 관계된 정보를 수집한 후 최종 결정을 내리는 것이 중요하다. 둘째, 낭만적인 활동에 과도하게 집착하지 않도록 주의할 필요가 있다. 특히 세상 모든 사람들이 다 낭만적인 휴가나 파티를 좋아하지는 않는다는 점을 기억해 둘 필요가 있다. 또 생일이나 기념일에 함께 생활하는 사람들이 당신에게 특별한 선물을 하지 않는다고 해서 그들이 당신을 소중하게 생각하지 않는 것은 아니다. 따라서 주변 사람들이 당신에 대한 관심을 표현하지 않는다고 하더라도 감정적으로 상처받지는 않도록 마음을 다잡을 필요가 있다. 셋째, 갈등 상황에서 감정적으로 격해지지 않도록 노력할 필요가 있다. 만약 당신이 격정적으로 감정을 표현한다면, 다른 사람들은 당신의 의도와는 다르게, 당신이 실제 감정 상태보다 더 크게 화가 난 것으로 오인할 수 있다. 마지막으로 자기과시적인 행동에 빠져드는 것은 낭비와 비효율성을 초래할 수 있다는 점을 명심할 필요가 있다. 아무리 다른 사람들을 위한 마음에서 시작된 행동이라 하더라도 자기-과시적인 면이 노출될 경우에

는 사람들에게 거부감을 줄 수 있으며 불필요한 경쟁을 유발할 수
있다.

우리들
마음속 그림자

분석심리학: 원형과 그림자

무의식을 탐구하는 정신분석 학계에서 프로이트와 더불어 쌍두마차 격에 해당되는 칼 융Carl G. Jung은 한때 프로이트의 절친한 동료이자 암묵적인 후계자였다. 하지만, 융은 근본적으로 무의식의 상징적 의미에 대한 해석의 측면에서 프로이트와는 다른 시각을 가지고 있었고, 결국 프로이트와 결별하고서 독자적으로 분석심리학Analytic Psychology을 창안하였다.

칼 융

융에 따르면 인간의 삶을 이해할 수 있도록 해주는 가장 핵심적인 열쇠는 바로 상징이다. 실제로 융이 말년에 자신의 이론을 세상에 알리고자 하는 의도에서 집필한 책의 제목이 바로 『인간과 상징Man and his Symbols』이었다. 융이 '상징'이라고 부르는 것은 그 자체로는 우리에게 친숙한 것일지라도 그것이 가지고 있는 함축적인 의미와 적용 사례가 특이하거나 모호해 일종의 '미지의 세계'라고 부를 수 있는 것들이다. 주로 사람들이 그 대상에 대해서 어느 정도는 알고 있지만 그 구체적인 의미에 대해서는 잘 모르는 것들이 바로 상징에 해당된다.

분석심리학은 인간 행동의 상징적 의미를 읽어내는 학문이라고
할 수 있다. 융은 인간 행동의 상징적인 의미를 해독하고자 하는 노
력이 프로이트의 정신분석과는 또 다른 방법으로 인생의 수많은 난
제들을 해결해 줄 수 있다고 믿었다.

우리는 이따금씩 너무나도 모순적인 삶을 살아가는 사람들을
마주 대하게 될 때가 있다. 예를 들면, 엄청난 갑부가 세간의 조롱
을 받으면서까지 푼돈에 집착하는 수수께끼 같은 삶을 살아가는 사
람들을 우리는 어떻게 이해할 수 있을까? 그리고 만약 그토록 모순
적인 삶을 사는 사람이 있다면, 그러한 삶을 바꾸기 위해서는 어떤
노력이 필요한 것일까? 분석심리학에서는 이러한 물음과 관련해서
지혜로운 관점을 제시해준다.

융은 인간의 무의식이 '개인무의식'과 '집단무의식'의 두 가지
층으로 구성된다고 보았다(그림 1 참조).[1] 개인무의식은 개인이 살아

그림 1 분석심리학에서 제시하는 성격의 구조

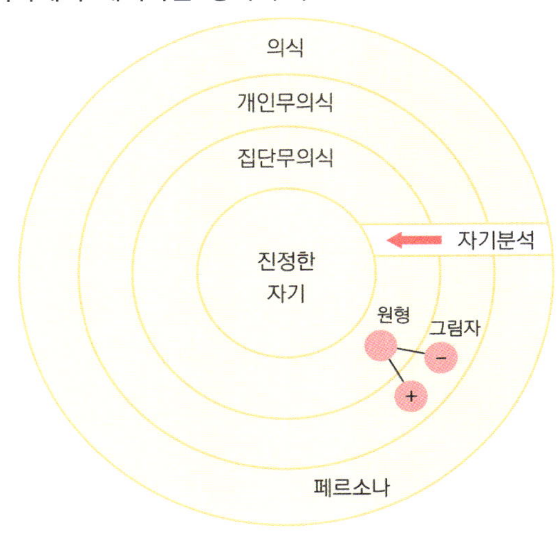

오는 과정에서 억압한 모든 성향과 감정으로서, 기본적으로 프로이트의 무의식 개념과 유사하다. 그리고 집단무의식은 인류에게 유전되는 형태로 개인 내부에 잠재되어 있는 속성들을 말한다. 집단무의식은 개인에게 직접적으로 의식화되지는 않지만 인류의 역사적 산물인 신화, 민속, 예술 등에서 보편적으로 드러나는 주제를 통해 간접적으로 확인할 수는 있다. 융은 개인이 '진정한 자기'를 이해하기 위해서는 개인무의식과 집단무의식을 모두 이해하는 것이 중요하다고 보았다.

분석심리학에서 말하는 개인무의식의 대표적인 예로는 '그림자 shadow'를 들 수 있다. 그림자는 우리 자신의 용납하기 어려운 특징과 감정들이다. 융에 따르면, 한 마디로 그림자는 우리의 신경을 건드리는 것들로서 '우리가 결코 되고 싶어 하지 않는 모습'을 의미한다. 이러한 그림자는 일종의 열등한 인격에 해당되는 것으로서, 명백히 자신 내부에 존재하는 속성이지만 의식화되지 않았기 때문에 미분화된 채로 남아 있는 원시적인 심리적 경향 및 심리적 특징들을 뜻한다.

사람들이 흔히 자신의 그림자를 인식하는 데 어려움을 겪는 이유는 바로 의식에 자리잡고 있는 페르소나persona 때문이다. 페르소나는 고대 그리스의 연극에서 배우들이 사용하던 가면을 말한다. 융에 따르면, 사람들은 마치 배우가 가면을 쓰고 무대 위에서 역할 연기를 하듯이 진정한 자신의 모습이 아닌 일종의 가면을 쓰고서 살아간다. 그림자와는 대조적으로 페르소나는 자신이 '남에게 보여주고 싶어 하는 자신의 모습'에 해당된다. 이처럼 사람들은 페르소나가 '진정한 자기'에 해당되는 것이 아님에도 불구하고 그것이 자신의 개성을 나타낸다고 착각하면서 살아가는 경향이 있다.

페르소나의 이면에 자리잡고 있는 자신의 실제 인격에 해당되는 것이 바로 그림자이다. 로버트 스티븐슨Robert L. Stevenson의 소설 『지킬박사와 하이드』는 페르소나와 그림자의 모습을 잘 보여준다. 그 소설의 주인공은 이중인격의 형태로 '학식이 높고 자비심이 많은 지킬박사'와 '추악한 하이드'의 모습을 둘 다 보여준다.

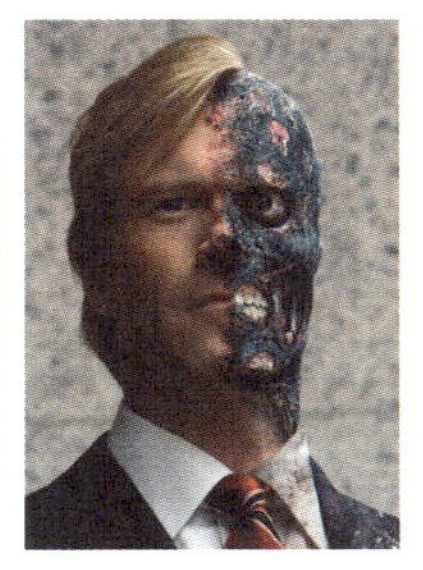

지킬박사와 하이드 표지와 배트맨 다크나이트 영화 속 하비 덴트 검사

그림자에 관한 또 다른 예로는 선과 악이 공존하는 투-페이스로 상징되는 영화 '배트맨 다크나이트'의 하비 덴트Harvey Dent를 들 수 있다. 그 영화에서 하비 덴트는 처음에 용감하고 정의로운 '백기사'처럼 행동하지만 결국 나중에 가서는 '내면에 나약함을 감추고 있었던 인물'이라는 점이 밝혀지게 된다.

그리스 신화에 나오는 '메두사Medusa'는 사람들이 자신의 그림자를 인식하는 것을 얼마나 두려워하는지를 보여주는 좋은 예이다. 메두사는 끔찍한 저주를 받아 뱀이 머리에 주렁주렁 매달려 있는 모습을 한 괴물이다. 이러한 메두사, 즉 상징적인 의미에서 그림자를 바라본 사람들은 돌로 변하게 된다.

집단무의식의 대표적인 예로는 '원형archetype'을 들 수 있다. 원형은 인류가 역사적으로 물려받은 정신적인 요소로서 특정한 대상과 경험에 대한 상징적 표상에 해당된다. 사람들은 이러한 원형에

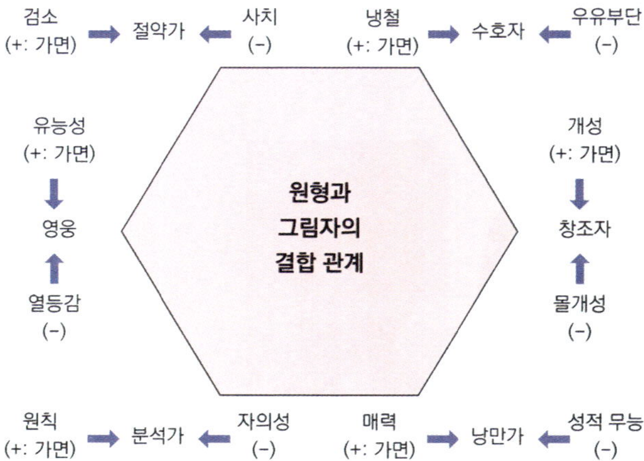

대해서 보편적인 의미와 정서가를 갖게 된다.

삶의 유형과 관련된 원형의 대표적인 예로는 절약가, 수호자, 창조자, 낭만가, 분석가, 영웅을 들 수 있다. 삶의 유형과 관련된 원형이 6가지만 존재하는 것은 아니지만, 이해를 돕는 목적으로 대표적인 사례들을 소개하고자 한다.

[그림 2]에 제시되어 있는 것처럼, 삶의 유형과 관련된 집단무의식 속 원형들에는 두 가지 방향의 특징들이 결합되어 있다. 원형과 결합된 특징들 중 하나는 '빛(+)'의 방향성, 즉 페르소나(가면)를 쓴 모습이고 나머지 하나는 '어둠(−)'의 방향성, 즉 그림자에 해당된다. 이때 원형과 결합된 특징이 빛(+)의 방향성을 갖는다는 것은 원형과 관계된 핵심적 특성이 과하고 경직된 형태로 표출되는 것을 뜻하고 그림자가 어둠(−)의 방향을 갖는다는 것은 원형과 관계된 핵심적 특성이 부족하거나 부재한 상태가 되는 것을 의미한다.

가면은 누군가가 다른 사람들에게 보여주고 싶은 이상적인 모

습이지만 실제 모습은 아니라는 점에서 경직된 인상을 주거나 무언
가를 은폐하고 있을 때 나타나는 것 같은 부자연스러운 인상을 주
게 된다. 한 가지 흥미로운 점은 개인의 의식이 원형적 특징과 관련
해서 (+)의 방향, 즉 가면에 집착하면 할수록 (−)의 방향에 해당
되는 그림자의 어둠이 더욱더 짙어진다는 것이다. 다시 말해서, '검
소한 행동(절약가의 + 극)'을 하는 사람일수록 그 반대 극에 해당되
는 그림자인 '사치(절약가의 − 극)'를 일삼는다는 평가를 받는 것을 더
두려워하거나 사치스러운 행동을 하는 사람을 더 심하게 혐오하게
된다는 것이다.

융에 따르면, 자신이 쓰고 있는 가면에 현혹되어 그림자를 온전
하게 인식하지 못하는 것은 자신의 모습을 인식하는 데 있어서 전
체성이 파괴된 상태임을 뜻한다. 이런 맥락에서 그는 그림자를 없애
려 할 것이 아니라, 그림자와 더불어 사는 법을 배워야 한다고 주장
하였다. 그림자는 단지 자아가 적응이 안 된 것이고 또 다루기 힘든
것일 뿐 절대적으로 악한 것은 아니다. 오히려 그것은 인간의 실존
적인 삶을 풍요롭게 만들어 줄 수 있다.

폴 게티의 '절약가' 원형 그리고 '사치'의 그림자

2

1957년 포춘Fortune지는 폴 게티Jean Paul Getty를 미국 최고의 부자이자 미국 최초의 억만장자로 선정하였다.2) 게티는 게티오일Getty Oil의 창업자로서 "자신의 재산을 실제로 계산할 수 있는 사람은 진정한 부자가 아니다"3)라고 큰소리칠 정도로 막대한 부를 축적하였다. 하지만 게티는 재산을 늘리는 데 광적으로 집착했으며 온갖 기행을 일삼았다. 그는 다섯 번의 결혼과 같은 횟수의 이혼을 한 것으로도 유명했다.4)

게티의 기행에 관한 유명한 이야기 중 하나는 수튼 플레이스 Sutton Place 대저택에 관한 일화이다. 수튼 플레이스는 영국 런던 인근의 역사적인 유적지인 동시에 호화 택지이다. 당시에 그의 수튼 플레이스 저택에는 영국에서 가장 큰 홀이 있었으며 14개의 특실과 더불어 대정원이 있었다. 하지만 그는 이러한 대저택에 살면서도 손님들이 장거리 전화를 걸 때 발생할 수 있는 전화 요금을 아끼기 위해서 공중전화를 설치하였다.5) 그 후에 이 공중전화는 그가 저택을 대중들에게 공개하였을 때, 사람들이 가장 먼저 찾는 최고의 인기 관광 상품이 되었다.

게티는 사업상의 거래에서 단 한 푼도 낭비하지 않기 위해 안

폴 게티의 타임 지 표지, 수튼 플레이스 대저택, 및 수튼 플레이스 파티 사진

간힘을 썼다. 예를 들면, 한 거래에서 그는 자신이 235만 달러에 구입했던 한 호텔을 750만 달러에 되팔아 막대한 이득을 얻었다. 이렇게 큰 소득을 올린 거래에서도 그는 변호사에게 계약 내용을 알려 인증을 받기 위한 전보 비용을 끝까지 고집을 부려 상대방에게 떠넘겼다.6)

게티는 예술품을 수집하는 데도 광적인 집착을 보였다. 그는 자신의 이름을 딴 게티 박물관을 설립하고서 막대한 자금을 동원해 세계 각지의 예술품들을 사들였다. 그리하여 그가 일생 동안 수집했던 예술품의 금전적인 가치는 뉴욕 메트로폴리탄 박물관의 소장품 가치의 25배가 넘는 세계 최고 수준이 되었다. 하지만 게티는 소장품의 예술적 가치보다는 경제적인 가치에 더 집착했기 때문에 비록 막대한 문화유산들을 소장하고 있었음에도 불구하고 그러한 예술품들이 선사하는 즐거움을 온전하게 누리지는 못했다.7)

게티는 놀라운 사업 수완을 갖고 있었으나 비인간적일 정도로 인색하게 행동했기 때문에 가족들로부터 존중받지도 그리고 사랑받지도 못했다. 그 결과 자신과 가족들 모두 불행한 삶을 살았다. 아마도 폴 게티의 인색함에 관한 가장 유명한 이야기 중 하나는 손자 납치 사건에 관한 것일 것이다.

　　1973년 게티의 손자인 게티 3세가 로마에서 납치되었을 때의 일이다.8) 처음에 범인들은 게티에게 1,700만 달러의 몸값을 요구했다. 납치범들로부터 전화를 받았을 때 게티는 문제아였던 손자가 자신에게서 돈을 빼내기 위해 자작극을 벌인 것으로 오해했다. 게티는 자신의 아들이 간청함에도 불구하고 몸값을 지불하는 것을 단호하게 거절했다. 사건이 일어난 지 넉 달이 지났을 무렵, 초조해진 납치범들은 몸값을 지불하지 않으면 손자의 신체를 절단내버리겠다는 협박과 함께 손자의 귀를 잘라서 발송하였다. 손자의 신체에 실제로 위해가 가해졌음에도 불구하고 게티는 몸값을 100만 달러로 낮춘 다음에야 자신의 손자를 데려오도록 하였다.

　　하지만 게티는 처음부터 자신이 손자의 몸값을 지불할 생각이 없었던 것으로 보인다. 왜냐하면 자신의 아들에게 손자의 몸값에 대해 연 4% 수준의 이자를 지불하도록 요구했기 때문이다. 그 과정에서 정신적인 충격을 받게 된 게티 3세는 마약과 알코올 중독에 빠지게 되었고 결국 나중에 가서는 전신 마비와 더불어 시력과 청력을 상실한 폐인이 되고 말았다.9)

　　게티는 자신의 기행을 '검소함'이라는 가면으로 포장하고자 했다. 하지만 그가 말하는 검소함의 가치는 세상 사람들뿐만 아니라 자신의 아들들에게조차 받아들여지지 않았다. 다섯 명의 아들 중 네 명은 게티가 내세우는 '검소함의 가치'에 한 번도 동의하지 않았다. 유일하게 장남인 프랭클린George Franklin Getty II만이 아버지의 신념을 받아들이려 애썼다. 하지만 그러한 노력에도 불구하고 정작 그에게 돌아온 것은 아버지의 냉소적인 태도와 비난이 담긴 메모지들뿐이었고 우울증으로 고통받던 그는 결국 49세 때 자살로 생을 마감하였다.10)

　그리스 신화에는 만지는 모든 것이 황금으로 변하는 왕인 '미다스Midas'가 등장한다. 게티는 놀라운 사업수완 덕분에 20세기의 '미다스'로 불릴 만한 삶을 살았다. 하지만 그리스 신화에서 미다스가 나중에 참회하고서 강으로 가 목욕함으로써 자신의 몸에 내려진 저주를 씻어낼 수 있었던 반면에 게티의 삶에서는 그러한 변화가 일어나지 않았다.

　분석심리학의 관점에 따르면, 게티의 삶을 특징짓는 원형적 이미지는 '절약가' 원형이라고 할 수 있다. 즉, 게티는 살면서 절약가 원형에 브합되는 행동양식을 지속적이고 반복적으로 나타냈다. 하지만 게티는 검소함의 가면을 쓰고 살았다. 게티가 세간의 조롱을 받으면서까지 푼돈에 집착하고 납치된 손자의 신체 일부를 희생시켜가면서까지 몸값을 주는 것을 거부하며 지불된 몸값에 대해서도 자신의 아들에게 은행 이자를 물리는 식으로 인색하게 행동한 것은 그의 그림자와 밀접한 관계가 있는 것으로 보인다. 다시 말해서, 게티의 절약가 원형과 동전의 앞뒷면처럼 붙어있는 그림자는 바로 '사치'라고 할 수 있다. 그가 경직된 형태로 인색한 행동에 집착했던 것은 그의 내면에 '사치'의 그림자가 자리잡고 있었기 때문이라고 할 수 있다.

　게티는 자신이 사치스러운 사람이라는 평가를 받는 것을 극도록 혐오하는 동시에 두려워했던 것으로 보인다. 다만, 이러한 무의식적인 감정이 의식의 차원에서는 주로 당사자가 자신의 그림자와 관계된 인물이나 행동에 대해서 '혐오감'을 표현하는 형태로 표출된다. 이것을 '그림자 투사'라 한다. 예를 들면, 사치스러운 사람이 사치스러운 행동을 하는 다른 사람을 지나치게 비난하거나, 겁이 많은 사람이 또 다른 겁쟁이를 과도하게 비난하는 것 등이 여기에 해당된다.

앞의 그림이 보여주는 것처럼, 게티는 수튼 플레이스라는 영국 내에서 가장 큰 홀을 가진 세계적인 대저택을 실제로 구입했고 또 그곳에서 대규모 파티를 개최하는 사치스러운 생활을 했다. 하지만 세계적인 가십거리가 된 그의 인색한 행동은 게티가 자기 자신을 비롯한 그 누구도 그 자신에 대해서 '사치스럽다'는 평가를 할 수 없도록 만들었다. 이것이 바로 사람들의 마음속에서 그림자가 작동하는 방식이다.

절약가 원형을 위한 팁

만약 당신의 핵심 원형이 절약가 유형이라면, 검소함이라는 가면을 쓴 모습이 지나치게 경직되고 통제되지 않는 형태로 표출되어 당신의 삶에 부정적인 영향을 미칠 수 있다. 그리고 게티처럼 절약가의 그림자, 즉 사치스러운 모습이 의식화되지 않은 상태로 무분별하게 작동하고 있을 가능성을 경계할 필요가 있다. 다시 말해, 당신은 스스로 사치스러운 사람이라는 생각이 들게 되는 것을 두려워하게 될 수 있다. 또 만약 당신이 주변 사람들보다도 유난히 어느 누군가의 사치스러운 행동에 대해 눈에 거슬려 한다면, 당신의 그러한 행동은 그림자 투사에 해당되는 것일 수 있음을 자각하는 것이 필요하다. 중요한 점은 그림자의 부정적인 영향력이 자각을 하는 것만으로도 그 효과가 반감될 수 있다는 것이다. 그림자 투사는 오직 자신의 무의식 세계를 자각하지 못하는 사람에게만 나타나는 현상이다. 바로 이런 점 때문에 진실이 우리를 자유롭게 해줄 수 있다고 하는 것이다.

잭 웰치의 '수호자' 원형 그리고 '우유부단'의 그림자

3

잭 웰치John Frances Welch Jr는 1981년에 제너럴 일렉트릭General Electric: 이하 GE 역사상 최연소로 회장에 취임했다. 이 시기는 미국의 많은 대기업들이 국제 경쟁력을 상실하게 되면서 위기에 처했던 시점이었다. 웰치는 취임 후 '고쳐라, 매각하라, 아니면 폐쇄하라'는 경영 전략을 펼쳤고 전체 직원의 25%에 달하는 11만 명 이상을 떠나 보냈다.11)

그가 이처럼 GE를 한층 더 경쟁력 있는 회사로 만들기 위해 대규모 인원 감축을 진행했을 때, '뉴스위크' 지는 그에게 '중성자 잭 Neutron Jack'이라는 별명을 붙여주었다.12) 마치 중성자탄처럼, 그가 회사의 건물들은 보존하면서도 사람들만 조용히 없애버리는 역할을 수행했기 때문이었다. 실제로 많은 GE 관계자들은 그의 이러한 개혁조치가 '미친 짓'이라며 비난을 퍼부었다. 하지만 웰치는 GE가 새로운 시대에서 살아남기 위한 불가피한 조치라며 냉정하게 개혁을 밀어붙였다.

그 결과, 2001년에 그가 회장직에서 물러날 때 GE의 회사 가치는 그가 20년 전에 회장으로 부임할 당시의 120억 달러보다 약 38배나 늘어난 4,500억 달러에 달했다. 이는 세계 1위에 해당되는 실

중성자 잭, 잭 웰치

적이었다. 이러한 경영 능력을 인정받아 그는 포춘 지로부터 20세기의 가장 위대한 경영자 중 하나라는 평가를 받기도 했다.[13] 그리고 2001년에 영국의 '파이낸셜 타임스'는 그를 '세계에서 가장 존경받는 경영인'으로 선정하는 동시에 GE도 '세계에서 가장 존경받는 기업'으로 선정하였다.[14]

분석심리학의 관점에서 본다면, 웰치의 삶을 특징짓는 원형적 이미지는 '수호자' 원형이라고 할 수 있다. 그리고 그가 쓰고 있던 가면의 모습은 '냉철함'이고 그의 그림자는 바로 '우유부단함'인 것으로 보인다.

웰치는 중성자탄이라는 별명이 시사하는 것처럼, 냉철한 수준을 넘어 냉혈한이라는 이미지를 갖고 있었다. '포춘' 지는 그에게 '미국에서 가장 무자비한 10명의 경영자' 중에서도 1위에 지목하는 불명예를 부여하였다.[15] 그가 이처럼 지나치게 냉혈한처럼 행동하게 된 것은 그의 그림자, 즉 우유부단하고 유약한 사람이 되는 것을 무의식적으로 두려워했던 것과 관계가 있다.

웰치의 놀라운 업적을 고려할 때, 외견상 중성자탄이라는 세간의 평가는 부당한 것으로 보일 수 있다. 하지만 여기서 간과하지 말아야 할 부분이 있다. 위기 상황에서 회사를 구해낸 탁월한 경영자들이 모두 무자비하다거나 냉혈한이라는 평가를 받았던 것은 아니라는 점이다. 이런 점에서 웰치가 미국의 무자비한 경영자 중에서도 1등을 차지하게 된 데는 내면의 그림자인 우유부단하고 유약한 면이 배후에서 지속적으로 영향력을 행사했기 때문이라는 점을 고려할 필요가 있다.

1980년대 중반에 그는 하버드 경영대학원에서 MBA 과정 중인 학생으로부터 "가장 후회되는 일이 무엇인가?"라는 질문을 받았다. 이때 그는 행동을 개시하는 데 너무 많은 시간을 허비한 것이라고 대답했다.16) 그는 자서전에서 자신의 약점이 망설이는 것이라고 밝히기도 했다. 그는 무의식적으로 우유부단하고 유약하다는 평가를 받는 것을 극도로 두려워했기 때문에 스스로 냉혈한의 비난을 받는 것을 감수하는 길을 선택했던 것으로 보인다. 사진이 보여주는 것처럼, 중성자 잭이라는 별명을 갖고 있던 웰치가 스스로 우유부단함이 약점이라고 믿는 아이러니를 연출하는 것이 바로 우리 마음속 가면과 그림자가 펼쳐내는 드라마에 해당된다.

웰치는 회장으로 취임하기 이전부터 현실의 당면 과제가 요구하는 수준 이상으로 지나치게 냉혈한처럼 행동하는 경향이 있었다. 그가 회장으로 재직하던 시절, 한 직원은 이렇게 말했다. "그와 근무하는 것 자체가 일종의 전쟁이었으며 많은 사람들이 총알받이가 되었다."17) 포춘 지의 기사에 따르면, 그는 "비난, 비하, 조롱, 그리고 인격모독에 가까운 질문들로 사람들을 거의 정신적 공황상태로 몰아넣은 장본인이었다."18)

사실, 웰치는 우유부단함이라는 그림자의 영향으로 지나치게 냉정한 모습을 보여 하마터면 GE의 회장이 되는 데 실패할 뻔했다. 웰치 자신은 탁월한 성과를 바탕으로 스스로 GE의 회장이 되기에 충분하다고 믿었지만, 실제로 1974년에 GE에서 작성된 19명의 회장 후보 명단 그리고 1975년에 작성된 10명의 회장 후보 명단 모두에는 웰치의 이름이 빠져있었다.19) 이 무렵까지 그에 대한 인사담당자의 평가는 그가 아랫사람에게 위협적인 존재이며 회사가 직무를 맡기는 데 있어 문제의 소지가 있다는 것이었다.

하지만 다행스럽게도 웰치에게는 내재된 성격적인 문제에도 불구하고 단 한 번의 흔들림도 없이 그를 지지해 준 GE의 선임 회장 레그 존스Reg Jones라는 좋은 상관이 있었다. 실제로 존스는 GE의 차기 회장 선임을 위한 사전 평가에서 9명의 GE 임원 중 그 누구도 회장 후보로 웰치를 추천하지 않았음에도 불구하고 수많은 반대의견을 무릅쓰고 웰치를 후임 회장으로 선임하는 데 앞장섰다.

수호자 원형을 위한 팁

만약 당신의 핵심 원형이 수호자 유형이라면, 당신이 쓰고 있는 냉철함이라는 가면이 통제되지 않는 형태로 표출되어 당신의 삶을 망가트릴 수 있다. 그리고 웰치처럼 원형의 그림자, 즉 우유부단하고 유약한 모습을 보이는 것을 두려워할 수 있다. 또 만약 당신이 주변 사람들보다도 유난히 어느 누군가가 우유부단하고 유약한 모습을 보이는 것이 불편하게 느껴진다면, 당신의 그러한 행동은 그림자 투사에 해당되는 것일 수 있음을 자각할 필요가 있다. 만약 당신이 이러한 노력을 기울이는 것이 싫다면, 대안은 잭 웰치처럼 한치의 흔들림 없이 자신을 지지해 줄 상사를 만나는 것이 중요하다. 하지만 설사 당신이 좋은 상사를 만나게 되는 경우에도, 당신이 성취하게 될 최종 성과는 그림자 투사의 문제를 해결하는 것에는 결코 미치지 못할 것이다.

스티브 잡스의 '창조자' 원형 그리고 '몰개성'의 그림자

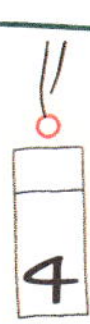

　2011년 스티브 잡스Steve Jobs가 세상을 떠났을 때, 미국의 오바마 대통령은 성명을 통해 그가 창의적인 미국 정신의 본보기로서 인류의 삶을 바꾸고 산업을 재편한 선지자인 동시에 가장 위대한 혁신가 중 한 명이었다며 애도했다.[20]

　잡스는 아이폰, 아이팟, 맥북, 토이스토리 등 수 많은 세계적인 걸작품들Masterpieces을 창조해냈다. 사람들은 흔히 컴퓨터, MP3플레이어, 휴대폰, 그리고 애니메이션의 역사를 잡스 이전과 이후로 나눌 정도로, 그는 현대 사회의 위대한 창조자 중 한 명이다. 이런 점에서 잡스의 삶을 특징짓는 원형적 이미지는 '창조자' 원형이라고 할 수 있다.

　그는 '개성 넘치는 사람'이라는 가면을 쓰고 살았다. 그의 이러한 가면 이면에는 바로 '몰개성'이라는 그림자가 있었던 것으로 보인다. 다시 말해, 그는 스스로 개성 없는 사람이라는 평가를 내리게 되는 것을 무의식적으로 두려워했던 것으로 보인다.

　잡스의 공식적인 요청에 의해서 집필된 그에 관한 공식 전기인 『스티브 잡스』에는 평생에 걸친 그의 기행이 상세하게 소개되어 있다.[21] 청년 시절 LSDLysergic acid diethylamide라는 강력한 환각제에 심취했던 일, 고속도로 인근의 호수에서 알몸으로 수영하는 것을 즐겼던 일, 가구를 고르는 기준이 너무나 까다로워서 집안에 가구를 들이지 못해 침대, 소파, 의자조차도 없이 지내야 했던 것, 자신은 채식만 하기 때문에 일주일에 한 번만 샤워를 해도 된다는 믿음하에, 자신의 더러운 발을 태연하게 내보이면서 회의에 참여해 동료들을 경악하게 했던 일, 스트레스를 푼다면서 변기에 발을 담그는 것, 세상 사람들을 영웅이 아니면 얼간이로 분류한 후 하루 중에도 동일한 사람을 어떤 때는 영웅으로 부르기도 하고 또 어떤 때는 얼간이 취급을 하기도 해서 주변 사람들과 마찰을 일으켰던 일, 공공연하게 장애인 주차구역에 차를 세우는 것, 자동차에 번호판을 다는 것을 거부하는 것 등이 그 예들이다.

잡스는 스스로 특별한 사람이라고 굳게 믿었다. 그는 마치 니체 Friedrich W. Nietzsche의 선언을 가슴에 품고 사는 사람 같은 인상을 주었다. 니체의 선언은 "이제 정신은 자신의 의지를 원하고 세계를 상실한 자는 이제 자신의 세계를 찾는다."22)는 것이다. 실제로 스티브 잡스는 공공연하게 자신이 아인슈타인이나 간디처럼 깨달은 소수의 사람들 중 하나라고 떠벌리고 다녔다. 특히 앞서 소개한 것과 같은 잡스의 기행은 그 누구도 잡스가 몰개성의 그림자를 은폐하고 있다는 점을 조금도 눈치채지 못하도록 했다.

잡스가 자신의 그림자인 '몰개성'으로부터 필사적으로 벗어나고자 노력했던 점은 그가 스스로를 특별한 존재로 믿고 또 사람들에게 자신의 개성과 가치를 인정받고자 열을 올렸던 데서도 쉽게 확인할 수 있다. 부하나 동료가 잡스에게 새로운 아이디어를 얘기하면, 대부분의 경우 그는 그러한 아이디어가 멍청한 생각이라고 비판

가구 없는 집에서의 스티브 잡스

하였다. 하지만 때때로 잡스는 일주일 정도 지나서 그 아이디어를 냈던 부하나 동료에게 다시 찾아와 동일한 내용을 상대방에게 들어 보라면서 얘기하기도 했다. 이럴 때 그는 동료나 부하가 일주일 전에 얘기했던 바로 그 내용을 마치 자신의 아이디어인 것처럼 말하고는 했다.23) 다시 말해, 똑같은 아이디어도 부하나 동료가 얘기하면 멍청한 생각이 되고 또 자신이 말하면 개성 있는 참신한 아이디어가 되는 것처럼 행동했던 것이다.

잡스는 자신의 판단을 과신하는 경향이 있었다. 어느 날 기자가 잡스에게 어떤 방식으로 시장 조사를 하냐고 질문하였다. 그러자 그는 코웃음치며 "알렉산더 그레이엄 벨이 시장 조사 같은 걸 하고 전화를 발명했습니까?"24)라고 반문하였다. 이처럼 잡스가 자신의 특별함을 과신했던 것은 그에게 값비싼 대가를 치르게 만들었다.

잡스는 세상과 시장의 변화에 타협하지 않고 오로지 자신의 괴팍한 판단 내용만을 고집스럽게 밀고 나갔기 때문에 한때 빌 게이츠Bill Gates와 벌였던 컴퓨터 소프트웨어 경쟁에서 참패하고 말았다. 또 1985년에는 자신이 창업한 회사에서 굴욕적으로 쫓겨나기도 했다. 또 애플에서 쫓겨난 후 천문학적인 비용을 투자해서 개발한 '넥

스트’라는 컴퓨터는 시장에서 철저하게 외면받았다. 이러한 일화들은 잡스의 괴팍한 행동 이면에 몰개성에 대한 의식적인 혐오, 스스로 가치를 인정받지 못하는 것에 대한 무의식적 두려움 그리고 세상으로부터 자신의 가치를 인정받고자 하는 열망이 공존하고 있었음을 시사한다.

잡스가 과도하게 몰개성의 그림자를 두려워하는 동시에 개성 넘치는 사람이라는 가면에 집착했던 이유 중 하나는 그가 어려서부터 입양되었다는 사실을 알고 지냈던 점과 연관된 것으로 보인다. 그는 자신의 생부가 누구인지 알고 싶어 했다.25) 자신이 누구인지를 알아내는 것이 자신의 정체성을 찾는 데 매우 중요했기 때문이다. 하지만 양부모님을 생각해 자신의 숨겨진 욕구를 잘 드러내지는 않았다. 대신 그는 개성 넘치는 생각과 행동을 통해 자신이 누구인지를 남들보다 더 분명하고 간절하게 확인하고 싶어 했던 것으로 보인다.

아이러니하게도 잡스 그 자신도 생부가 자신을 버렸던 23세에 똑같이 자신의 딸을 외면했다.26) 그가 친자로 인정하지 않겠다고 고집부려서 한동안 그의 딸 리사Lisa와 그녀의 어머니는 정부의 생계 보조금 신세를 지기도 했다. 하지만 친자 확인 검사 결과가 나온 후 스티브 잡스는 리사를 자신의 딸로 받아들였다.

창조자 원형을 위한 팁

만약 당신의 핵심 원형이 창조자 유형이라면, 당신이 쓰고 있는 '개성 넘치는 사람'이라는 가면으로 인해 당신의 삶이 혼란에 빠질 수 있다. 또 잡스처럼 창조자의 그림자, 즉 '몰개성적인 사람' 혹은 '정체성이 불분명한 사람'이라는 평가를 받는 것을 무의식적으로 두려워할 수 있다. 만약 어느 누군가가 유난히 주변 사람들보다도 개성 혹은 정체성이 불분명하거나 창의적이지 않은 모습을 보이는 것이 한심해 보인다면, 당신의 그러한 행동은 그림자 투사에 해당되는 것일 수 있다. 이런 경우, 잡스가 몰개성 그림자 투사의 부정적인 영향으로 인해 동료들과 불화를 초래해 애플사를 창업한 후 자신이 창업한 회사에서 굴욕적으로 쫓겨난 적이 있다는 점을 유념할 필요가 있다.

하워드 휴즈의 '낭만가' 원형 그리고 '성적 무능'의 그림자

하워드 휴즈Howard Hughes는 미국의 20세기 비즈니스 영웅 중 한 명으로 손꼽힌다. 18살이라는 어린 나이에 아버지의 회사를 물려받았던 휴즈의 삶은 세상 사람들이 꿈꾸는 억만장자의 모습과 유사한 데가 있었다.

유산을 상속 받은 후, 휴즈는 오래전부터 동경해 왔던 영화 사업에 뛰어들었다. 막대한 부를 지니고 있었던 휴즈는 영화제작자로서 어렵지 않게 성공가도를 달리기 시작했다. 영화제작에 뛰어든지 얼마 안 되었을 때 그가 투자한 '아라비아의 두 기사'가 아카데미상을 수상하는 영광을 누리게 되었다.

이 무렵 청년 휴즈는 아무도 범접하지 못할 대작을 만들어내겠다는 야망을 품고 있었다. 이를 위해 그는 영화 '지옥의 천사들'을 제작할 때, 모형 세트를 이용해 촬영하던 당시의 관행에서 벗어나 실제 비행기를 87대나 동원해서 촬영을 강행했다.[27] 촬영 과정에서 휴즈는 자신이 직접 비행을 하다가 사고로 중상을 입기도 했다. 하지만 영화가 개봉되었을 때, 관객들은 그 이전까지는 상상조차 할 수 없었던 박진감 넘치는 전투 장면을 숨죽이면서 긴장감 속에서 지켜보았다. 그 결과, '휴즈를 위한, 휴즈에 의한, 휴즈의 영화'라는 평가를 받았던 '지옥의 천사들'은 당시로서는 천문학적인 제작비였던 400만 달러를 공제하고도 400만 달러 이상의 수익을 휴즈에게 선사해 주었다.

영화 '지옥의 천사들'은 휴즈에게 막대한 수익 이외에도 특별한 보너스를 안겨다 주었다. 그의 곁으로 아름다운 여성들이 몰려들도록 해주었던 것이다. 그러한 여성들 중 상당수는 휴즈의 돈과 명성 그리고 수려한 용모에 매료되었다. 휴즈가 '매력'이라는 가면을 쓰고서 살았기 때문이다.

하워드 휴즈

휴즈는 비행조종사로서도 뛰어난 재능을 발휘했다. 1936년에 그는 최단시간 미대륙횡단 기록을 수립했다.28) 그리고 2년 후에는 최단시간 세계일주 비행기록을 수립하였다. 그 후 비행에 대한 그의 열정은 결국 '휴즈 항공사'를 설립하는 데까지 이어진다.

하지만 휴즈의 비행에 대한 이러한 열정은 그에게 치명적인 부상을 가져다주기도 했다. 그는 41세 때 비행기 기체 고장으로 불시착을 시도했고 목뼈와 갈비뼈가 부러지는 심각한 부상을 입었다. 이때 그는 통증을 견디기 위해 장기간 진통제를 투약해야 했고 부상에서 회복된 이후에도 그는 평생 약물에 의지하며 지냈다.29)

사람들의 시선을 끌 만한 휴즈의 이색적인 사업 중 하나는 그가 무척 좋아했던 라스베가스를 보다 더 낭만적이고 '글래머러스'하게 바꾸고자 했던 일이다.30) 여기서 '글래머러스'라는 표현은 상징적으로 성적인 의미를 담고 있다. 하워드 휴즈는 당시만 하더라도 하층민들이 와서 싸구려 도박이나 일삼던 저급한 유흥도시였던 라스베가스를 고급 리조트 도시로 바꾸고 싶어 했다. 그는 자신의 원대한 프로젝트를 실현하기 위해 라스베가스 중심지에 있는 5개의 호텔, 방송국, 2개의 인근 공항과 3개의 항공사 등 라스베가스의 1/5 수준의 땅과 사업체들을 사들였다.31)

휴즈의 삶을 특징짓는 원형적 이미지는 '낭만가' 원형이라고 할 수 있다. 그는 심리학 박사 학위를 가지고 있었던 지적인 배우 캐서린 헵번Katharine Hepburn을 매우 좋아했다. 그는 최단 시간 세계 일주 비행 신기록에 도전하면서 헵번과의 약속을 지키기 위해 놀랍게도 그녀와 가족들이 손을 흔드는 그녀의 집 위에서 날개를 기울인 채로 선회비행을 했다. 하지만 이렇게 하느라 그는 세계기록 경신을 위한 도전에서 귀한 시간을 허비해버렸다.

'낭만가' 원형과 결합된 휴즈의 그림자는 '성적 무능'이라고 할 수 있다. 여기에서 성적 무능의 그림자를 갖는다는 것은 연인관계를 비롯한 다양한 관계에서 상대방에게 매력적인 인상을 주지 못하게 되는 것'을 무의식적으로 두려워하게 되는 동시에 의식적으로는 혐오하게 되는 것을 말한다. 단, 이러한 성적 무능은 본질적으로 심리 성적인 측면에서의 무능을 뜻하는 것이다. 연인관계에서 상대방에게 매력적인 인상을 주지 못하는 것을 무의식적으로 두려워하는 동시에 의식적으로 혐오하는 것도 성적 무능에 해당된다.

분석심리학적인 관점에서 본다면, 휴즈가 보였던 성적인 문란함은 내면의 그림자와 밀접한 관계가 있다. 겉으로는 '비행영웅'으로서 남성성을 물씬 풍기는 매력적인 가면을 쓰고 살았던 것과는 달리, 그의 성생활은 전형적인 남성이 보이는 것과는 매우 달랐다.

그는 유년 시절 정신적인 상처를 받은 적이 있었다. 이중인격자이자 베스트셀러 작가였던 삼촌 루퍼트Rupert가 15살인 사춘기 소년이었던 그를 자신의 침대로 끌어들인 것이었다.32) 훗날 휴즈는 유언장에 서명할 때, 친척들에게 일정액의 유산을 남겼던 반면, 루퍼트 삼촌에게는 유산을 남기지 않았다.33)

성인이 되었을 때, 휴즈의 성생활은 한 마디로 문란함 그 자체였다. 억만장자 영화제작자인 동시에 미국의 영웅이기도 했던 하워드 휴즈는 당시의 어떤 남성들보다 많은 유명 여배우들과 끝없는 염문설에 휩싸였다.34) 실제로 그는 여성편력이 매우 심각한 수준이었다. 그리고 성적인 지향성의 측면에서 그는 양성애자로 살았다. 성적으로 남자와 여자 양쪽 모두와 관계를 맺은 것이다. 하지만 휴즈는 성적으로는 오르가즘을 경험하는 데 어려움을 겪었다.35)

그는 첫 번째 부인인 엘라Ella Rice와 정략결혼을 했고 그의 결혼생활은 전반적으로 불행한 편이었다.36) 결혼 후 하워드 휴즈는 부인과 보내는 시간보다는 할리우드 여배우들과 함께 보내는 시간이 더 많았고 결국 결혼 후 불과 4년 만에 엘라로부터 이혼을 요구받게 되었다.

휴즈는 이혼 후 여러 영화배우들을 쫓아다니다가 그중에서 진 피터스Jean Peters를 좋아하게 되었다. 하지만 휴즈의 끈질긴 구애에도 불구하고 진은 CIA 요원인 스튜어트 크레이머 3세Stuart W. Cramer III와 결혼을 했다.37) 나중에 두 사람이 이혼을 하자, 다시 하워드 휴즈는 그녀에게 청혼을 했고 결국 둘은 재혼에 합의했다. 두 사람이 결혼을 하자, 할리우드 사교계는 세기의 결합이라고 떠들어댔지만, 실제로 그들의 결혼 생활은 사람들이 떠올리는 것만큼 '뜨거운 것'은 아니었다. 그들은 신혼 때부터 이미 별거생활을 했다. 특히, 휴즈는 자신이 결혼 전 정관절제술을 받았다는 사실을 아내에게도 숨겼다.

휴즈가 정상적인 결혼생활을 하기 힘들었던 이유 중 하나는 세균 강박증 때문이었다.38) 그는 십대에 질병 때문에 부모님을 모두 잃은 후부터 세균에 대한 공포증을 갖고 있었다. 그래서 그는 늘 세균과 전쟁을 하며 지냈으며 이 때문에 자신의 아내인 진조차 자신이 생활하는 '무균지대'인 침실로 들어오지 못하게 막았다.

결국 두 번의 결혼생활에도 불구하고 그의 결혼은 하워드 휴즈에게 공식적으로는 자녀를 남겨주지 못했다. 이런 점에서 하워드 휴즈가 평생 동안 보여준 남성성은 그가 제작한 세계에서 가장 큰 비행기, '휴즈 헤라클레스Hughes H-4 Hercules'와 닮은 데가 있었다. 그 비행기는 당시로서는 공상과학 소설에 등장한 법한 크기인 8층 건물 높이에 축구장 길이보다 긴 날개를 가지고 있었다. 하지만 문제는 그 비행기가 실제로는 비행을 하기가 어려웠다는 점이다. 그 비행기는 딱 한 번 시험비행을 한 후 영원히 이륙하지 못하고 격납고에서 먼지에 쌓인 채 방치되었다.39)

휴즈 헤라클레스 비행기

낭만자 원형을 위한 팁

만약 당신의 핵심 원형이 낭만가 유형이라면, 사람들에게 매력적인 인상을 주는 가면이 적절히 통제되지 않을 경우, 연인관계 등에서 매우 비효율적인 행동을 하거나 성적으로 방탕한 생활을 할 수 있다. 휴즈가 세계기록 경신을 위해 도전할 때 아까운 시간을 흘려보낸 적이 있는 것처럼 말이다. 그리고 낭만가의 그림자, 즉 성적으로 무능한 사람이 되거나 연인에게 매력적인 인상을 주지 못하게 되는 것을 무의식적으로 두려워할 수 있다. 만약 누군가가 낭만적으로 행동하지 않는 것에 대해 당신이 필요 이상으로 부정적으로 평가를 하게 된다면, 그러한 행동은 그림자 투사에 해당되는 것일 수 있다. 이런 경우, 비행영웅 휴즈의 남성성이 사실은 세계에서 가장 큰 비행기, '휴즈 헤라클레스'처럼 겉은 그럴듯하지만 그다지 실속은 없는 것이었다는 점을 기억할 필요가 있다.

헨리 포드의 '분석가' 원형 그리고 '자의성'의 그림자

어느 날 한 노인과 달린저John Dahlinger라는 소년 사이에 작은 설전이 벌어졌다. 그 소년은 노인이 교육에 대해 상당히 편협한 시각을 갖고 있다고 믿었다. 그래서 노인에게 "할아버지, 이젠 세상이 변했어요. 지금은 '현대'라구요."라고 대들며 말했다. 그 말을 들은 노인은 "애야, 그 '현대'를 발명한 게 바로 나란다."라고 말했다.[40) 이것은 헨리 포드Henry Ford의 유명한 일화 중 하나다.

자동차 왕으로 불리는 헨리 포드는 조립라인과 연속공정 기술을 이용해 표준화된 제품을 대량생산하는 동시에 대량소비하도록 하는 포디즘Fordism을 통해 '포드'를 미국 최대의 자동차 제조업체로 키워냈다. 포드는 1913년에 '컨베이어 벨트' 조립 라인을 세계 최초로 소개하면서 작업공정의 생산성을 4배나 높이는 성과를 거두었다.[41) 이때 포드가 내걸었던 생산의 원칙은 제품의 표준화, 부품의 규격화, 공장의 전문화 그리고 작업의 표준화였다. 포드의 이러한 원가절감 노력 덕분에 모델 T의 가격은 1908년 950달러에서 19년 후 290달러로 약 31% 수준까지 내려갔다.[42) 1918년에는 모델 T가 미국에서 운행되는 자동차의 절반을 차지할 정도였다.[43) 1926년에 '뉴욕 타임즈'지는 헨리 포드를 세계 최고의 부자로 선정하였다.[44)

분석심리학의 관점에 따르면, 포드의 삶을 특징짓는 원형적 이미지는 '분석가' 원형이라고 할 수 있다. 그의 이러한 면모는 그가 자서전에서 밝힌 다음과 같은 설명에 잘 담겨 있다. "1만 2천 명의 종업원이 각각 하루에 열 걸음씩 덜 걷게 한다면, 전체적으로는 그동안 하루에 낭비되던 약 50마일약 80㎞의 이동 동작과 그로 인해 쓸데없이 사용되던 에너지를 절약할 수 있을 것이다."45)

때때로 포드는 분석의 효과를 지나치게 신봉해서 '원칙의 노예' 같은 인상을 주기도 했다. 그는 1909년에 놀라운 선언을 했다. 자신은 앞으로 단 하나의 모델, 즉 모델 T만을 만들 것이라고 공표한 것이다. 널리 회자되는 그의 유명한 주장 중 하나는 모델 T의 색상에 관한 것이었다. "어느 고객이든 원하는 색이 있다면, 그 색을 입힌 자동차를 갖도록 해줄 수 있습니다. 다만, 그 색은 검정색이어야 합니다."46)

자동차를 가장 효율적인 방식으로 생산한다는 포드의 원칙은 그를 '자동차 왕'에 등극할 수 있도록 해주었다. 하지만 그는 '원칙'이라는 가면을 쓰고 살았고 경직된 형태로 자신이 세웠던 자신만의 원칙에 맹목적으로 집착하는 경향이 있었기 때문에 결과적으로, 그의 회사는 위기에 빠지게 되었다.

포드는 다른 자동차 제조업체들이 시도한 혁신적인 기능들을 대부분 거부했다.47) 예를 들어, 그는 다른 자동차 회사들과는 다른 독자적인 변속기를 고수했으며, 유압식 브레이크를 채택하는 것을 거부하고서 기계식 브레이크를 고수했다. 또 엔진도 6기통과 8기통 등으로 다양화하지 않고 오직 4기통 엔진만을 사용했다. 결국 1936년 포드 자동차 회사는 판매 순위에서 3위로 밀려나게 되었다.

헨리 포드와 T형 포드

　이런 점에서 그의 분석가 원형과 결합된 그림자는 바로 '자의성恣意性'인 것으로 보인다. 자의성은 일정한 질서를 무시하고 제멋대로 하는 것을 뜻한다. 포드는 원칙론자를 자처하면서도 실제로는 아이러니하게도 원칙을 무시하는 행동을 보였다. 다시 말해, 포드는 '원칙 없는 사람'이라는 평가를 받는 것이 두려워하는 동시에 혐오해 자신이 세웠던 원칙에 지나치게 집착했고 결과적으로 자의적인 판단을 일삼았던 것으로 보인다.

　포드의 그림자인 '자의성'은 유태인 관련 생각과 태도에 전형적으로 드러난다. 포드는 유태인 관련 음모론을 맹목적으로 신봉했으며 유대인의 국제주의가 미국의 전통적인 가치를 위협한다고 주장했다.48) 그는 재즈를 혐오했는데 재즈의 탄생이 유대인과 관계가 있다고 믿었기 때문이었다.49) 그래서 그는 미국에서 탄생한 스퀘어댄스Square dance를 미국 학교에 보급하는 데 자금을 지원하기도 했다. 또 그는 미국 야구의 문제를 단 세 단어로 요약할 수 있는데 그것은 바로 '너무 많은 유대인'이라고 주장하기도 했다.50)

　포드는 반유대주의적 발언을 일삼았으며, 1920년대 초반에 '디어본 인디펜던트The Dearborn Independent'라는 신문을 인수한 후 이를 극단적인 반유대주의 선전지로 활용했다.51) 그의 이러한 모습에 감명받은 히틀러는 포드의 열렬한 지지자 중 한 명이 되었다. 히틀러는 포드를 파시스트 운동의 지도자로 만들고자 하는 의도에서 그를 '하인리히 포드Heinrich Ford'라고 불렀다.

분석가 원형을 위한 팁

만약 당신의 핵심 원형이 분석가 유형이라면 '원칙'이라는 가면이 통제되지 않는 형태로 표출되어 당신의 삶에 부정적인 영향을 줄 수 있다. 또 분석가의 그림자, 즉 헨리 포드처럼 스스로 자의적인 사람이라는 인상을 받게 되는 것을 무의식적으로 두려워할 수 있다. 만약 당신이 주변 사람들보다도 유난히 어느 누군가가 원칙 없는 사람처럼 행동하는 것에 대해 과도하게 비난하게 된다면, 당신의 그러한 행동은 그림자 투사에 해당되는 것일 수 있음을 자각할 필요가 있다. 당신이 맹목적으로 원칙에 집착하게 될 경우, 그러한 고집이 초래하게 될 결과는 비극적인 것이 될 수밖에 없다. 진정한 분석가로 살아가기 위해서는 자신이 세운 원칙이 사실은 그림자의 영향으로 지나치게 경직된 형태로 표출되고 있는 것은 아닌지, 즉 스스로 자의적인 원칙을 사람들에게 강요하고 있는 것은 아닌지 항상 스스로 되묻는 지혜가 필요하다.

토마스 왓슨의 '영웅' 원형 그리고 '열등감'의 그림자

7

　　토마스 왓슨Thomas J. Watson Sr.은 IBMInternational Business Machines 의 CEO이자 자수성가한 세계 최고의 세일즈맨 중 하나다. 그는 '근대 판매기술의 아버지'로 불리는 존 패터슨John Patterson에게서 세일즈 기술을 전수받아 30대에 이미 미 동부 지역의 영업계에서 떠오르는 스타 중 하나라는 명성을 얻게 되었다.52) 그 후 1911년에 그는 당시에 기업합병의 제왕이었던 찰스 플린트Charles Ranlett Flint에 의해 만성 적자에 허덕이고 있던 CTRComputing Tabulating Recording Company로 스카웃된다.

　　CTR로 자리를 옮긴 왓슨은 경영원칙으로 '씽크Think'를 제시하고서 세일즈맨을 우대하는 전략을 펼쳤으며 사원을 해고하지 않는 것을 철칙으로 삼았다. 나중에 '씽크'는 IBM의 브랜드로 사용될 정도로 IBM의 문화를 상징하는 단어가 되었다. 1924년에 그는 CTR의 회사명을 IBMInternational Business Machines으로 바꿨다. 처음에 그가 CTR에 합류했을 때, 회사의 매출은 900만 달러에 직원 수는 1,300여 명 수준이었지만 그가 세상을 떠난 1956년에 IBM의 매출은 8억 9,700만 달러였고 직원 수는 72,500여 명 수준으로 불어나 있었다.

　　분석심리학의 관점에 따르면, 왓슨의 삶을 특징짓는 원형적 이미지는 '영웅' 원형이라고 할 수 있다. 그리고 이러한 원형과 결합된 왓슨의 그림자는 바로 '열등감'인 것으로 보인다. 다시 말해, 그는 스스로 열등한 사람이라는 생각이 들게 되는 것을 두려워했던 것이다.

19세기 후반 아일랜드계 미국인에 대한 시각

왓슨은 1874년 아일랜드계 이민 가정에서 태어났다.[53] 19세기 중반에 아일랜드에서 대기근이 일어나자, 아일랜드계 이민자들의 미국 유입이 폭증하였다. 이에 따라 19세기에서 20세기 초반까지 미국에서는 반反아일랜드 정서가 만연했고 아일랜드계 미국인은 사회적으로 심각한 차별을 받았다.[54] 당시에 아일랜드계 이민자들은 게으르고 폭력적인 술고래로 매도당하기 일쑤였다. 위 그림은 19세기 아일랜드계 이민자들에 대한 사회적 이미지를 잘 보여준다. 당시의 잡지에 실린 한 삽화에는 술 취한 아일랜드인이 화약통 위에 앉아 화약통에 불을 붙이며 병을 휘두르는 모습을 담고 있다.[55]

왓슨의 유명한 일화 중 하나는 그의 집안뿐만 아니라 IBM에서도 음주는 금기사항이었다는 점이다.[56] IBM의 금주 규율이 너무나도 엄격해서 사원들은 집에서조차도 남들의 시선을 의식해서 커튼으로 창을 가리고서 술을 마실 정도였다. 이러한 점은 그가 젊은 시절 술에 취해 장사 밑천이었던 마차를 도난당했던 것과도 관계가 있겠지만, 근원적으로는 아일랜드계 이민자 가정 출신으로서 다른 사람들의 시선을 의식했던 점도 영향을 준 것으로 보인다.

IBM에 걸렸던 왓슨의 초상화와 100% 클럽 모임에서의 왓슨(앞열 가운데)

왓슨은 IBM에서 '유능성'이라는 가면으로 포장된 원맨쇼를 벌이는 것으로 유명했다. 1950년대 후반까지도 IBM은 주로 기업체를 상대로 영업했기 때문에 왓슨은 IBM 자체보다도 대중들에게 더 인기 있는 인물이었다. 특히 IBM 내에서 그의 인기는 절대적이어서 외부 사람들에게는 왓슨 개인을 숭배하는 집단 같은 인상을 주었다.

왓슨은 부하 직원들에게 둘러싸여서 그들과 함께 어울리는 것을 좋아하였다. 하지만 외부인들의 눈에 그 모습은 다소 기이한 인상을 주었다. 예를 들면, 그는 판매 실적이 우수한 영업사원, 즉 '100% 클럽 회원'들을 한 자리에 모아 연차대회 행사를 개최했는데 이때 그와 함께 사진을 찍는 인원이 1,000명이 넘는 수준이었다.57) 또 1940년대 후반부터 윗슨의 초상화는 수천 장이 복사되어 IBM의 모든 사무실에 게시되었다.

윗슨은 IBM의 부하들이 자신의 취임 33주년을 기념해서 전 세계적인 축하 쇼를 벌일 때 이를 준비하는 데만 여러 달이 걸린다는 것을 알면서도 조금도 만류하지 않았다. 회사의 공식 논평은 "자발적으로 우러나온 존경과 감사의 축제"58)라는 것이었다. 그 이후 IBM에서 왓슨을 찬양하는 노래와 그림 및 행사가 더욱 요란해져 갔다.

왓슨의 뒤를 이어서 IBM의 2대 회장이 된 그의 아들 토마스 왓
슨 2세조차도 아버지의 영웅놀이가 회사의 이미지 면에서도 아버지
자신을 위해서도 바람직하지 않다고 믿었다. 왓슨 2세는 자신의 자
서전에서 그 당시에 자신은 속으로 아버지의 영웅놀음이 "웃기는
일"이라고 생각했지만 아버지와의 관계를 생각해서 차마 입 밖으로
꺼낼 수는 없었다고 소개했다.[59]

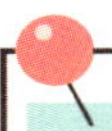

영웅 원형을 위한 팁

만약 당신의 핵심 원형이 영웅 유형이라면, '유능성'이라는 가면이 통제되
지 않는 형태로 표출되어 당신의 삶에 부정적인 영향을 줄 수 있다. 이런
경우, 왓슨처럼 자녀로부터조차도 비웃음을 사는 행동을 하게 될 수 있다.
더 비극적인 일은 그러한 사실을 본인만 모른 채 생활하게 될 수도 있다는
점이다. 또 영웅 유형은 그림자, 즉 스스로 열등한 사람이라는 인상을 받게
되는 것을 무의식적으로 두려워할 수 있다. 만약 당신이 주변 사람들보다
도 유난히 어느 누군가가 무능력해 보여 그 사람을 과도하게 비난하게 된
다면, 당신의 그러한 행동은 그림자 투사에 해당되는 것일 수 있음을 자각
할 필요가 있다.

아마도 이 글을 읽다 보면, 스스로 지금까지 멀리해 왔던 내면의 일면, 다시 말해서 적어도 하나 이상의 그림자에 대해서 진지한 고민을 시작하게 될 수도 있을 것이다. 하지만 앞에서 메두사의 이야기를 소개한 것처럼, 아무래도 내면의 그림자를 탐색하는 작업이 처음 접하는 사람들에게는 거북하게 느껴질 수밖에 없을 것이다. 만약 이 글을 읽으면서 불편한 느낌이 든다면, 삶에서 "어두움 없는 빛은 아무런 가치가 없다."[60]는 점을 기억하기 바란다. 그리고 자신의 그림자를 직면하는 것을 망설이는 사람들을 위해 칼 융이 다음과 같은 조언을 남겼다는 점도 유념하기를 바란다. "당신이 진정으로 두려워하는 것을 찾아라. 진정한 성장은 그 순간부터 시작된다."[61] 분명한 것은 최상의 보물은 그 전까지 가장 무시해왔던 자리에서 발견된다는 것이다. 더불어, 비록 이 글에 등장한 인물들이 탁월한 업적을 남겼을지라도, 내면의 그림자 문제를 조금 더 지혜롭게 다룰 줄 알았더라면, 틀림없이 그들의 업적은 지금보다 훨씬 더 찬란하게 빛날 수 있었을 것이다.

3

콤플렉스의
힘

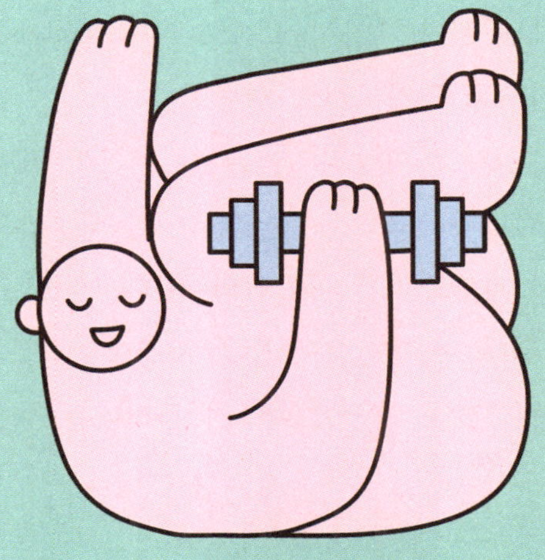

알프레드 아들러Alferd Adler는 심층심리학depth psychology의 3대 거장 중 하나다. 심층심리학에서는 인간의 의식과 행동 이면의 세계에 존재하는 삶의 의미를 탐색한다. 이러한 심층심리학의 3대 거장은 프로이트, 융 그리고 아들러다.

그중 아들러는 일반적으로 프로이트라는 '거인의 어깨 위에 올라 앉은 난장이'라는 평가를 받는다. 하지만 아들러는 "거인의 어깨 위에 올라 앉은 난장이가 거인보다도 세상을 더 멀리 내다볼 수 있다"[1]는 점을 보여주는 전형적인 사례이기도 하다. 이런 점에서 의미치료의 창시자인 빅터 프랭클Vikctor Frankl은 아들러가 사실상 '실존주의적 정신의학 운동'의 창시자이며 그가 마음의 세계에 대해서 발견해낸 성과는 가히 코페르니쿠스Nicolaus Copernicus의 업적에 비견할 만하다고 평가하기도 했다.[2]

실제로 아들러의 심리학 이론이 일반 대중들에게 미친 영향력은 막대하다고 할 수 있다. 사실 대부분의 사람들은 사회생활을 하면서 자연스럽게 아들러의 심리학 이론을 마치 상식처럼 받아들이게 된다. 하지만 사람들은 자신이 상식처럼 활용하고 있는 심리학 이론을 만든 사람이 바로 아들러라는 사실에 관해서는 대부분 모른다. 이 글에서 소개되는 아들러의 설명을 읽다 보면, 아들러 이론의 대부분이 매우 익숙한 내용이라는 사실을 깨닫게 될 것이다.

알프레드 아들러

세 명의 심층심리학자 중에서 아들러의 삶은 독특한 특징을 가지고 있다. 세 명의 심층심리학자 중 아들러가 가장 단명한 사람이라는 점이다.

프로이트는 83세에 세상을 떠났고 또 융은 86세에 사망했다. 20세기 중반까지 유럽 사람들의 평균 기대수명이 약 62세 수준이었던 점을 고려해 보면,3) 두 사람이 상당히 장수했다는 것을 알 수 있다. 이들이 장수하게 된 중요한 비결 중 하나는 평생 내면의 세계를 깊이 탐구했던 점을 들 수 있다. 다시 말해, 심층심리학이 선사해 주는 삶의 지혜가 그들이 장수하는 데 도움이 되었다는 것이다.

반면에 아들러는 프로이트 및 융과 비슷한 시기에 태어났지만 67세 때 세상을 떠났다. 따라서 아들러는 동시대 유럽인들의 기대수명과 비슷한 수준으로 살았다고 할 수 있다. 이러한 점 때문에 아들러의 삶과 관련해서는 두 가지 대립되는 평가가 공존한다.

하나는 그가 심층심리학의 혜택을 보지 못했다는 것이다. 이러한 관점에서 본다면, 아들러는 심층심리학을 제대로 탐구하지 못한 것이 된다. 반면에 이것과는 정반대로, 그가 심층심리학의 지혜 덕분에 자신처럼 삶을 불행한 조건 하에서 출발하게 된 다른 동년배들보다 장수의 혜택을 많이 누렸다는 시각도 존재한다. 이 글을 읽으면서 이 두 가지 관점 중 어느 쪽이 더 타당하다고 생각되는지 직접 판단해 보는 것도 이 글을 읽어나가는 재미를 더해줄 수 있을 것이다.

아들러는 오스트리아의 비엔나Vienna에서 6남매 중 둘째로 태어났다. 아들러는 아동기 때 매우 병약했다. 사실, 아들러뿐만 아니라 그의 형제들도 병약한 편이었다. 실제로 바로 밑의 남동생은 그가 3살 때 세상을 떠났다.4)

아들러는 어려서부터 구루병rickets, 즉 비타민D의 결핍으로 인해 척추가 굽는 병을 앓았다. 그래서 그는 때때로 비명을 지를 정도로 후두 경련을 일으키기도 했다. 또 4세 때 그는 폐렴 때문에 의사로부터 시한부 인생 선고를 받기도 했다.5) 따라서 선천적으로 취약하게 태어났던 아들러가 평균 수명만큼 살 수 있었던 것은 그가 심층심리학을 통해 큰 혜택을 받았기 때문이라고 해석하는 것도 가능해 보인다. 이 글에서는 아들러가 창안한 개인심리학individual psychology의 핵심개념들을 실제 인물 사례들과 함께 소개하고자 한다.

초기 아동기 경험이 삶의 목적에 미치는 영향

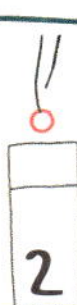

아들러의 심리학 이론이 갖고 있는 특징 중 하나는 주로 만 4~5세 무렵의 아동기 경험이 향후 개인의 삶의 방향성이 정립되는 과정에서 결정적인 역할을 한다고 보았다는 점이다.[6]

특히, 아들러는 삶의 목적성을 탐색하는 과정에서 초기 기억의 중요성을 강조하였다. 이때 중요한 것은 그러한 초기 기억이 반드시 사실에 기초한 것은 아닐 수 있다는 점이다. 아들러에 따르면, 삶에서 중요한 것은 사실 그 자체가 아니라, 개인이 무엇이 사실이라고 믿고 있는가 하는 점이다. 아들러가 이러한 이론을 제시하게 된 데는 그 자신의 독특한 경험과 밀접한 관계가 있다.

아들러의 초기 기억 중 하나는 초등학교 시절에 학교 가는 길목에 있었던 공동묘지에 관한 것이었다.[7] 그는 그 공동묘지 앞을 지나가는 것을 매우 두려워하였다. 왜냐하면 앞서 말한 대로 아들러는 그 자신에게 유전적인 결함이 있었을 뿐만 아니라 유년 시절에 질병 때문에 죽을 고비를 넘긴 적이 있었던 관계로 그의 내면의 세계에는 늘 죽음의 그림자가 드리워져 있었기 때문이다.

하지만 아들러는 다른 친구들이 자신과는 달리 그 공동묘지를 태연하게 지나치는 것을 보고서 크게 당황했다. 왜냐하면 스스로 겁쟁이라는 생각이 들었기 때문이다. 그러던 어느 날 아들러는 죽음에 대한 공포로부터 벗어나야겠다고 결심을 했다. 이를 위해 그가 고안해 냈던 방법은 일정한 거리를 두고 다른 아이들을 따라가다가 가방을 묘지 근처에 두고 온 다음에 혼자서 그것을 가지러 가는 것이었다. 그는 12차례나 시도한 끝에 간신히 두려움을 성공적으로 극복해낼 수 있었다.

그런데 정말 흥미로운 부분은 여기서부터 시작된다. 아들러는 나중에 성인이 되었을 때 초등학교 동창들을 다시 만난 적이 있었다. 이 자리에서 아들러와 친구들은 유년 시절의 추억에 대해 서로 이야기를 나누게 되었다. 그때 아들러는 친구들에게 무심결에 과거에 자신이 두려워했던 공동묘지에 관해 얘기하면서 아직도 그 공동묘지가 남아 있는지 궁금하다고 말했다. 하지만 아들러의 친구들은 그 누구도 공동묘지의 존재에 대해서 전혀 알지 못했다.

이 일을 계기로 아들러는 자신의 과거 기억 속 공동묘지가 실제로는 존재한 적이 없었다는 것을 깨닫게 되었다. 또 아들러는 자신의 왜곡된 초기 기억이 유년 시절에 죽음의 문턱에 다다르고 또 질병으로 동생을 잃었던 충격적 경험에서 비롯된 것임을 확인할 수 있게 되었다. 그 과정에서 아들러는 이러한 기억이 죽음에 대한 공포를 극복하고 싶다는 간절한 소망에 의해 창작된 상상의 산물이었음을 인정하게 되었다. 죽음에 대한 공포심이 그에게 사실이 아닌 내용을 마치 사실인 것처럼 기억 속에 생생하게 심어 놓았던 것이다. 이러한 경험을 토대로 아들러는 삶에서 사실 그 자체보다는 인간의 현재 행동에 의미 있는 영향을 주는 요소들이 더 중요하다고 제안하였다. 그리고 아들러는 동일한 경험을 하더라도 개인이 어떤 삶을 지향하느냐에 따라 서로 다르게 회상할 수 있다고 주장했다.

아들러에 따르면, 사람들은 수많은 유년기 상황들이나 일화들 속에서 한 가지 특별한 것을 골라서 선택적으로 기억하는 경향이 있다. 이것은 사람의 중요한 관심사가 이러한 과거 기억과 밀접한 관계가 있기 때문이다. 아들러는 바로 이러한 선택적 관심사가 그 사람의 삶을 관통해 흐르는 핵심 키워드가 된다고 주장했다.

아들러는 자신의 이러한 관점을 입증하기 위해서 100명 이상의 의사들에게 유년기의 첫 기억에 관해 질문을 했다.8) 그 결과, 대부분의 의사들은 첫 기억으로 자신이 중병에 걸렸던 경험 혹은 가족의 죽음과 연관된 사건들을 떠올렸다. 또 아들러는 가족 중 사망자가 있는 어린 아이들에게 장래에 어떤 직업을 갖고 싶은지를 질문했다. 그러자 남자 아이들은 대부분 의사라고 답했으며 여자 아이들은 간호사라고 대답했다. 다만, 일부는 화학자나 약사라고 답하기도 했다. 이러한 결과와는 대조적으로 알코올 중독자의 최초 기억은 다른 집단에 비해 사회적 관심이 더 적고 부정적인 자기개념이 더 많이 포함되어 있다.

개인심리학에서의 꿈분석과 출생 순위 효과

3

아들러는 인간의 마음과 행동을 이해하기 위해서는 기본적으로 사람들의 주관적 인식틀에 관해 조사하는 것이 중요하다고 보았다. 왜냐하면 사람들은 저마다 제각각 다른 생각의 틀을 가지고 세상을 바라보기 때문이다. 아들러는 개인의 생각과 감정 그리고 가치관 등이 종합적으로 개인의 주관적 현실을 구성하게 된다고 보았다. 개인이 지각하는 주관적인 현실을 상징적으로 잘 보여주는 것 중 하나가 바로 꿈이라고 할 수 있다.

프로이트 및 융과 마찬가지로 아들러 역시 꿈분석의 중요성을 높이 평가했다. 하지만 아들러는 꿈을 '무의식적 소망이 충족된 것'이라고 해석한 프로이트 그리고 '인류의 종 특성으로서의 집단적 특징이 반영된 것'으로 보는 융과는 다른 관점을 제시했다.

아들러에 따르면, 꿈은 단지 개인이 직면하고 있는 사회적 문제를 해결할 수 있는 시사점을 제공해 준다.[9] 꿈분석 과정에서 아들러는 개인적인 차원의 욕구보다는 꿈을 꾼 사람의 사회적 관심을 해석해내는 것이 더 중요하다고 보았다.

아들러는 아내와 불만족스러운 관계를 맺고 있는 어느 남성의 꿈분석 사례를 제시한 적이 있다.[10] 그의 불만은 아내가 두 자녀를 제대로 양육하지 않는다는 것이었다.

　　어느 날 그 남성은 상담 과정에서 자신의 세 자녀 중 막내를 잃어버리는 내용의 꿈을 보고했다. 그는 자신의 꿈과 관련해서 아내가 자녀 양육을 소홀히 하기 때문에 더 이상 자녀를 가져서는 안 된다는 경고의 의미를 갖는 것으로 해석했다. 하지만 아들러는 같은 꿈에 대해서 그 남성의 심리적 세계가 아내와의 화해를 원하고 또 부부가 서로 만족할 수 있는 관계로 발전시켜 나갈 필요가 있음을 암시하는 것으로 해석했다. 이처럼 아들러는 꿈이 미래 삶의 방향성을 시사하는 것일 수 있다고 제안했다.

　　또 아들러는 꿈분석 과정에서 그 사람의 라이프스타일을 이해할 수 있는 단서를 찾는 데 주력했다. 이러한 관점에서 아들러는 불면 문제 때문에 고통을 받는 젊은 남성 사례를 소개하기도 했다.

　　그 젊은이는 아버지의 권유로 회사에 취업한 적이 있었는데 불면 때문에 그 일을 그만두었다. 그 젊은이의 최초 기억은 레스토랑에서 아버지에게 야단맞는 내용이었다. 그는 누군가가 벽에 공을 던지는데 그 공이 튀어 날아가버리는 꿈을 반복해서 꾸게 된다고 보고했다. 아들러가 그에게 꿈에서 공이 날아가 버렸을 때 느낌이 어땠냐고 묻자, 공이 날아가버리면 곧 잠에서 깨게 된다고 답변했다.

　　아들러는 그 꿈이 그에게 일종의 자명종 시계 역할을 하는 것으로 해석했다. 꿈에서 누군가가 공을 벽에 던지는 것은 상징적으로 자신이 하기 싫어하는 일을 아버지가 시키는 것을 나타낸다. 따라서 꿈에서 이러한 일이 발생하면, 중간에 잠을 깨서 숙면을 취하지 못하게 되고 결과적으로 다음 날 피곤해서 아버지가 권유했던 바로 그 일을 정상적으로 수행하지 못하게 되었던 것이다. 이런 점에서 그 젊은이가 아버지의 권유를 거절하기 위해 사용한 방법은 불면이라는 무기를 사용하는 것이었다고 할 수 있다.

한편, 아들러는 출생순위에 따라 전형적으로 나타나는 성격차이를 강조한 대표적인 심리학자이기도 하다.[11] 아들러에 따르면, 한 가족 안의 아이들은 같은 부모 아래서 자란다고 해서 모두 동일한 가족환경에서 성장하는 것이 아니다. 실제로 각 아이들의 심리사회적 환경은 출생순위에 의해 커다란 영향을 받는다.

자녀가 여럿인 가정의 경우, 첫째 아이가 처하는 사회적 조건은 폐위된 왕에 비유될 수 있다. 다시 말해 세상의 모든 권위와 칭송을 한몸에 받다가 어느 날 갑자기 폐위된 왕의 신세가 바로 큰아이의 신세라는 것이다. 이런 심리사회적 환경 덕분에 큰아이는 책임감과 배려심 같은 긍정적 특성을 발달시키기도 하지만 때로는 자신감 부족, 비관주의, 적대적 성향, 그리고 보수적이고 규율을 중시하는 성향을 나타내기도 한다.

둘째 아이가 처하게 되는 심리사회적 조건은 언제나 손위의 형제가 삶의 모델이 되고 생애 초기부터 부모의 관심과 애정을 다른 형제 또는 자매와 나누어야 한다는 것이다. 그 덕분에 둘째는 야심에 찬 경쟁자이자 공동체 지향적인 특성을 나타낼 수 있다. 하지만 동시에 이들은 반항적이고 질투심이 많으며 승부에 집착하고 추종자가 되는 것을 거부할 수도 있다.

셋째가 막내인 경우, 이들이 처하게 되는 심리사회적 조건은 본받아야 할 복수의 모델들이 있고 여러 사람에게서 많은 애정을 받으며 설사 애정을 다른 형제자매와 나눈다고 하더라도 가족들 사이에서 대우받는 지위가 흔들리지 않게 된다는 것이다. 그 덕분에 이들은 항상 많은 자극과 많은 경쟁 속에 성장하게 되어 다른 형제들을 앞지르고자 하는 욕구가 강할 수 있다. 하지만 너무 이른 시기에 다른 형제들과 비교되거나 경쟁에 노출될 수 있기 때문에 잠재적으로 콤플렉스를 더 심하게 갖게 될 수 있다. 또 이들은 가족들의 과잉보호로 인해 '버릇없는 아이'와 같은 부적응 문제를 보일 위험이 있다.

외동 아이의 경우, 이들이 처하는 심리사회적 조건은 부모의 애정을 독차지할 수 있다는 점이다. 이들은 자부심이 강하고 자기-중심적이며 독립적인 특성을 발달시킬 수 있다. 하지만 부모로부터 지나친 관심이 집중될 경우 공주병이나 왕자병과 같은 문제 행동을 나타낼 수 있고 유아독존적이고 경쟁을 회피하려는 특성을 나타낼 수 있다.

이처럼 아들러는 출생순위와 가족 내 위치가 사회와 상호작용하는 방식에 큰 영향을 준다고 보았다. 아들러의 출생순위 효과 이론은 다양한 심리학 연구를 통해서도 타당성이 입증되고 있다. 그 대표적인 예는 프랭크 설로웨이Frank J. Sulloway의 연구이다.12) 그는 종교 개혁, 프랑스 대혁명, 공산주의 혁명 등 121개의 역사적 사건과 코페르니쿠스 혁명, 진화론, 상대성 이론 등 28가지 과학 혁신, 그리고 이들에 개입된 6,566명의 전기적 자료를 분석함으로써 인류 역사를 바꾼 주역들은 후순위 출생자들이며 그 반대편에 선 인물들은 맏이들임을 규명하였다.

아들러에 따르면, 개인individual은 '나누는divide 것이 불가능한in 존재'에 해당된다. 그럼에도 불구하고 프로이트는 개인을 무의식적인 본능인 원초아Id, 무의식적 통제자인 자아Ego, 그리고 무의식적 도덕성에 해당되는 초자아Superego로 나누었다. 또 융 역시 다른 사람들에게 보이고 싶어 하는 자기모습인 페르소나persona와 남에게 보이고 싶어 하지 않는 자기 내면의 모습인 그림자shadow, 남성 속의 여성성을 뜻하는 아니마anima 그리고 여성 속의 남성성을 의미하는 아니무스animus 등으로 나누었다. 아들러는 정신분석과 분석심리학의 이러한 접근 방식이 더 이상 나눌 수 없는 인간 존재를 나누려 했다는 점에서 잘못된 것이라고 비판하였다.

아들러는 프로이트 및 융과는 대비되는 길을 탐색하는 과정에서 개인심리학individual psychology을 확립하였다.13) 개인심리학에서는 개인 내적인 분석보다는 개인과 또 다른 개인 간 관계에 초점을 맞추게 된다. 다시 말해, 개인의 사회적 관심과 태도에 주안점을 두는 것이다. 이러한 맥락에서 아들러는 개인의 삶을 이해할 수 있는 중요한 도구로 '라이프스타일life style'이라는 개념을 제시했다. 오늘날 라이프스타일이라는 용어는 더 이상 전문용어로 간주되지 않을 정도로 상식적인 표현 중 하나가 되었다. 하지만 라이프스타일이라는 용어는 아들러가 고안한 개념이며 그 용어는 아들러가 프로이트 및 융과는 구분되는 새로운 심리학적 분석방법을 탐색하는 과정에서 탄생하게 된 것이다.

라이프스타일은 삶에 대한 개인의 기본적 지향성 및 성격을 뜻한다. 또 라이프스타일은 인생관, 자기관, 그리고 인간관 등을 포함한 개인의 인생취향에 해당된다고 할 수 있다. 아들러에 따르면, 만 4~5세 때 형성된 라이프스타일은 그 이후에도 비교적 안정적으로 지속된다. 이러한 라이프스타일은 한 개인이 인생의 장애물을 어떻게 극복하고 또 어떠한 방법으로 인생의 목표를 추구해 나가는지에 관한 핵심적인 정보를 제공해 준다.

라이프스타일과 관련해서 아들러는 누구나 세 가지 주요한 인생과제life task에 직면하게 된다고 주장했다. 그 과제는 일, 사랑, 그리고 사회적 관심이다. 개인의 라이프스타일을 이해하기 위해서는 그 사람이 이러한 세 가지 인생과제와 관련해서 어떤 태도를 취하는지를 관찰해야 한다. 아들러는 이러한 세 가지 인생과제들이 개별 문제의 형태로 독립적으로 존재하기 보다는 세 가지 요소가 긴밀하게 상호 연관되어 있다고 보았다.

아들러의 세 가지 인생과제에서 가장 핵심적인 역할을 하는 것은 바로 사회적인 관심이다. 사회적 관심은 개인이 자신이 속한 집단이나 공동체 내에서 소속감을 가지고 협력하는 것을 의미한다. 진화론의 발전에 기여한 영국의 철학자 허버트 스펜서Herbert Spencer 는 "모두가 행복해지기 전까지는 그 누구도 완벽하게 행복할 수 없다."14)고 말했다. 그의 말은 왜 인간이 본질적으로 사회적인 관심을

표 2 네 가지 라이프스타일

	높은 사회적 관심	낮은 사회적 관심
높은 활동성	사회적 가치 추구형 (socially useful type)	지배형(ruling type)
낮은 활동성	해당 유형 없음	의존형(getting type) 회피형(avoiding type)

가질 수밖에 없는 존재인지를 상징적으로 잘 보여준다. 이런 점에서 아들러는 개인의 사회적 관심이 그 사람의 심리적 건강 수준을 가늠하게 해주는 유용한 척도라고 믿었다.

아들러는 사회적 관심과 개인의 활동성 수준을 중심축으로 해서 라이프스타일을 네 가지 유형으로 구분했다(표 2 참조). 사실상 아들러의 라이프스타일 유형은 사회적 관심 수준이 높은 유형과 낮은 유형으로 구분할 수 있다. 왜냐하면 사회에 대해 진정한 관심을 갖고 있는 사람이 낮은 수준의 활동을 나타내는 것은 불가능하기 때문이다.

의존형은 타인으로부터 많은 것을 받기를 기대하지만 사실상 아무것도 되돌려주지 않는다. 이러한 유형의 사람들은 대인관계에서 수동적인 모습을 보이며 사회적인 협동이 필요한 장면에서 무기력한 모습을 보인다. 또 회피형은 사회적 관심이 부족하여 현실세계로부터 철수된 상태에서 생활한다. 이들은 자신과 사회의 다양한 문제들에 대해서 외면하는 모습을 보인다. 그리고 지배형은 개인적인 욕구를 달성하기 위해 남을 이용하는 사람을 뜻한다. 주로 독재자나 가학적인 성격의 소유가가 여기에 해당되며 이들은 대인관계에서 어떤 형태로든 마치 정복자 같은 인상을 준다. 마지막으로 사회적 가치 추구형은 심리적으로 가장 건강한 유형에 해당된다. 이들의 사회적 활동은 타인에게도 도움이 되며 이들은 인류사회의 발전을 위해 협동할 마음의 준비를 갖추고 있다고 할 수 있다.

　　사회적 가치 추구형은 이타적 활동을 통해 자신의 심리적인 갈등과 문제를 해결하려 노력한다. 이타적 행동은 다른 사람들이 자신에게 해 주었으면 하는 바로 그 행동을 자신이 직접 다른 사람에게 베푸는 것을 말한다. 이러한 이타주의는 사람들로부터 사랑을 받도록 해주며 사람들이 베푸는 사랑은 이타적 행동을 실천하는 사람들의 아픈 상처를 위로해 줄 수 있다. 결과적으로 이타주의자는 보수를 바라지 않고 선행을 베풀기 때문에 사실상 자신이 실제로 수행한 것 그 이상을 심리적 보상의 형태로 되돌려받게 된다.

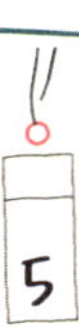

리더들의 라이프스타일 비교

유명한 리더들 중에는 사회적 가치 추구형과 지배형이 압도적으로 많다. 하지만 드물지라도 의존형 리더와 회피형 리더가 역사적인 인물로 등장하기도 한다. 워런 하딩Warren G. Harding과 캘빈 쿨리지John Calvin Coolidge가 그 대표적인 예이다. 2007년 CBS의 뉴스 보도에 따르면, 그 두 사람은 미국에서 부정적인 평가를 받는 대표적인 대통령들에 해당된다.15)

전형적인 의존형 리더에 속하는 워런 하딩은 미국의 오하이오주 소도시에서 신문 편집장으로 일하던 중 정치적 야망이 컸던 연상녀이자 이혼녀였던 플로렌스와의 결혼을 계기로 정치에 입문하게 되었다.16) 부유한 은행장의 딸이었던 플로렌스의 노력으로 그는 주지사를 거쳐 연방 상원의원 자리에 올랐다. 하지만 정치인으로서 준비가 되어 있지 못했던 그는 재임 중 단 한 건의 의회 발언도 기록하지 못했다. 그랬던 그가 놀랍게도 1921년에 공화당 대통령 후보로 발탁되었다. 그 결정적인 비결은 바로 그의 외모가 '대통령답게 생겼다'는 점이었다. 당시 정세로는 누가 나와도 이길 수 있는 선거였기 때문에 공화당 원로들은 워런 하딩을 자신들의 말을 잘 듣는 꼭두각시 역할을 해줄 후보로 내세웠다. 미국의 유권자들은 그를

'로마인'으로 표현할 정도로 열광했으며 그는 대통령 선거에서 61%라는 압도적인 지지율로 당선됐다.

하지만 대통령으로 재임하는 동안 그는 순종하는 바보인 동시에 무능하고 부도덕한 정치인으로 행동했다. 그 결과, 그의 재임기간은 온갖 부정부패로 얼룩졌으며 그는 자신의 능력 이상의 일을 떠맡았다가 무거운 책무에 짓눌려 허우적거리다 죽은 무능한 대통령의 상징으로 남게 되었다. 그 스스로도 "나는 대통령직에 적합하지 않은 사람이다. 이 직책을 맡지 않았어야 했다."[17]고 직접 토로할 정도였다.

전형적인 회피형 리더인 캘빈 쿨리지 역시 미국 최악의 대통령 리스트에서 줄곧 상위를 점하는 인물 중 하나다.[18] 캘빈 쿨리지는 1920년에 워런 하딩과 함께 공화당 부통령 후보로 지명되었고 선거에서 승리해 부통령직을 수행하게 되었다. 1923년 8월 3일 새벽 캘빈 쿨리지는 알래스카에서 휴가를 즐기던 중 급사한 워런 하딩의 뒤를 이어 미국의 대통령직을 승계하게 되었다.

대통령 재임 기간 중에 그가 보였던 지독한 과묵함과 침묵은 백악관에서 전설이 될 지경이었다. 영부인이었던 그레이스는 만찬장에서 있었던 캘빈 쿨리지의 일화를 다음과 같이 소개하였다.[19] 만찬장에서 한 여인이 캘빈 쿨리지가 만찬장에서 세 마디 이상 말을 하면 자신이 이기는 내기를 걸었다고 말했다. 그러자 캘빈 쿨리지는 그 여인 쪽으로 얼굴도 돌리지 않은 채 조용히 답했다. "당신이 졌소You lose." 그 후로 그는 그 만찬장에서는 한 마디 말도 안했다. 또 1928년어 사우스다코다에서 휴가를 보내던 캘빈 쿨리지는 그가 발표했던 간단한 성명서들 중에서도 가장 유명한 발표를 했다. "나는

1928년 대선에 출마하지 않기로 결정했다."

역사가들로부터 캘빈 쿨리지는 '임기 동안 잠만 잔 대통령' 혹은 '침묵의 쿨리지'라는 조롱 섞인 평가를 받아왔다. 그는 리더로서 중요한 일들에 대해 시종일관 회피적인 태도를 보였기 때문이다. 그는 대통령이 되어서도 매일 11시간 수면을 취했다. 그리고 밤 10시면 모든 업무로부터 벗어났다. 그는 이전의 어떤 대통령보다도 업무에 적은 열의를 보였고 시종일관 소극적인 태도를 취했다.

한동안 세상의 호사가들은 스티브 잡스 이후에 누가 애플의 CEO가 될 것인지에 대해서는 많은 추측을 내놓았다. 그때 호사가들이 거론했던 대표적인 인물들이 바로 스콧 포스톨Scott Forstall 수석 부사장과 팀 쿡Tim Cook이었다. 이들은 아들러의 라이프스타일 이론을 바탕으로 할 때, 지배형과 사회적 가치 추구형을 대표하는 인물들이라고 할 수 있다.

스콧 포스톨은 애플의 모바일 운영체제 'iOS'를 개발한 인물이다. 그는 스티브 잡스처럼 부하 직원들을 혹독하게 다그치는 것으로 유명했다.[20] 스티브 잡스의 젊은 시절을 빼닮았던 그는 한때 스티브 잡스의 뒤를 이을 가장 유력한 후계자로 거론되기도 했다. 애플사에서 그는 '리틀 잡스'로 통할 정도였다.

하지만 2012년 팀 쿡은 스콧 포스톨을 단칼에 해고했다. 팀 쿡이 밝힌 해고의 이유는 '협업collaboration'에 방해되는 인물이기 때문이라는 것이었다. 스티브 잡스가 팀 쿡과 스콧 포스톨 중 자신의 후계자로 팀 쿡을 선택한 이유 중 하나도 바로 지배형 리더의 한계를 그 자신이 직접 절감한 적이 있기 때문으로 보인다. 1985년에 스티브 잡스는 자신이 창업한 회사 애플에서 자신이 영입한 존 스컬리

John Sculley에 의해 쫓겨나는 비극적인 사건을 체험한 적이 있었다. 애플에서 쫓겨나기 전까지 스티브 잡스의 모습은 전형적인 지배형 리더에 해당되는 것이었다.

하지만 애플에서 쫓겨난 후 넥스트와 픽사를 거쳐 다시 애플에 복귀하게 되면서 스티브 잡스는 변했다. 팀 쿡에 따르면, 스티브 잡스는 애플에 돌아온 후 다른 동료들과 더 많은 시간을 보내고 또 왜 그가 그렇게 생각하는지 그리고 왜 그렇게 결정했는지 등을 설명하는 데 많은 시간을 할애했다. 이런 점에서 지배형 리더에서 사회적 가치 추구형으로 변한 스티브 잡스가 스콧 포스톨과 팀 쿡 중에서 팀 쿡을 후계자로 발탁한 것은 당연한 일일 수 있다. 팀 쿡이 스콧 포스톨을 해고했을 때, 애플 내부에서는 "이것은 샌프란시스코 자이언츠가 월드시리즈에서 우승한 것보다 더 좋은 일이다."[21]라는 평가가 터져나왔다. 이런 점에서 역사에서 지배형 리더의 말로는 정해져 있다고 할 수 있다.

2015년 미국의 경제지 포춘Fortune은 전 세계에서 가장 탁월한 리더십을 발휘해 조직을 발전시킨 지도자 50명을 선정했다. 그리고 세계 최고의 리더로는 팀 쿡 애플 CEO를 선정하였다. 포춘은 팀 쿡을 2015년 세계 최고의 리더로 선정한 이유에 대해 애플 주가가 사상 최고기록을 세웠을 뿐만 아니라 애플페이와 애플워치 등 새로운 기술혁신을 추구하는 리더십을 발휘했던 점을 들었다.

팀 쿡은 스티브 잡스가 세상을 떠나기 6주 전인 2011년 8월 애플의 CEO로 선임되었다. 사실 팀 쿡이 애플의 CEO로 취임할 당시에 애플의 상황은 그다지 좋지 않았다. 애플은 경쟁업체들의 추격에 따라 순이익이 전년보다 18%나 감소했다. 또 잡스가 쓰러진 후 애플이 기술적인 한계에 부딪히게 될 것이라는 예측이 지배적이었다. 이러한 점 때문에 2013년까지만 해도 전 세계의 언론은 팀 쿡의 애플에 대해서 비관적인 전망을 공공연하게 내보냈다.22)

하지만 팀 쿡의 애플은 스탠더드 앤드 푸어스S&P 500 기업 중 처음으로 시가총액이 7,000억 달러(777조 6,300억원)를 넘어섰다.23) 이것은 마이크로소프트 사가 1999년에 세웠던 시가총액 기록인 6130억 달러를 뛰어 넘는 기록이다. 애플 창업자인 스티브 잡스 때와 비교하더라도 애플의 시가총액은 두 배 이상 증가했다. 이는 팀 쿡이 2011년 8월 애플의 CEO로 취임한 지 채 4년도 되지 않아 세운 대기록에 해당된다. 그리고 2018년 팀 쿡의 애플은 역사상 처음으로 시가 총액 1조 달러를 돌파한 기업이 되었다.24)

물론 이러한 실적을 바탕으로 팀 쿡이 스티브 잡스보다 더 훌륭하다고 평가하는 것은 결코 정당화될 수 없을 것이다. 하지만 이러한 실적 자료들은 애플이 반드시 스티브 잡스의 애플로 남아야만 하는 것은 아니며 얼마든지 팀 쿡의 애플도 가능하다는 점을 분명하게 보여준다. 현 시점에서 한 가지 분명한 것은 CEO로서 스티브 잡스와 팀 쿡은 분명히 다르다는 것이다. 스티브 잡스와 팀 쿡의 이러한 차이 그리고 CEO로서 팀 쿡의 성공 비결을 이해하는 데 아들러의 이론은 매우 유용한 분석틀을 제공해 줄 수 있다.

포춘은 팀 쿡을 세계 최고의 리더로 선정하면서 그가 글로벌 롤모델의 역할을 수행했다고 평가하였다.25) 애플의 CEO로서 팀 쿡은 인류의 보편적 가치나 사회적 이슈에 대해 적극적으로 목소리를 냈다. 미국의 연방대법원이 동성同性 결혼에 대해 합헌 결정을 내리자, 그 전 해에 스스로 동성애자임을 밝힌 바 있었던 팀 쿡은 자신의 트위터에 "오늘은 평등, 인내, 사랑이 승리한 날로 기억될 것"[26]이라고 적었다. 팀 쿡의 이러한 활동은 애플이 '소수자도 존중하는 열린 회사'라는 이미지를 획득하는 데 커다란 기여를 했다. 또 팀 쿡은 약 8,800억 원에 달하는 전 재산을 사회에 환원하겠다는 발표를 했다.[27] 실제로 그는 2012년 미국 스탠퍼드대학 병원에 5,000만 달러 그리고 에이즈 및 말라리아와 싸우는 자선단체인 프로덕트 레드에 2,500만 달러를 기부했다. 포춘은 CEO인 팀 쿡의 이러한 활동이 대중의 관심과 사랑을 애플에 집중시키고 있다고 평가했다.

6,000여 명의 미국의 조지 워싱턴대 졸업생들 앞에서 팀 쿡은 지식으로서 사회와 공동체를 위한 공적인 역할의 중요성을 강조하였다. 졸업식 초청 연설에서 팀 쿡은 "세상은 지금 이 졸업식장에 참석한 졸업생을 기다리고 있고 그러한 세상엔 지식인들이 해결해야 할 문제가 있으며 세상의 불평등은 반드시 종식되어야 하고 또 박해받고 병든 사람들은 구제받아야 한다"[28]고 역설했다.

사회적 가치 추구형 리더로서의 팀 쿡의 면모는 국제 활동에서도 두드러진다. 그는 취임 후 6번째로 중국을 방문하면서 중국 방문과 동시에 중국판 트위터인 웨이보微博에 가입하고 또 중국 산림 조성사업으로 대기환경 개선에 동참하겠다고 밝혔다.[29] 중국 사회에 대한 팀 쿡의 진정성 어린 관심은 즉각적으로 중국 사회를 달아오르게 했다. 3시간 반 만에 팀 쿡은 30만 명이 넘는 중국인 친구를 만들 수 있었다.

또 팀 쿡은 애플 CEO로서 애플의 주주친화정책을 강화하는 데 앞장서고 있다. 팀 쿡은 애플의 최대 경영실적을 바탕으로 주주배당을 늘렸다. 애플이 시가총액 1위 기업으로 우뚝 서게 된 데는 팀 쿡의 이러한 주주친화정책이 크게 기여한 것으로 보인다.

　　요약하자면, 결국은 사회적 가치 추구형 리더가 승리자가 된다는 것이다. 사실 스티브 잡스는 지배형 리더로 활동할 때도 많은 업적을 나타냈다. 하지만 중요한 점은 그의 이러한 업적이 그가 지배형 리더이기 때문에 성취할 수 있었던 것이 아니라는 것이다. 그의 이러한 업적은 전적으로 그가 위대한 창조자이기 때문이었다. 하지만 그 경우에도 그가 지배형 리더로서 성취한 결과물은 그가 사회적 가치 추구형 리더로 성장한 후에 보여준 공헌에 비하면 결코 비교할 만한 수준이 못된다. 아들러에 따르면, 진정한 리더는 본질적으로 사회적 가치 추구형이 될 수밖에 없다.

삶의 원동력으로서의 콤플렉스

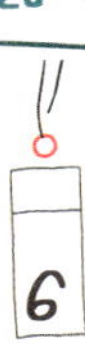

　아들러에 따르면, 인간은 누구나 불완전한 존재로서 사람들이 흔히 '열등 콤플렉스inferiority complex'라고 부르는 '열등감feelings of inferiority'을 경험할 수밖에 없다. 사람들이 상식적으로 알고 있는 콤플렉스라는 개념을 처음으로 제안한 학자가 바로 아들러이다.

　콤플렉스는 개인이 주어진 문제 상황을 적절하게 해결할 수 없다고 믿는 상황에서 경험하게 되는 감정을 말한다. 콤플렉스는 단순히 좌절감과 무기력감만을 의미하는 것이 아니다. 때에 따라서는 슬픔과 분노감도 콤플렉스가 표현된 결과일 수 있다.

　콤플렉스가 표출되는 방식에 관해서는 동물원에 구경을 간 세 명의 아이들이 사자를 보고서 나타낼 수 있는 여러 가지 반응들을 예로 들 수 있다.30) 동물에서 사자를 본 세 명의 아이들 중 첫 번째 아이는 엄마의 치맛자락을 붙들면서 "집에 가고 싶어요"라고 말했다. 그리고 두 번째 아이는 창백한 얼굴로 떨면서 "나는 하나도 무섭지 않아요"라고 말했다. 마지막으로 세 번째 아이는 사자를 노려보면서 "침을 뱉어줄까부다"라고 말했다. 아들러에 따르면, 이 세 아이들은 모두 콤플렉스를 가지고 있었으며 각자 자신의 라이프스타일과 일치하는 방식으로 그러한 열등감을 표현한 것이 된다.

아들러는 사람들이 모두 콤플렉스를 가지고 있다는 것은 누구에게나 조금씩 더 나아지고자 하는 열망이 존재한다는 것과 같은 의미를 갖는다고 보았다. 다시 말해, 사람들은 콤플렉스와 더불어 자신의 삶의 문제들에 도전함으로써 자기실현을 향해 나아가는 '우월성에 대한 추구striving for superiority 경향성'도 함께 가지고 있다는 것이다. 이런 점에서 콤플렉스는 사람들이 완전성과 우월성을 추구하도록 동기화시킬 수 있으며 심리적으로 적절한 보상compensation 과정을 거치게 될 경우, 실제로 심리적인 자원이 될 수 있다.

앞서 소개한 공동묘지 일화를 통해 확인할 수 있는 것처럼, 아들러는 취약한 자신의 신체 조건에 대해 콤플렉스를 가지고 있었다. 하지만 아들러의 삶에서 이러한 콤플렉스는 그의 삶을 망가뜨리지 않았다. 그는 자신의 병약한 신체 조건을 극복하고자 노력하는 과정에서 의사가 되었다. 따라서 콤플렉스는 그의 삶이 발전하는 원동력의 역할을 해주었다고 할 수 있다.

이러한 맥락에서 아들러는 '삶에서 콤플렉스를 어떻게 극복하느냐'가 자기 완성을 위해 중요하며 자신의 콤플렉스를 보상하기 위한 노력이 중요하다고 주장했다. 이런 점에서 아들러는 개인의 라이프스타일도 콤플렉스를 극복하고자 하는 개인의 노력에 의해 형성된다고 보았다.

실제로 한 연구에 따르면, 콤플렉스를 경험하지 않거나 심각한 콤플렉스를 보고한 대학생들이 어느 정도 열등감을 느낀다고 보고한 대학생들보다 학점이 더 낮은 것으로 나타났다.[31] 이러한 결과는 정상적인 수준의 콤플렉스를 경험하는 사람들이 더 우수한 성취를 나타낼 수 있음을 시사한다.

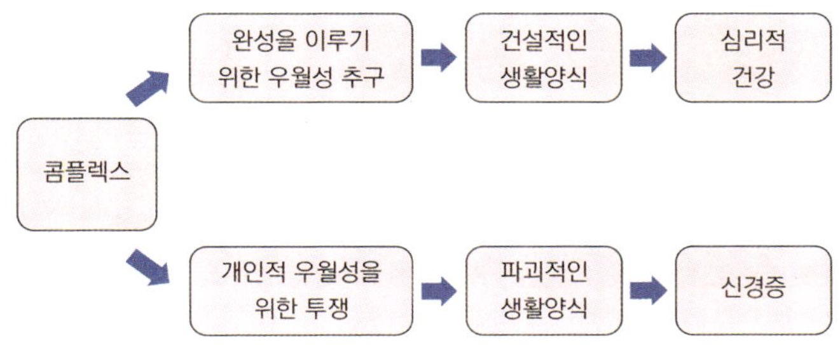

그림 3 심리적 건강 및 신경증의 발달과정

아들러는 개인이 어떤 형태의 사회적 관심을 갖고 있는가에 따라 콤플렉스를 극복해 나가는 방식이 달라진다고 제안했다(그림 3 참조). 개인이 진실된 형태의 사회적 관심을 기울이는 방향으로 콤플렉스를 극복해 나가고자 하면 삶에서 자기완성을 추구함으로써 건설적인 생활양식을 구축하게 되고 결과적으로 정신적으로 건강한 삶을 살 수 있다. 반면에 진실성이 결여된 형태로 사회적 관심을 갖거나 사회적 관심 자체가 부족하면, 자기완성이 아니라 타인보다 높은 지위를 갖는 것을 삶의 목표로 추구함으로써 파괴적인 생활양식을 구축하게 되고 결과적으로 정신적으로 병들게 된다.

2차 세계대전 때는 4명의 전쟁 리더들이 있었다. 프랭클린 루스벨트Franklin D. Roosevelt, 윈스턴 처칠Sir Winston L. Spencer-Churchill, 조셉 스탈린Joseph Stalin, 그리고 아돌프 히틀러Adolf Hitler가 바로 그들이다. 그런데 이 네 명의 전쟁 리더들은 모두 공통적으로 불행한 과거사를 바탕으로 한 콤플렉스를 가지고 있었다.

처칠은 불행한 유년기를 보냈다.32) 그의 아버지는 도박으로 가산을 탕진했고 매독치료 때문에 정신적으로 매우 불안정한 모습을 보였다. 결과적으로 처칠은 학창시절 내내 아버지로부터 버림받았

2차 세계대전의 4명의 리더들

다는 느낌 때문에 고통 받았다. 그는 학창시절 내내 반항아로 생활했고 그의 성적은 형편없는 수준이었다. 그는 3수 끝에 왕립사관학교에 입학할 수 있었다.

루즈벨트는 소아마비 진단으로 인해 걷지 못했을 뿐만 아니라 극심한 통증에 시달려야 했다. 뼈를 깎는 재활 치료와 노력을 통해 어느 정도 움직이는 것은 가능했을지라도 그는 하반신 마비증세로 인해 소아마비 진단 이후로는 평생 휠체어 신세를 져야 했다. 그는 이러한 콤플렉스 때문에 항상 기자들에게 자신의 상체만 나오게 사진을 찍도록 요구했다.[33] 그래서 평상시에 계속 휠체어를 타고 다녔음에도 불구하고 그의 사진 속에는 휠체어가 등장하지 않았다.

스탈린의 아버지는 불같은 성격의 소유자로서 경제적으로는 매우 무능력했다. 게다가 알코올중독자였던 그의 아버지는 어린 시절 스탈린을 무자비하게 폭행했다.[34] 어느 날 어머니가 아버지에게 두들겨 맞는 것을 보고 분개한 스탈린은 아버지에게 칼을 던지면서 대항하기도 했다. 7살 때 스탈린은 천연두에 걸려 사경을 헤매게 되었다. 기적적으로 살아났지만 천연두를 손과 바늘로 짠 탓에 그의 얼굴은 곰보가 되었다. 이 때문에 스탈린이 등장하는 소련의 사진들은 모두 스탈린의 천연두 자국을 편집하거나 삭제 처리했다. 또 스탈린은 마차에 다친 탓에 왼팔을 자유자재로 쓸 수 없었다.35) 그는 이것 때문에 1차 세계대전 때 징집에서 면제되었지만 왼쪽 팔이 짧은 콤플렉스가 생겨 평생 왼쪽 손을 주머니에 넣는 등 장애를 숨기려고 노력했다.

히틀러의 아버지는 학력이 낮았고 무례한 술꾼이었으며 흉폭한 성격의 세무 공무원이었다.36) 어머니 클라라는 후처였는데 매우 병약했다. 히틀러는 화가가 되기를 꿈꿨으나 관대한 어머니와는 달리 화가 나면 손찌검도 마다않는 아버지의 강압에 의해 실업계 학교에 진학해야 했다. 자신의 꿈을 짓밟은 아버지에 대한 원망과 반항으로 히틀러는 학업에 매우 불성실한 모습을 보였다. 아버지가 사망한 후 히틀러는 미술학교에 입학하기 위해 도전을 하지만 두 차례 모두 낙방하고 만다. 그 후 가난한 화가지망생이었던 히틀러는 노숙생활을 하는 등 경제적으로 극심한 고통을 받았다.

이처럼 네 명의 전쟁 리더들은 모두 콤플렉스를 가지고 있었다. 하지만 콤플렉스를 극복하기 위해 선택한 이들의 라이프스타일은 달랐다. 아들러의 라이프스타일 관점에서 본다면, 루즈벨트와 처칠은 사회적 가치 추구형인 반면에 히틀러와 스탈린은 지배형에 해당된다.

처칠과 루즈벨트는 진실된 형태의 사회적 관심을 바탕으로 자신의 삶을 완성하기 위한 노력을 기울인 결과, 콤플렉스에 대한 적절한 보상적 노력이 효력을 발휘해 세계시민들로부터 존경받는 지도자가 되었다. 반면에 히틀러와 스탈린은 개인적인 욕구를 사회적인 관심인 것처럼 위장하는 위선적인 모습을 나타냈다. 그 결과, 역사상 가장 유명한 독재자로 이름을 남기게 되었다.

히틀러와 스탈린은 자신들의 콤플렉스를 해결하고자 노력하는 과정에서 과잉보상overcompensation의 문제행동을 나타냈다. 히틀러는 세계를 정복하려는 야심에 가득 차 있었고 그래서 전 세계를 정복하면 전 세계의 수도에 해당되는 도시를 계획했다. 실제로 히틀러는 건축가를 고용해 1938년에 전대미문의 세계 수도인 '게르마니아'를 베를린 지역에 건설하기 위한 공사를 진행했다.37) 그리고 그곳에 무려 18만 명 이상을 동시에 수용할 수 있는 돔 형태의 국민대회당을 세웠다. 물론 2차 세계대전이 끝나면서 이 공사 역시 중단되었고 이곳은 그 후 폐허가 되었다.

스탈린도 히틀러와 마찬가지로 자신의 콤플렉스를 감추기 위해 우상화를 적극적으로 추진했다. 스탈린은 사람들로 하여금 자신을 '만능의 천재', '빛나는 태양', '삶의 지주'로 찬양하도록 강제했다.38) 참고로, 그의 수많은 가명 중 하나인 스탈린은 '강철'을 뜻하는 말이다. 그가 이러한 가명을 선택했던 것은 유년 시절 아버지에게 무기력하게 구타당할 때의 아픈 상처로부터 벗어나기 위한 필사적인 노력을 반영하는 것으로 보인다. 스탈린이 가지고 있었던 강철의 이미지는 사람들로 하여금 그에게 무기력하게 생활했던 어린 시절이 있었으리라는 점을 상상조차 못하도록 막아 줄 수 있다. 스탈린의 이러한 노력 역시 히틀러와 마찬가지로 과잉보상에 해당된다.

찰스 디킨스Charles J. H. Dickens의 『크리스마스 캐럴A Christmas Carol』에는 다음과 같은 말이 나온다.

"인간의 삶에는 저마다 독특한 결말이 기다리고 있다. 그 예정된 길을 그대르 따라가다 보면, 반드시 그 결말에 도달하게 될 것이다. 그러나 그 길에서 이탈하면, 생의 결말도 바뀔 것이다."39)

어떤 의미에서 아들러의 개인심리학은 크리스마스 캐럴에 등장하는 주장의 타당성을 심리학적으로 풀어낸 이론체계라고도 할 수 있다. 아들러는 처음에 프로이트의 정신분석학 운동에 동참했었지만, 이론가로서 그는 프로이트와는 다른 개성을 지니고 있었다. 그는 철저한 실용주의적 합리주의자였다. 바로 이러한 점 때문에 오늘날까지도 자기계발 분야에서는 프로이트와 융보다는 아들러의 심층심리학이 더 높은 평가를 받고 있다.

사실 사람이 변한다는 것은 생각만큼 쉬운 일은 아니다. 하지만 심리학의 위대한 발견 중 하나는 "인간은 마음가짐을 바꿈으로써 자신의 삶을 변화시킬 수 있다."40)는 것이다. 이러한 믿음을 공유하는 사람들에게 아들러와의 만남은 위대한 터닝 포인트great turning point가 될 수 있다.

아들러는 인간의 행동이 과거의 정신적 상처 경험에 의해 좌우되기보다는 미래의 삶에 대해 어떤 목적성을 갖느냐에 의해서 더 큰 영향을 받는다고 믿었다. 인간의 삶에서 미래는 과거가 현재에 영향을 미치는 것만큼 중요한 역할을 할 수 있다. 따라서 미래의 삶을 위한 목적 역시 과거만큼이나 '지금 그리고 여기'에 실제로 존재하는 것과 마찬가지의 효과를 나타낼 수 있다.

미래의 삶을 위한 목적성은 개인이 무엇을 진실로 수용하게 될 것인지 그리고 삶 속에서 어떻게 행동하고 또 자신과 타인의 삶을 어떻게 이해할 것인가에 영향을 미칠 수 있다. 이런 관점에서 개인의 라이프스타일은 미래의 삶을 위한 창조적 힘을 가질 수 있다. 아들러에 따르면, 창조적 자기creative self는 사람들이 유전적 소인과 경험을 바탕으로 자신의 성격을 재구성함으로써 자신의 삶을 창조하게 된다. 이런 점에서 개인은 자신의 성격을 만들어가는 예술가라고도 할 수 있다.

[그림 4]는 정신건강 분포도이다. 프로이트의 정신분석은 주로 하위 5%에 속하는 사람들이 그보다는 더 건강해질 수 있도록 돕는 목적으로 활용되어 왔다. 하지만 아들러의 개인심리학은 정신건강을 기준으로 할 때 하위 5%, 평균 이하 수준, 평균 수준, 평균 상 수준에 해당되는 사람들이 사회에 대한 진정한 관심을 바탕으로 라이프스타일을 변화시킴으로써 상위 5%에 속하는 사람들처럼 행복한 삶을 살 수 있도록 돕는 목적으로 활용될 수 있다. 부디 아들러 심리학 이론과의 만남이 여러분의 삶에서 위대한 터닝 포인트가 될 수 있기를 바란다.

그림 4 정신건강 분포도

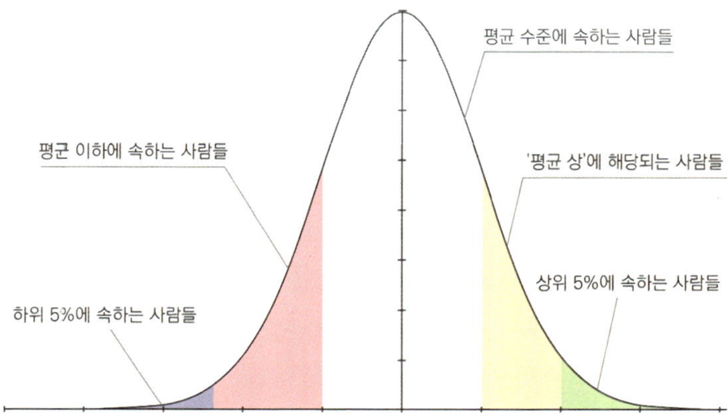
평균 수준에 속하는 사람들
평균 이하에 속하는 사람들
'평균 상'에 해당되는 사람들
하위 5%에 속하는 사람들
상위 5%에 속하는 사람들

우주산업 시대를 연
실리콘밸리 거장들의 힘,
전망의 기술

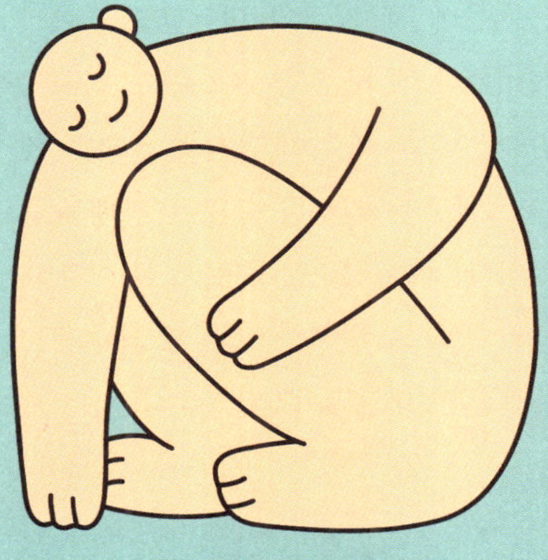

미래를 위한 도전이 어려운 이유

인류가 막 21세기에 진입하던 시기에 실리콘밸리에는 남들보다 한 발 앞서 인류 최대의 혁신적 도전을 시작한 세 거장이 있었다. 바로 아마존의 제프 베조스Jeff Bezos, 테슬라의 일론 머스크Elon Musk 그리고 버진그룹의 리처드 브랜슨Richard Brandson이다.

2000년에 제프 베조스는 일반인이 우주여행을 할 수 있는 길을 열기 위해 민간 우주개발업체인 '블루 오리진 오퍼레이션스'를 설립했다. 또 2002년에 일론 머스크는 화성에 인간이 거주할 수 있는 도시를 개발하는 프로젝트를 추진하기 위해 '스페이스X'를 설립했다. 그리고 2004년에 리처드 브랜슨은 우주 여행 사업을 위해 '버진 갤럭틱Virgin Galactic'을 설립했다.

처음에 세 거장의 대담한 도전에 대한 세간의 반응은 매우 회의적이었다. 특히 일론 머스크가 화성이주계획을 발표했을 때, 많은 사람들은 그의 계획이 공상에 불과한 것 정도로 치부했다. 왜냐하면 그 프로젝트는 너무나도 많은 장애물들이 그 앞을 가로막고 있었기 때문이다. 예를 들면, 화성으로 이주하는 비용을 줄이기 위해서는 반드시 우주로 발사한 로켓을 회수해 재사용할 수 있도록 하는 난제를 해결해내야만 했다.

하지만 20년도 채 지나지 않아, 그들의 꿈은 더 이상 공상에 머무르지 않고 현실이 되었다. 2015년 11월에 제프 베조스의 블루오리진은 로켓을 수직으로 발사해 약 100km 고도에 도달하도록 한 뒤, 발사체와 캡슐을 모두 재사용할 수 있도록 회수하는 데 성공했다. 그리고 한 달 뒤, 일론 머스크의 스페이스X는 우주로 나가는 데 그치지 않고 우주선을 우주 궤도에 올린 다음 발사체를 재활용할 수 있도록 회수하는 데 성공했다. 또 2019년 2월에 리처드 브랜슨의 버진 갤럭틱은 사상 처음으로 민간인 승객을 태운 뒤, 우주여행을 하고 돌아오는 데 성공했다.

2017년에 미국의 상업우주교통국이 추정한 바에 따르면, 우주산업시장의 규모는 무려 약 362조 원 수준으로 성장했다.[1] 그리고 2010년까지만 해도 10개 미만이었던 우주산업체가 지금은 1,000개를 넘어섰다. 또 2017년에 스페이스X의 시장가치는 이미 23조 원을 넘어선 것으로 평가되었는데 이것은 개인 기업으로서는 세계적으로도 손꼽히는 수준에 해당된다.[2] 2026년 상장을 준비중인 스페이스X의 시장가치는 1,182조 원에 달한다.[3]

이제는 더 이상 누구도 우주산업이 인류 최대의 '블루오션'이라는 점을 부인하지 않는다. 하지만 20년 전에는 오직 극소수의 혁신가들만이 그러한 사실을 믿고서 용감하게 도전에 나설 수 있었다. 그렇다면, 이처럼 실리콘밸리의 세 거장이 우주산업 시대에 남들보다 앞서나갈 수 있게 된 비결은 무엇일까? 이 글의 목적은 우주탐험 시대를 연 세 거장의 비범한 특징을 심리학적으로 분석하는 것이다.

왜 20년 전에는 대부분의 사람들에게 우주산업이 블루오션처럼 보이지 않았던 것일까? 사실 20년 전에도 말로는 우주 산업이 블루오션이라고 주장하는 사람들이 무척 많았다. 문제는 말로만 블루오션이라고 떠들어댔을 뿐이라는 점이다. 그러한 믿음을 실천으로 옮기는 비범함을 보인 사람은 오직 극소수에 불과했다.

오늘날에도 '블루오션'을 제대로 발견해 낼 수만 있다면, 기꺼이 뛰어들 마음의 준비가 되어 있다고 주장하는 사람들을 찾는 것은 그다지 어렵지 않다. 문제는 대부분의 블루오션은 일반 사람들에게는 결코 블루오션처럼 보이지 않는다는 점이다. 왜냐하면, 인간에게 현재가 아닌 미래의 일을 효과적으로 예측하고 선택하는 일은 대단히 어려운 과제이기 때문이다.

우리가 두 개의 후보지 중 하나를 선택해 휴가를 떠나는 상황을 예로 들어 보자.4) 두 개의 후보지는 바로 '보통도'와 '환상도'라는 섬이다. 보통도에서는 모든 것이 평범하다. 날씨, 해변, 숙소, 쇼핑센터 등 모든 것이 평범하다. 대조적으로 환상도의 경우, 날씨와 해변은 환상적이지만 숙소와 쇼핑센터는 보통도보다 수준이 떨어진다. 이러한 조건하에서 둘 중 하나를 선택하라는 요청을 받으면 대부분의 사람들은 보통도보다는 환상도를 선택한다.

다음으로 우리에게 보통도로 여행갈 수 있는 패키지 상품권과 환상도로 여행갈 수 있는 패키지 상품권이 둘 다 있다고 가정해 보자. 그리고 불가피한 사정이 생겨 둘 중 하나를 취소해야 하는 상황이 되었다고 해보자. 그렇다면, 사람들은 둘 중 어느 쪽을 취소하겠는가? 이 경우 대부분의 사람들은 환상도 티켓을 취소한다.

일반적으로 사람들은 좋아하는 것을 선택할 때는 장점에 초점을 맞추고서 결정한다. 동시에 포기해야 하는 상황에서는 단점에 주안점을 두고서 결정을 내린다. 이러한 사실은 사람들이 행동하는 방식에 대해 다음의 두 가지 중요한 정보를 제공해 준다.

　첫째, 대부분의 사람들은 미래에 자신이 쉽게 포기해 버릴 수 있는 것을 스스로 좋아한다고 착각하고서 선택하는 경향이 있다는 것이다. 즉, 사람들은 자신이 충분히 좋아하지 않는 것을 스스로 좋아한다고 믿어버리는 경향이 있다는 것이다. 마찬가지로 대부분의 사람들에게 블루오션은 선호하는 동시에 쉽게 포기해 버릴 만한 대상에 해당된다. 그래서 20년 전에 많은 사람들은 우주 산업이 블루오션이라는 것을 알고 있었지만 민간인 우주 탐사 프로젝트가 너무나 많은 단점들을 안고 있었기에 결국 포기해 버렸다.

　둘째, 사람들이 좋아하기 때문에 선택했던 것을 나중에 가서 포기하지 않기 위해서는 목표 대상이 가지고 있는 장점의 가치를 깨닫는 것만으로는 충분하지 않다는 것이다. 즉, 목표 대상이 가지고 있는 장점을 포기하지 않을 수 있을 만큼, 목표 대상의 단점을 견뎌낼 수 있는 힘도 필요하다는 점이다. 이런 점에서 블루오션은 그러한 시장 안에 잠재되어 있는 단점을 견뎌낼 수 있는 힘을 가진 사람들에게만 제 모습을 드러내는 경향이 있다고 할 수 있다.

2

사람들마다 미래를 전망하는 구체적인 방식은 다르다. 철학자 닉 보스트롬Nick Bostrom은 인간이 미래를 전망하는 방식을 네 가지로 분류했다.[5] [그림 5]에는 그 네 가지 패턴이 소개되어 있다. 당신이 생각하는 인류의 미래모습은 네 가지 중 어디에 해당되는가?

미래를 전망하는 네 가지 유형 중 블루오션을 찾아 도전하는

그림 5 미래에 대한 전망의 유형

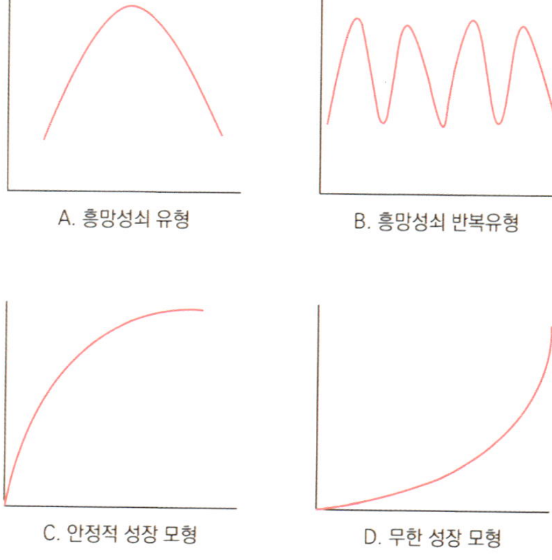

혁신가들이 선택하는 유형은 'D 무한 성장 모형'이다. 하지만 대부분의 사람들은 D 그래프의 형태로 미래를 전망해내지 못한다. 그 중요한 이유 중 하나는 사람들이 일반적으로 미래를 효과적으로 그려내지 못하기 때문이다.

미래를 정확하게 예측할 수 있는 사람은 존재하지 않는다. 하지만 분명한 것은 미래가 현재와는 다르다는 점이다. 그럼에도 불구하고 사람들은 미래를 현재의 관점에서 바라보는 경향이 있다. 이처럼 미래를 미래로서 바라보지 못하고 현재의 관점에서 바라보게 되면, 무한성장의 가능성 또는 블루오션은 발견해내기 어려울 뿐만 아니라 설사 발견하더라도 그 세계로 뛰어들지 못하게 된다.

1950년대에 미래학자들이 저술한 미래예측서들을 살펴보면, 이러한 점들을 쉽게 확인할 수 있다.[6] 보통 이러한 예측서들은 미래의 실제 모습보다는 그 책이 집필될 당시의 현재 모습을 더 잘 드러내 주는 경향이 있다. 역사적으로 비행기, 텔레비전, 전자레인지, 심장이식 등이 불가능하다고 주장한 과학자들은 셀 수도 없이 많다. 이것을 바로 '클라크 제1법칙'이라고 부른다. 이것은 어떤 전문가가 '가능하다'고 대답하면 그것은 대체로 사실이지만, '불가능하다'라고 말한다면, 그것은 사실이 아닐 가능성이 높은 점을 가리키는 표현이다. 이러한 법칙이 존재하는 이유 중 하나가 바로 미래를 현재와 비슷할 것이라고 생각하는 오류이다. 만약 우리가 50년 후의 미래 모습을 예측하려고 한다면, 그것은 매우 어려운 일이 될 수밖에 없다. 하지만 분명한 것은 현재를 기준으로 해서 50년 후의 모습을 예측하는 것보다는 20년 후의 모습을 먼저 생각해 낸 다음, 이 시점을 기준으로 해서 다시 30년 후의 모습을 예측하는 것이 상대적으로 정확성을 더 높일 수 있는 방법이라는 점이다.

이때 미래를 지혜롭게 조망하기 위해서는 20년 후의 모습이 지금과는 상당히 다를 수밖에 없다는 사실을 깨닫는 것이 중요하다. 특히 그 20년간 아무 일도 하지 않은 채로 시간만 흘려보낸다면 50년 뒤의 일은 여전히 50년 뒤의 일로 남게 되겠지만, 20년간 꾸준한 성취를 이뤄낸다면, 50년 뒤의 일은 훨씬 더 가까운 미래가 될 수 있다. 바로 일론 머스크가 사용했던 전망의 기술이 그 좋은 예다.

일론 머스크가 2002년 화성에 인간이 거주할 수 있는 도시를 건설하겠다고 주장했을 때, 많은 사람들이 허황된 꿈이라고 조롱했다. 하지만 그 후로 불과 15년도 채 지나지 않은 2016년에 그는 국제우주비행학회International Astronautical Congress에서 '행성 간 운송 시스템interplanetary transport system'에 대한 구체적인 실행 계획안을 제시하였다.7) 그에 따르면, 화성으로 이주하는 비용이 첫 번째 발사 때는 1인당 약 2억 4천만 원 수준이지만 장기적으로는 약 1억 2천만 원 수준까지 감소하게 될 것이라고 예측했다. 그리고 늦어도 2026년 이전에 화성으로 가는 우주선이 첫 비행을 시도하게 될 것으로 전망했다. 그는 이러한 전망을 바탕으로 순조롭게 진행될 경우 2056년이면 화성에 지구인을 위한 도시가 탄생할 수 있을 것으로 예상했다.

그렇다면, 제프 베조스, 일론 머스크, 리처드 브랜슨이 우주산업 시대에 관해 남다른 비전을 갖게 된 비결이 무엇일까? 이러한 질문에 답하기 위해서는 그 세 사람이 독특하게 공유하고 있는 심리적 특성에 대해 살펴볼 필요가 있다.

이중특수성

3

일반적으로 어느 특성을 강하게 드러내는 사람들과 약하게 드러내는 사람들의 빈도를 조사하면, [그림 6]과 같은 정상분포 곡선이 나타난다. 아래의 정상분포 곡선은 공감적인 특성을 중간 수준으로 드러내는 사람의 숫자가 가장 많고 공감을 높은 수준으로 나타내거나 냉정한 태도를 보이는 사람들의 숫자는 양극단으로 갈수록 점차 줄어드는 양상을 보여준다.

동일한 원리를 한 개인의 특성분포에 적용해 보면, 일반적으로 개인은 다른 사람들과 비교했을 때 평균 수준에 해당되는 특성들을 상대적으로 많이 가지고 있고 매우 긍정적이거나 아주 부정적인 특

그림 6 공감적 특성 관련 정상분포 곡선

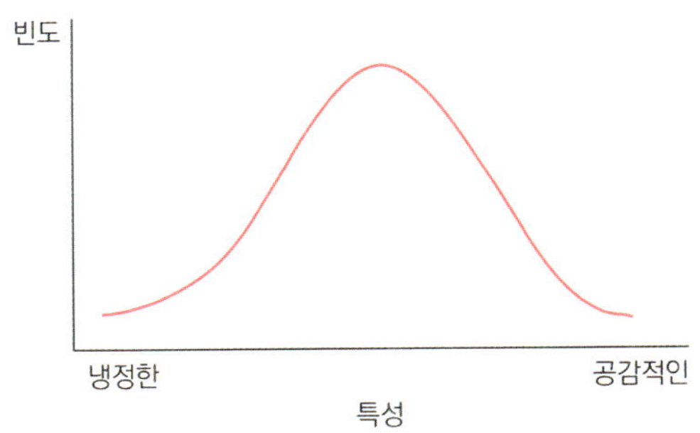

그림 7 이중특수성 관련 분포의 특징

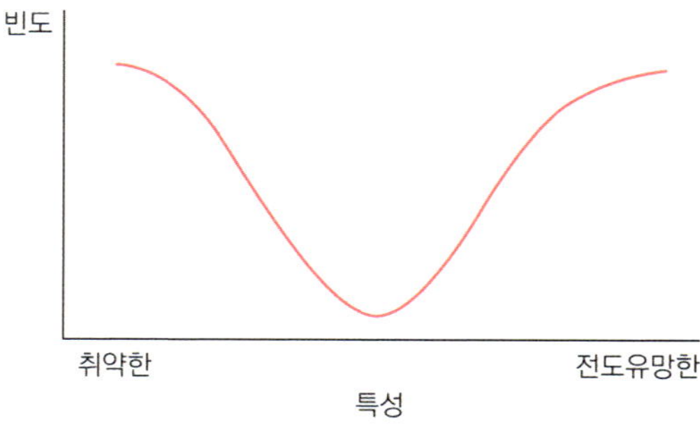

성들의 숫자는 극단으로 갈수록 상대적으로 적어지는 분포를 나타낸다.

이와는 대조적으로, 두 가지 상반되거나 모순되는 특성이 특정 집단 혹은 한 개인에 공존하는 경우가 있다. 이것을 심리학에서는 '이중특수성dual exceptionality'이라고 부른다.8) 이러한 이중특수성을 나타내는 분포는 보통 정상분포곡선을 뒤집은 형태가 된다.9)

이중특수성을 나타내는 집단은 일반적으로 긍정적인 특성과 부정적인 특성을 상대적으로 많이 나타내는 반면, 중간 수준의 특성은 상대적으로 적게 나타낸다. 또 이중특수성을 나타내는 개인은 일반적으로 긍정적인 특성과 부정적인 특성을 상대적으로 많이 갖고 있는 반면, 중간 수준의 특성은 상대적으로 적게 갖고 있다. 우주산업 시대를 연 실리콘밸리의 세 거장은 이러한 이중특수성을 보이는 대표적인 예에 해당된다.

제프 베조스, 일론 머스크, 리처드 브랜슨은 모두 우주산업을 위한 사업체를 경영하고 있을 뿐만 아니라, 각각 아마존, 테슬라, 버진그룹 등 다른 사업에서도 탁월한 실적을 나타내고 있다. 따라서 이들이 CEO로서 탁월한 역량을 가지고 있는 것은 분명해 보인다.
하지만 이들은 각각 서로 다른 취약성을 지니고 있다.

4

제프 베조스는 실리콘밸리를 대표하는 너드nerd 중 하나다.10) 너드는 지적으로 우수하지만 강박관념에 사로잡혀 살거나 사교성이 떨어지는 사람을 일컫는 말이다.

제프 베조스는 열일곱 살의 어머니와 십대인 아버지 사이에서 출생하였다.11) 하지만 친아버지는 제프 베조스가 18개월 때 이혼하고 떠나갔다. 그 후 그의 엄마는 재혼을 했고 양부와의 사이에서 두 명의 동생을 두었다. 제프 베조스는 10살 때 자신이 동생들과 친부가 다르다는 것을 알게 되었다. 비록 제프 베조스는 자신의 아버지가 친부가 아니라는 점에 대해서 겉으로는 개의치 않는 모습을 보였지만, 그의 사회생활은 어딘지 모르게 어색한 인상을 주었다.

제프 베조스는 어려서부터 외할아버지인 기스Gise를 거의 우상처럼 따랐으며 외할아버지가 자연스럽게 일종의 롤모델 역할을 했다. 기스는 인터넷의 기초가 되는 아파넷ARPAnet을 개발한 정부기관에서 우주공학 및 미사일 방어 시스템 전문가로 일한 경력을 가지고 있었다. 그가 인터넷사업을 하고 로켓산업에 빠져들게 된 데는 기스의 영향이 컸다.

초등학교 시절 제프 베조스는 한번 과제에 빠져들면 마치 외부 세계와 단절된 것처럼 행동해서 할 수 없이 선생님은 다음 과제를 위해 그가 의자에 앉아 있는 채로 자리를 옮겨줘야 했다. 또 그는 자신의 프라이버시를 지키고자 하는 욕구가 남달라서 자신의 동생이 자기 방에 방에 들어오려고 하면 알려주는 경보장치를 방에 설치하기도 했다. 그는 독서광이었지만 도서관에서 책을 읽으면서 너무 큰 소리로 웃는다는 이유로 도서관으로부터 출입을 금지 당하기도 했다.

전반적으로 그의 유년 및 젊은 시절 모습은 전형적인 컴퓨터 괴짜와 유사했다. 그는 여자들에게 별로 인기 없는 타입이었다. 그래서 그는 나름대로 대안을 모색했는데 그 방식도 전형적인 너드 스타일이었다.

그는 이성 파트너를 찾기 위해서 마치 투자자들이 투자 회사를 찾을 때 사용할 것 같은 방법을 사용했다. 일종의 거래 흐름 차트를 작성하는 것이다. 그는 여성흐름차트를 만들어 거래를 맺기 전에 파트너가 지녀야 할 요건을 정리했는데 그 주요 내용은 매우 독특했다.

"내가 정말 원하는 것은 지략이 풍부한 여성이었습니다. 하지만 '나는 지략이 풍부한 여성을 찾고 있어'라고 말하면 무슨 뜻인지 이해하는 사람이 아무도 없었습니다. 만일 나를 제3세계국가의 감옥에서도 구해줄 수 있는 여성을 찾고 있다고 말하면 상대방은 로스 페로Ross Perot를 떠올립니다."12) 로스 페로는 미국의 억만장자이자 대통령 후보이기도 했던 정치인으로서 이란의 미국 대사관 인질 사건 때 고립된 자사 직원들을 구출한 것으로 유명하다.

결국 그는 스스로 자신이 찾던 조건(로스 페로)에 부합된다고 믿었던 매켄지 터틀MacKenzie Tuttle을 만나 1993년에 결혼했다. 그들은 25년 간 4명의 아이들과 함께 가정을 이루고 살다가, 2019년에 제프 베조스가 방송국의 유명 앵커와 불륜 관계를 맺고 있던 것이 세상에 알려지면서 이혼을 하게 되었다.13) 그 과정에서 제프 베조스는 아내에게 역사상 최고 수준의 위자료인 43조 원을 지급해야 했다.14) 그 결과 그의 전처 매켄지는 이혼과 동시에 세계 4위의 여성 부호가 되었다.

일론 머스크의 불안정한 애착

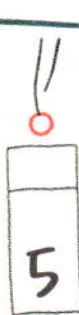

　　일론 머스크의 전기작가 애슐리 반스Ashlee Vance가 전기를 집필하기 위해 일론 머스크의 지인들을 인터뷰했을 때, 그들 중 수십 명이나 일론 머스크에게 자폐증 혹은 아스퍼거 증후군(고기능 자폐증)의 문제가 있다고 주장했다.15) 하지만 애슐리 반스는 일론 머스크 전기에서 그들의 주장에 동의하는 대신, 일론 머스크에게 씌여진 그러한 오명汚名이 실리콘밸리에서 무분별하게 유행하는 특이한 천재들에 대한 꼬리표일 뿐이라고 일축했다.

　　애슐리 반스의 기록에 따르면, 외견상 일론 머스크의 유년 시절 행동 특징 중 일부는 자폐스펙트럼 장애에서 나타나는 몇 가지 특징과 유사한 면이 있다. 일론 머스크는 어려서부터 책을 읽으면 마치 복사하듯이 기억해내는 놀라운 능력이 있었다. 또 그는 어린 시절 또래관계에서 사회적 기술이 부족해, 친구들의 관심을 끌기 위해 그가 선택했던 방법이 친구들의 단점을 지적하는 것일 정도였다. 또 그는 자신만의 세계에 빠져 지낼 때는 주위에서 무슨 일이 일어나는지 전혀 알아차리지 못할 뿐만 아니라 사실상 자폐적 상태에 있는 것처럼 주위 사람들과 적절한 관계를 맺지 못했다. 결국 그는 학창시절 사회적으로 고립된 채 보냈다.

하지만 일론 머스크가 성인이 되었을 때 보여준 모습은 그가 사회적 관계를 맺는 데 결함을 보이는 자폐증 혹은 아스퍼거 증후군의 문제를 가지고 있다고 보기에는 친밀한 사회적 관계에 대한 관심과 욕구가 충분히 넘쳐나는 것 같은 인상을 준다. 예를 들면, 그는 첫 번째 부인인 윌슨Wilson과 8년에 걸친 결혼 생활을 하는 동안 6명의 자녀를 얻었다. 그 후 윌슨과 이혼하고 라일리Riley와 재혼을 한 후 2년 뒤 이혼을 하고 다시 1년 뒤 재결합을 한 다음 3년 후에 또다시 이혼을 했다.

일론 머스크에 대해서 특별히 정신과적 진단을 내리기는 어려울 지라도, 그가 유년 시절에 정서적으로 심한 상처를 받았던 것은 분명해 보인다. 일론 머스크는 어린 시절 그의 성姓이 특이했기 때문에 또래 아이들에게 심한 놀림을 받았다.16) 또 일론 머스크의 부모님은 그가 8살 무렵 이혼을 했다.

일론 머스크는 아버지로부터 정서적으로 심한 상처를 받았던 것으로 보인다. 그는 아버지에 대해 이렇게 말했다. "아버지는 괴팍해요. 완전히 제 정신이 아닙니다. … 어린 시절이 원만하지 않았다고 말하는 것이 정확하겠네요. 한마디로 비참했어요. 아버지는 삶을 비참하게 만드는 재주가 있죠."17)

특히 일론 머스크는 청소년 시절에 3년이 넘도록 학교 내 불량배 집단에게 지속적으로 괴롭힘을 당했다. 한 번은 그들에게 폭행을 당해 코 성형수술을 받아야 할 정도로 만신창이가 된 적도 있었다.

일론 머스크의 정서적인 상처 경험들을 고려해 볼 때, 그의 변덕스러운 기행, 결혼과 이혼을 반복한 것, 10년 넘게 자신을 분신처럼 보살펴 준 비서를 잔인하게 해고한 것, 자신을 공개적으로 비난한 사람을 근거 없이 아동성도착자로 욕하는 트윗을 올려 거액의 소송을 당하게 된 것[18] 등은 그의 불안정한 애착의 문제를 반영하는 것으로 보인다.

애착은 아기가 부모를 포함한 양육자와 정서적으로 친밀한 관계를 형성하는 것을 말한다.[19] 어린 시절에 형성되는 이러한 애착은 성인이 된 이후에도 지속적으로 다른 사람들과 사회적인 관계를 안정적으로 맺는지 아니면 불안정하게 맺는지 여부에 결정적인 역할을 한다.

리처드 브랜슨의 난독증

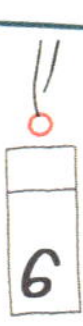

6

리처드 브랜슨에게는 난독증이 있었다.[20] 난독증은 뇌의 기능적 장애로서 읽기와 쓰기에서 심각한 어려움을 겪는 것을 말한다. 아래의 그림은 책을 읽을 때 일반인과 난독증 환자가 보이는 뇌활동에서의 차이를 나타낸 것이다.[21]

A는 일반인이 책을 읽을 때 뇌가 활동하는 모습이다. B는 난독증 환자의 뇌 활동 모습이다, 그리고 C는 일반인과 난독증 환자가 책을 읽을 때 뇌 활동에서 차이를 보이는 영역을 표시한 것이다.

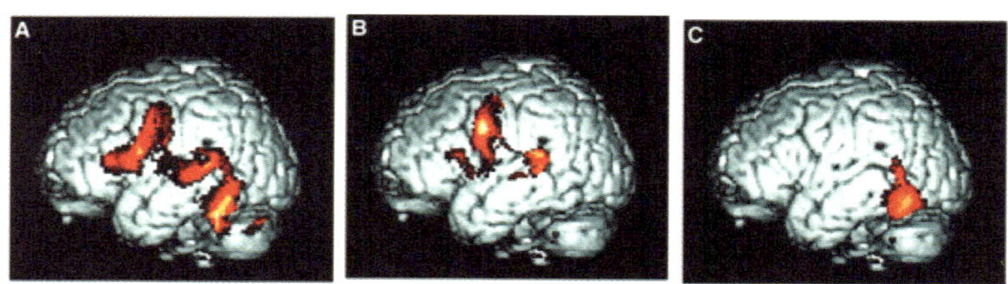

책을 읽을 때 일반인과 난독증 환자가 보이는 뇌활동 차이

기본적으로 난독증은 뇌기능장애로서 단순히 환자가 의도적으로 노력한다고 해서 쉽게 개선될 수 있는 문제는 아니다. 하지만 리처드 브랜슨이 학교를 다닐 때는 교사들 사이에서조차도 난독증에 대한 이해가 부족했다. 그는 자서전에서 학창시절에 학업이 부진한

것 때문어 교사들로부터 게으르다고 야단을 맞았다고 적었다.

자연스럽게 그는 또래들과는 다른 형태의 사회적 관심을 갖게 되었다. 그는 자서전에서 학창시절 자신의 심경을 이렇게 기록했다. "학교의 교육방식이나 세상이 돌아가는 방식이 마음에 들지 않았고, 그래서 젊은 패기에 그것들을 바로잡고 싶었다."22)

결국 리처드 브랜슨은 학업보다는 사회적 활동에 더 큰 뜻을 두게 되었다. 그는 불과 열다섯의 나이에 창업을 선택해 '스튜던트'라는 학생용 잡지를 창간했다. 그리고 다음 해인 열여섯 살 때, 학업을 완전히 중단하기로 결심했다.

그 후로 그는 스스로 자서전에서도 인정하고 있듯이 "세상에 존재하는 규칙들을 잘 지키며 살진 못했다."23) 그가 다니던 학교의 교장 선생님은 그에 대해 이러한 예언을 남기기도 했다. "너는 아마도 백만장자가 되거나 아니면 감옥을 갈 것이다."24)

남극탐험대를 이끌었던 로버트 스콧Robert Scott과 친척임을 늘 자랑스럽게 내세우는 리처드 브랜슨은 극단적인 모험을 즐기는 것으로도 유명하다. 그는 직접 열기구나 요트로 대서양과 태평양을 횡단하거나 죽을 고비를 여러 차례 넘기기도 했다.

한편 CEO로서 리처드 브랜슨은 '경영계의 이단아'라는 세계적인 명성을 갖고 있기도 하다. 그는 버진 콜라를 홍보하기 위해 뉴욕 타임스퀘어 한복판에 탱크를 몰고 나타나 콜라를 쏘아대는 이벤트를 연출했다. 그리고 버진 모바일을 홍보하기 위해 영화 〈풀 몬티〉에 착안해 국부만 간신히 모바일로 가린 자신의 알몸 사진을 세상에 뿌리기도 했다. 또 그는 버진 애틀랜틱 항공사를 홍보하기 위해 자신이 직접 다리털을 깎고서 스튜어디스 복장을 하고 나타나 기

내 서비스를 제공해서 전 세계 언론으로부터 스포트라이트를 받기
도 했다.

지금까지 살펴본 것처럼, 제프 베조스, 일론 머스크, 그리고 리처드 브랜슨은 모두 CEO로서 탁월한 재능을 가지고 있을 뿐만 아니라, 제각각 서로 다른 형태의 취약성을 지니고 있다. 따라서 이들 모두 이중특수성 집단에 속한다고 할 수 있다.

21세기 초에 남들보다 한 발 앞서 우주산업에 뛰어들었던 실리콘밸리의 세 거장이 모두 이중특수성 집단에 속한다는 것을 단순한 우연으로 치부하기는 어렵다. 아마도 상처 경험과 탁월한 재능이 결합된 이중특수성 집단의 특성과 우주라는 무한성의 세계가 갖는 독특한 특징이 서로 내적으로 긴밀하게 연결되어 있기 때문으로 보인다.

인간이 우주라는 무한성의 세계에 이끌리게 되는 문제와 관련해서는 다음의 일화가 좋은 예시가 될 수 있을 것으로 보인다. 아마도 아폴로Apollo 우주선의 달 착륙은 20세기를 상징하는 역사적인 사건 중 하나일 것이다. 당시에 지구인 중 12명이 달 표면에 직접 발을 내딛는 특별한 경험을 하게 되었다. 흥미로운 점은 그 후에 12명의 '월면 보행자' 중 6명이나 그러한 경험에 의해 자신의 삶과 세상을 바라보는 관점이 근본적으로 변화되는 경험을 했다고 보고하였

다는 것이다.25)

블루 오리진의 로비 벽을 장식하고 있는 레오나르도 다빈치Leonardo Da Vinci의 말은 월면보행자에게서 일어난 변화가 어떤 것이었을지를 어렴풋하게나마 짐작할 수 있도록 해준다. "단 한 번이라도 하늘을 날아 본 적이 있다면, 땅을 걷게 되어도 눈은 하늘을 향해 있으리라. 가 본 적이 있었고 언젠간 돌아가길 열망하는 그곳으로."26)

한편, 우주라는 물리적인 공간은 치유의 힘도 갖고 있다. 보이저Voyager 1호가 우리에게 전해준 선물은 이러한 점을 잘 보여준다.

1990년 2월 14일 보이저 1호는 지구에서 61억 킬로미터나 떨어진 거리에서 지구를 촬영한 후 그 사진을 지구로 전송했다. 바로 '창백한 푸른 점The Pale Blue Dot'이라고 불리는 사진이다. 그 한 장의 사진은 지구가 무한한 우주 속에서는 겨우 먼지만큼이나 보잘것없는 존재라는 점을 보여준다. 천체물리학자 칼 세이건Carl Sagan은 그 사진을 본 소감을 다음과 같이 남겼다.

"여기가 우리의 고향이다. 당신이 사랑하는 모든 이들, 당신이 알고 있는 모든 사람들, 당신이 들어 봤을 모든 사람들, 예전에 살았던 모든 사람들이 이곳에서 삶을 누렸다. 역사 속의 모든 성인과 죄인들이 태양 빛 속에서 부유하는 먼지의 티끌 같은 곳에서 살았던 것이다. 지구는 광활한 우주 속에 있는 지극히 자그마한 무대에 불과하다. 이 작은 점의 어느 한 구석에 살던 사람들이, 반대편 구석에 살던 사람들에게 보여주었던 잔혹함을 생각해 보라. 서로를 얼마나 자주 오해했는지, 서로를 죽이려고 얼마나 애를 써왔는지, 그 증오가 얼마나 깊었는지 모두 생각해 보라. 아마도 우리가 아는 유일한 고향을 잘 보존하고 소중하게 다루며 서로를 따뜻하게 대해야 한다는 책임을 이 창백한 푸른 점보다 더 분명하게 보여주는 것은 없을 것이다."27)

　　아마도 인간이라면 누구든지 우주에 대해 호기심을 갖고 있을 수 있을 것이다. 하지만 단순한 지적인 호기심을 넘어서 우주라는 무한성의 세계를 바탕으로 한 비즈니스에 뛰어들기 위해서는 탁월한 재능을 갖고 있는 동시에 상처 경험을 치유하고자 하는 강렬한 욕구가 필요한 것으로 보인다. 다시 말해, 단순히 뛰어난 재능을 갖고 있다고 해서 우주에 대한 특별한 관심을 갖게 되는 것도 아니고, 상처 경험이 있다고 해서 모두 우주와 관계된 특별한 활동을 하는 것이 심리적으로 치유적인 효과를 나타낼 수 있는 것도 아니라는 점이다. 이처럼 남들보다 한 걸음 앞서 우주 비즈니스에 뛰어들기 위해서는 이중특수성의 두 가지 요소가 모두 필요한 것으로 보인다.

여기서 주의해야 할 점은 이중특수성이 우주산업의 선구자가 될 수 있는 필요조건이라는 것이지, 필요충분조건이 된다는 뜻은 아니라는 점이다. 다시 말해서, 우주산업 시대를 연 세 거장이 이중특수성의 특징을 갖고 있다는 것일 뿐이며 이중특수성을 갖고 있는 사람이면 누구나 우주산업 시대의 선구자가 될 수 있다는 것은 아니다.

이중특수성을 갖고 있는 사람이 우주산업 시대의 주인공이 되는 데 추가적으로 필요한 중요한 요건 중 하나는 바로 '전망의 기술'이다. 기본적으로 우주에서의 시간과 지구에서의 시간은 차원이 다른 문제이기 때문에 우주와 관계된 활동에서는 미래에 대한 특별한 조망을 필요로 한다.

심리학에서는 과거 사건에 대한 정신적 표상을 '기억'이라고 하고, 현재 사건에 대한 정신적 표상을 '지각知覺'이라고 하며, 미래 사건에 대한 정신적 표상을 '전망'이라고 한다.28) 이러한 전망의 기술은 미래의 삶에 적응적으로 대처하는 데 누구에게나 중요한 삶의 기술에 해당된다.

하지만 이중특수성을 갖고 있는 사람들에게 전망의 기술은 더욱더 특별한 의미를 갖는다. 왜냐하면 이중특수성을 갖고 있는 사람들은 필연적으로 상처 경험이 있기 마련인데, 전망의 기술은 이러한 삶의 비극적인 조건 하에서도 미래에 대해 지혜로운 '전망'을 할 수 있도록 도와주기 때문이다.

이중특수성을 갖고 있는 사람에게 전망의 기술은 극심한 스트레스 조건하에서도 자신이 '할 수 있는 것'과 '할 수 없는 것' 그리고 현실적으로 '기대할 수 있는 것'과 '기대할 수 없는 것' 등을 지혜롭게 구분할 수 있게 해준다. 다만, 문제는 이러한 것들을 구분하는 일이 결코 쉽지 않다는 점이다.

하버드 대학 졸업생들의 삶을 평생 추적 조사한 그랜트 스터디 Grant Study의 연구책임자인 조지 베일런트George E. Vaillant 교수는 전망의 기술이 행복하고 성공적인 삶을 사는 데 중요한 비결 중 하나라고 주장하였다. 그에 따르면, 그랜트 스터디 참여자들 중에는 전망의 기술이 상대적으로 더 잘 발달하는 사람도 있었고 그렇지 않은 사람도 있었다.29) 그런데 그랜트 스터디 참여자들 중 전망의 기술을 잘 활용한 사람들은 거의 대부분이 자신의 일을 매우 좋아했고 정신과적인 문제를 나타낸 적이 없었으며 행복한 결혼생활을 했던 것으로 나타났다.

제프 베조스, 일론 머스크, 그리고 리처드 브랜슨은 모두 이중특수성에 따른 상처 경험이 있었음에도 불구하고 전망의 기술을 잘 갖추고 있었던 것으로 보인다. 이 세 사람은 과거의 상처에도 불구하고 삶에서 결코 절망에 빠진 적이 없었다.

제프 베조스는 자신의 대학 졸업 앨범 사진에 SF 소설에서 따온 다음과 같은 인용구를 적어 넣었다. "우주는 우리에게 'No'라고 말한다. 그에 대한 답으로 우리는 온 몸으로 대항하며 'Yes'라고 외친다!"30) 이 말은 제프 베조스가 좀처럼 좌절하지 않을 사람이라는 것을 보여준다.

또 일론 머스크가 설립한 스페이스X의 모토는 다음과 같다. "담대하고 불가능에 가까운 목표를 세워라. 포기하지 마라. 앞만 바라보며 헤치고 나아가라. 그게 바로 스페이스X다."31)

그리고 리처드 브랜슨은 자신의 자서전에서 다음과 같이 적었다. "도전하라. 그러면 성장할 것이고 인생이 바뀔 것이며 긍정적인 시각을 갖게 될 것이다. 목표를 이루는 것은 언제나 쉽지 않지만 그렇다고 해서 포기할 이유는 하나도 없다."32)

미래에 대해 생각하는 모든 것이 다 전망은 아니다!

　　전망은 객관적인 증거가 없거나 오히려 자신이 기대했던 것과는 정반대되는 자료들이 있음에도 불구하고 미래에 대해 희망적으로 떠올리는 것을 말한다. 예를 들면, 에디슨은 알칼리 축전지 개발 과정에서 수 천 번의 실패를 반복했다. 어느 날 그의 동료인 몰러리 Walter S. Mallory는 에디슨에게 그렇게 많은 시도를 하고도 특별한 결과물을 너놓지 못하는 것은 연구자로서 수치스러운 일이라고 말했다. 그러자 에디슨은 웃으면서 다음과 같이 말했다. "무슨 소리! 나는 수많은 결과들을 얻었다네. 나는 효과가 없는 수천 가지 방법들을 찾아낸 것이라네."[33] 에디슨은 수천 번의 실패라는 분명한 증거에도 불구하고 자신이 끝끝내 성공할 수 있다는 믿음을 굳게 고수하였다. 그리고 마침내 에디슨전지를 만들어 내는 데 성공했다.

　　하지만 리처드 브랜슨이 지적한 것처럼, 무모한 도전은 진정한 도전이 될 수 없다는 점을 기억할 필요가 있다.[34] 또 도박 역시 의미있는 도전이 될 수 없다. 안전한 삶에는 대가代價가 주어지지 않기에 인생에서 도전은 불가피한 선택이 될 수밖에 없지만, 대담하되 어리석어서는 안 되며 실패 속에서도 교훈을 축적해 나갈 수 있는 형태의 도전이 필요하다.

전망의 핵심요소 중 하나인 미래에 대한 희망은 과거의 의미있는 경험과 '미래를 그려내는 마음의 능력'35)을 결합해냄으로써 탄생하게 된다. 단, 우리는 합리적인 사고와 객관적인 증거를 바탕으로 세상에 대한 신뢰와 희망을 배우는 것이 아니다.

미래에 대한 전망은 사실상 '믿음'의 문제에 속한다. 2000년에 제프 베조스가 블루 오리진 오퍼레이션스를 설립했을 때, 2002년에 일론 머스크가 스페이스X를 설립했을 때, 그리고 2004년에 리처드 브랜슨이 버진 갤럭틱을 설립했을 때, 그들은 모두 우주산업의 시대가 일반 사람들이 생각하는 것보다는 훨씬 더 빨리 열리게 될 수 있다는 확고한 믿음을 가지고 있었다.

이러한 '믿음faith'은 '신념belief'과는 다르다. 신념은 인지認知에 속한다. 반면에, 믿음은 신뢰감이라는 말에서 확인할 수 있는 것처럼, 일종의 정서情緖에 해당된다. 인생의 겨울이 찾아왔을 때, 단순히 봄에 대해 알고 있거나 봄을 그저 기다리는 것은 별로 도움이 되지 않는다. 전설적인 재즈피아니스트 빌 에반스Bill Evans가 지적한 것처럼, 우리는 봄을 믿어야만 한다!36)

단, 우리가 미래에 대해 생각하는 모든 것이 다 전망은 아니다. 먼저, 전망은 실제 데이터를 바탕으로 미래의 일을 유추해내는 '예측'과는 다른 것이다. 이런 점에서 스포츠 전문가가 과거 성적에 기초해 특정 선수의 승률을 추론하거나 주식이 오를지 여부를 추측하는 것은 전망과는 관계가 없다.

또 전망은 낙관성과도 구분된다. 낙관성은 경험적인 데이터를 기반으로 과거, 현재 그리고 미래에 대해 합리적인 추론을 하는 것이다. 반면에 전망은 경험적인 데이터가 결코 호의적이지 않은 상황

혹은 미래를 예측할 수 있는 데이터 자체가 없는 불확실성하에서 미래에 대해 희망적인 믿음을 갖는 것을 말한다.

그리고 전망은 낙천성과도 다르다. 낙천성은 선천적으로 가지고 태어나는 기질에 해당된다. 대조적으로, 전망은 낙관성과 마찬가지로 반드시 인생이라는 학교에서 한 번은 배워야만 하는 일종의 삶의 지혜다.

10

모든 사회적 활동에 반드시 전망의 기술이 필요한 것은 아니다! 사회적 활동과 관련해서 경험적으로 풍부한 데이터가 존재하고 관습과 전통을 계승하는 것이 중요한 영역에서는 전망의 기술보다는 합리성에 기초한 판단이 더 중요하다. 하지만 지금이 아니라 20년 전에 우주산업의 미래를 예측하는 것처럼, 기존의 데이터로는 미래를 예측하는 것이 사실상 불가능한 상황에서는 전망의 기술이 결정적인 역할을 하게 된다. 이런 점에서 전망의 기술은 혁신을 추구하는 집단에서 더욱 특별한 의미를 갖게 된다.

그렇다면, 혁신을 추구하는 조직의 경우 전망의 기술과 관련해 어떤 노력이 필요할까? 실리콘밸리의 세 거장이 보여주듯이, 심리학적으로 전망의 기술은 이중특수성의 문제와 불가분의 관계에 있다. 누구나 전망의 기술을 사용할 수 있지만 이중특수성 집단이 그렇지 않은 집단보다 전망의 기술을 지혜롭게 활용하는 데 유리하다. 왜냐하면 이중특수성 집단은 긍정적 특성과 부정적 특성의 양극단을 동시에 갖고 있어서 경험의 폭이 일반 사람들보다는 더 넓기 때문이다.

아웃워드바운드Outward Bound 프로그램의 효과는 이중특수성 집단의 그러한 이점利點을 잘 보여준다. 아웃워드바운드는 청소년들을 경험이 많은 코치와 함께 몇 주간 야생으로 보내서 생활하는 훈련을 하는 것을 말한다.37) 이처럼 대자연 속에서 다양한 위기와 역경을 겪으면서 경험의 폭을 넓혀나가는 경험은 불굴의 추진력과 포기하지 않는 정신을 길러준다.

　이중특수성 집단이 부정성 문제(장애 혹은 상처 경험 등)를 극복해내기만 한다면, 그렇지 않은 사람보다 더 지혜로운 의사결정을 내리는 데 유리할 수 있다. 지혜에서 중요한 측면 중 하나는 바로 문제의 양면을 동시에 고려할 줄 아는 것을 뜻하기 때문이다.

　일반적으로 혁신적인 집단일수록 조직문화가 개방적이고 융통성이 있으며 강점을 중시하는 경향이 두드러지는 이유도 바로 이중특수성 집단과 관계가 있다. 이중특수성은 유전적인 특성과도 연관되어 있기 때문에 그 어떤 조직도 이중특수성 집단 자체를 육성하기는 어렵다. 다만, '너드'에 대한 편견 때문에 제프 베조스 같은 인재를 선발하지 않기로 결정하거나 정서적으로 불안정하다고 해서 일론 머스크 같은 인재를 배척하거나 책을 잘 못 읽는다고 해서 리처드 브랜슨 같은 인재를 배제하는 식의 오류를 피하는 것이 중요하다는 것이다.

　이중특수성 집단이 잠재력, 즉 탁월한 능력을 발휘하는 데는 지지적인 환경이 필수적이다. 이중특수성 집단에게는 필연적으로 대인관계에서의 상처 경험이 있기 마련이기 때문이다. 하지만 제프 베조스에게는 외할아버지가 있었고 리처드 브랜슨에게는 수용적인 부모님이 있었으며 일론 머스크에게는 멘토인 피터 니콜슨Peter Nicholson이 있었다는 점을 기억해 둘 필요가 있다.

　　일론 머스크와 피터 니콜슨의 일화는 이중특수성 집단이 잠재력을 발휘하는 데 필요한 지지적인 환경이 어떤 것인지를 잘 보여준다. 일론 머스크는 대학생 시절 신문에서 눈여겨봤던 생면부지의 사람들에게 불쑥 전화를 걸어 점심식사를 함께 하자는 엉뚱한 제안을 하고는 했다.[38] 당시에 많은 사람들은 그의 제안을 무시했지만 은행 임원이었던 피터 니콜슨은 느닷없이 전화를 건 일론 머스크를 무시하지 않았다. 그 대신 그는 일론 머스크가 진취적인 대학생이라고 생각해 함께 점심 식사를 했을 뿐만 아니라 나중에 인턴 자리도 제안해 주고 든든한 조언자 역할도 해주었다. 여기서 중요한 점은 괴짜들의 기행을 무조건 수용하라는 것이 아니라, 그들의 비범함을 식별할 수 있는 안목이 필요하다는 점이다.

　　"인생에는 두 가지 비극이 있다. 하나는 원하는 것을 얻지 못하는 것이고, 다른 하나는 그것을 얻는 것이다."[39] 인생의 비극은 사람들이 절대로 얻지 못할 것들을 간절히 바라거나 결국에 가서는 자신에게 별로 쓸모없는 것들에 집착하는 데 있다(보통도와 환상도 이야기 참조). 이러한 인생의 비극으로부터 해방되기 위해서는 전망의 지혜를 갖추는 것이 필요하다.[40]

　　미래를 전망한다는 것은 신기에 가까운 혜안을 가지고 미래를 정확하게 예측하는 것을 뜻하는 것이 아니다. 그보다는 시간이 지나고 나면 언젠가는 자연스럽게 깨달을 수 있는 것에 대해 '정서적인 예측'을 실감나게 진행하는 것을 뜻한다. 이런 점에서 전망의 기술은 '할 수 없는 것'을 할 수 있도록 만들어 주기보다는 실제로 '할 수 있는 것'을 할 수 있도록 만들어 주는 심리적인 기제라고 할 수 있다. 그럼에도 불구하고 전망의 기술이 중요한 이유는 대부분의 사람들은 이러한 삶의 지혜가 부족하기 때문에 할 수 있는 것조차 제대로 해내지 못하기 때문이다.

실존주의 철학자 키에르케고르Soren A. Kierkegaard는 인생의 근본 문제를 다음과 같이 소개하였다. "인생은 앞을 보면서 살아가야 하지만 정작 뒤돌아 볼 때라야 비로소 이해할 수 있는 것이다."41) 그의 말은 전망의 기술과도 밀접한 관계가 있다.

스티브 잡스Steve Jobs의 스탠포드 대학 졸업 연설은 왜 삶에서 전망의 기술이 중요한지를 잘 보여준다. 그는 인생의 점들을 연결하는 얘기로 연설을 시작했다.

"제가 대학에 있을 때는 앞을 바라보면서 인생의 점들을 연결하는 것이 불가능했습니다. 하지만 10년이 지난 다음에 과거를 되돌아봤을 때는 모든 것이 아주, 정말로 아주 명확했습니다. 다시 말해, 여러분은 앞을 내다보면서 인생의 점들을 연결할 수는 없습니다. 단지 과거를 되돌아보면서 인생의 점들을 연결할 수 있을 뿐입니다. 따라서 여러분은 미래에 가서는 인생의 점들이 어떻게든 연결될 것이라는 것을 믿어야만 합니다. 여러분은 믿음을 가져야만 합니다. 직감이든, 운명이든, 인생이든, 업보業報든 혹은 그 무엇이든지. 왜냐하면 인생의 점들이 서로 연결될 것이라고 믿는 것은 여러분이 가슴이 이끄는 길을 따라갈 수 있도록 자신감을 심어줄 것이기 때문입니다. 그러한 믿음이 당신을 험한 길로 이끌지라도 말입니다. 바로 그것이 인생의 모든 차이를 만들어냅니다."42)

5

인생의 보이지 않는
리스크

불로장생을 꿈꾸는 사나이

　미국의 IT 기업가 브라이언 존슨Bryan Johnson은 30대에 온라인 결제 플랫폼 회사 '브레인트리'를 이베이에 8억 달러(약 1조 200억 원)에 매각해 거부가 되었다.[1] 하지만 그는 20년간 회사를 창업하고 운영하면서 많은 스트레스를 받았고 10년간 만성 우울증에 시달리기도 했다.[2] 2020년까지 그는 매일 저녁 과식하는 것을 멈출 수 없었고 잠도 잘 못 잤으며 과체중에 우울한 기분이 지속되었다.[3]

　그는 44세가 되던 해인 2021년부터 단 하나의 목표에 인생을 걸기로 결심했다.[4] 바로 불로장생 프로젝트다. 그는 죽음이 선택사항이지 필연적인 것은 아닐 수 있다는 믿음하에, '블루프린트Blueprint'라는 생명 연장 시스템을 개발하는 데 매년 26억 원 이상을 투자하고 있다.[5] 이 시스템의 목적은 '신체 나이'를 줄이는 것이다. 그는 자신의 신체와 관련된 모든 의사결정을 30명의 전담 의사들에게 맡기고 있으며 철저하게 데이터에 기초한 건강관리 프로그램에 직접 참여하고 있다.

　브라이언 존슨의 이 프로그램과 관련된 주요 활동 내용은 다음과 같다.[6] 그는 매일 111개의 알약을 일종의 영양보조제로 복용하고 일정 시간 동안 두피에 붉은 빛을 쏘는 모자를 착용한다. 또 밤에는 성기의 발기 상태를 모니터링하기 위한 장치를 착용한 채로 잠자리에 든다. 아침에 일어나자마자 그는 체중계에서 체중, 체질량 지수BMI, 수분 수준, 체지방 등을 확인한 후 광선 치료 램프를 2~3분간 켜서 자신의 생체 리듬을 재설정한다. 그 후 귀 부위의 온도 측정을 한 다음 세수하고 로션을 바르고서 콜라겐 성장 및 주름 제거를 위해 레이저 마스크를 5분 동안 사용한다. 그리고 백내장 예방용 안약을 투약한 후 작은 진동 장치로 코 부위를 자극해 눈물이 생성되는 것을 돕도록 한다. 그 다음 특별하게 제조된 녹즙을 마신 후 체육관으로 이동해 1시간 정도 운동을 한다. 이처럼 매일 하는 운동 외에 추가로 주 3회는 고강도 운동을 한다. 그는 하루 3번 식사를 하는데 그 3번의 식사를 오전 11시 30분 이전까지 마친다.

이러한 건강관리 프로그램과 더불어 패스트푸드, 술, 담배, 각종 소셜 미디어 등 건강에 해를 줄 수 있는 모든 활동을 금지하는 엄격한 생활 관리[7] 덕분에 그는 건강 관련 종합임상지표에서 46세 기준 상위 1% 수준을 나타냈다.[8] 특히, 심혈관 건강 지표와 같은 일부 지표에서는 18세를 기준으로 했을 때도 상위 1%에 속하는 건강 수준을 나타냈다. 참고로, 그는 블루프린트와 관련된 모든 기록을 자신의 웹사이트https://protocol.bryanjohnson.com를 통해 공개하고 있다.

그의 항노화 프로젝트 담당 의사들이 수집한 데이터에 따르면, 블루프린트 프로젝트는 46세의 그에게 30세 수준의 뼈와 37세 수준의 심장을 선사해 주었다.[9] 다만, 그의 수면 중 발기 지속 시간은 2시간 12분인데 그가 목표로 하고 있는 18세는 3시간 30분 수준을 나타낸다.

2023년 46세 때 브라이언 존슨은 17세의 아들 및 70세의 아버지와 3대에 걸친 '혈장 이전' 실험을 진행했다.[10] 세 사람은 각각 자신의 몸에서 1리터 분량의 혈액을 뽑아 17세 아들의 혈장은 46세의 브라이언 존슨에게, 또 브라이언 존슨의 혈장은 76세의 아버지에게 이전시켰다. 하지만 17세 아들의 혈장을 이전 받은 이후에도 브라이언 존슨에게는 기존의 항노화 프로젝트 효과 이상의 추가 효과가 나타나지는 않았다.

다만, 그의 주장에 따르면, 자신의 피를 아버지에게 수혈한 실험의 경우에는 일부 노화 속도를 늦추는 효과가 있었지만,[11] 최종 결론을 내리는 것은 보류되었다.[12] 이러한 문제와 관련해서 미국의 식품의약국FDA은 수혈의 노화 방지 효과가 입증되지 않았으며, 혈장 주입을 자주할 경우 오히려 심혈관질환 등의 위험이 높아질 수 있다고 경고했다.[13]

사실, 그는 자신이 18세 수준의 신체를 가졌다고 주장했지만, 보기에 따라서는 마치 18세인 것처럼 보이기 위해 거금을 쏟아 부은 사람의 얼굴을 하고 있는 것 같은 인상을 주기도 했다.[14] 그는 자신의 2018년, 2023년, 2024년 사진을 SNS에 업로드한 후 네티즌에게 세 개의 사진 중 자신의 전성기 모습이 어느 쪽인지 투표해달

라고 요청했다.[15] 아래의 그림은 그가 유튜브에 공개한 얼굴 사진들
이다.[16] 아래 그림에서 A, B, C 중 어느 쪽이 전성기로 보이는지 직
접 평가해 보기 바란다.

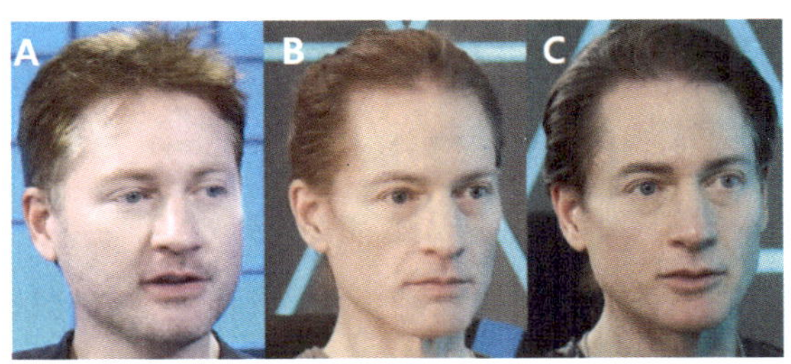

사진을 통한 브라이언 존슨의 나이 비교

투표 결과, 네티즌 약 4만 4,000명 중 과반(약 51%)은 사진 A를
그의 전성기 모습으로 평가했다. 그 사진은 그가 블루프린트 프로젝
트를 시조하기 전인 2018년의 모습이다. 그리고 약 39%가 사진 C를
선택했다 이것은 가장 최근인 2024년의 모습이다. 또 9.3%만이 사
진 B를 선택했다. 이것은 그가 아들의 혈액을 수혈 받았던 해인
2023년의 모습이다.

브라이언 존슨이 삶을 바라보는 관점은 단순하다. 신체의 생물
학적인 상태를 제외하고서는 다른 복잡한 설명들은 모두 배제하는
것이다. 그는 사람들이 만나 사랑을 나누고 운동을 하는 등의 모든
활동을 신체의 생화학적 상태로 설명 가능하다고 주장했다.[17] 이런
점에서 그는 심리학적인 안목의 가치를 그다지 중시하지 않는 인상
을 준다.

브라이언 존슨은 한 인터뷰에서 '여성들이 자신을 진짜로 싫어
할 10가지 이유'를 소개했다.[18] 저녁 식사를 오전에 하고, 햇볕이 내

리쬐는 곳으로는 휴가를 가지 않으며, 오후 8시 30분에 항상 혼자 잠자리에 들고, 일상적인 대화를 하지 않는 것 등이다. 그중에서도 가장 치명적인 것은 상대 여성을 자신의 삶에서 최우선의 가치를 지닌 존재로 여기지 않는다는 것이다.

그는 젊은 인상을 주는 데 얼굴의 지방 성분이 매우 중요하다는 점에 착안해 '베이비 페이스Baby Face' 프로젝트를 진행하기도 했다. 그는 자신의 신체에는 지방이 없어 불가피하게 다른 기증자의 지방을 얼굴에 주입했는데 얼굴에 지방 주입 시술을 한 후 심한 알레르기 반응이 나타나서 결국 중단할 수밖에 없었다. 아래의 그림은 2024년 10월에 그가 자신의 유튜브 채널에 베이비 페이스 프로젝트를 소개하면서 보여준 얼굴 모습이다.

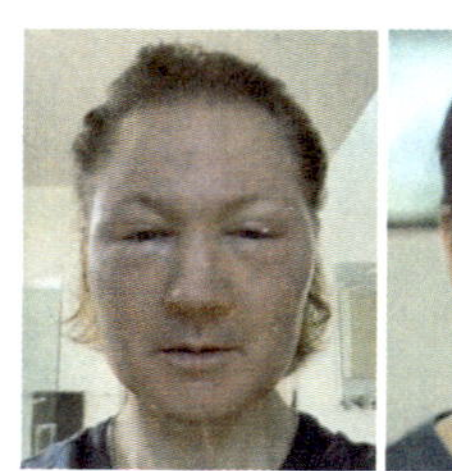

얼굴에 지방 주입 시술을 한 후 보인
알레르기 반응과 시술 중단 후 모습

과연 브라이언 존슨의 블루프린트 프로젝트는 성공할 수 있을 것인가? 아마도 이어지는 심리학적인 설명은 그 답을 제시해 줄 것이다.

진짜 우리를 죽음에 이르도록 하는 것

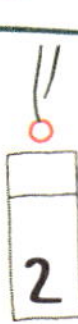

실존주의 철학자 쇠렌 키르케고르Sören A. Kierkegaard는 1849년에 '죽음에 이르는 병'이라는 저서를 출판했다.19) 그에 따르면, 죽음에 이르는 병은 바로 '절망'이며 일종의 '마음의 병'이라고 할 수 있다.

그런데 쇠렌 키르케고르가 말하는 죽음에 이르는 병은 실제로 죽음을 야기하는 질병을 뜻하는 것이 아니었다. 그보다는 끊임없이 죽음에 직면하면서도 실제로는 죽을 수 없어 비참하고 불행한 삶의 모습을 상징한다.

대조적으로, 이 글에서는 상징적인 의미로서의 죽음이 아니라, 앞서 언급한 블루프린트 프로젝트와 마찬가지로, 실제 현상으로서의 죽음에 관해 살펴보고자 한다. 죽음의 문제에 관한 심리학적인 관점을 소개하기에 앞서 먼저 다음 질문에 답해보기 바란다. "인간을 죽음에 이르도록 하는 것은 무엇인가?"

흔히 사람들은 이 질문에 대해 "인간은 나이 들어 병에 걸려서 죽게 된다."고 대답한다. 다시 말해서, 물리적으로 오랜 시간이 흐르고 나면 자연스럽게 인체는 쇠약해지게 되고 결국 병에 걸려 죽게 된다는 것이다. 하지만 이러한 상식적인 답변에는 허점이 있다.

단순히 물리적으로 시간이 흐른다고 해서 꼭 쇠약해지고 병에 걸리는 것은 아니기 때문이다. 예를 들면, 어떤 사람이 여행을 가면서 깜박 잊고서 식탁 위에 소고기가 담긴 그릇을 그대로 두고서 떠났다고 해보자. 보름 후 되돌아 왔을 때, 식탁 위의 소고기는 부패한 상태일 것이다. 그런데 소고기가 부패하게 된 것이 물리적으로 15일의 시간이 흘렀기 때문일까? 그렇지 않다! 왜냐하면, 만약 그 사람이 냉동실에 소고기를 넣어 두었더라면, 부패하지 않았을 것이기 때문이다. 이러한 점은 인간의 노화와 죽음 문제에서도 단순히 물리적으로 시간이 흐르는 것과는 별개로 또 다른 생물학적인 메커니즘이 중요할 수 있다는 것을 보여준다.

노화 또는 죽음에 이르는 과정과 관련해서 중요한 시사점을 주는 현상 중에 '급성 백발증canities subita'이라는 증상이 있다. 이것은 말 그대로 '하룻밤 사이의 백발화'라고 부를 정도로, 두피의 머리카락이 매우 짧은 시간 사이에 하얗게 변하는 현상을 말한다.[20]

이러한 증상은 흔히 마리 앙투아네트 증후군Marie Antoinette syndrome이라고도 한다.[21] 이 명칭은 프랑스 혁명 때 마리 앙투아네트 왕비가 38세의 젊은 나이였음에도 불구하고 단두대로 향하기 전날 밤에 머리카락이 하얗게 변했던 일화에서 유래한 것이다. 이러한 현상은 실제 발생 빈도가 매우 많지는 않을지라도, 역사적으로 몇몇 일화들이 기록으로 남아 있다.

예를 들면, 영국의 순교자 토머스 모어 경Sir Thomas More은 런던탑에서 처형되기 전 하룻밤 사이에 백발이 되었다. 또 제2차 세계대전 동안 하늘에서 폭탄이 쏟아지는 공습에서 구사일생으로 살아남은 생존자의 머리카락이 백발로 변했다는 보고도 존재한다.

동아시아에도 중국 춘추 시대 오나라의 정치가 오자서伍子胥의 급성 백발증 일화가 전해 내려오고 있다.[22] 그는 초나라 평왕平王의 박해를 피해 오나라로 탈출할 때, 평왕에 대한 극도의 분노와 체포되어 죽는 것에 대한 두려움으로 하룻밤 사이에 백발이 됐다.

급성 백발증과 관련해서 비교적 최근의 유명 일화 중 하나는 미국이 버락 오바마 전前 대통령에 관한 것이다. 아래의 사진을 살펴보자! 버락 오바마 대통령은 2009년 대통령 취임 후 불과 3년 만에 머리카락의 백발화가 진행되었다.

이러한 문제와 관련해서 19세기 이후 유럽 여러 국가들의 의학 문헌을 조사한 연구에 따르면, 급성 백발증 관련 보고가 196건이 존재하는 것으로 나타났다.[23] 그중 문헌의 저자가 머리카락의 빠른 색상 변화를 직접 관찰해서 의학적으로 '인증된authenticated' 사례도 44건이나 있었다. 이러한 의학 문헌들에서는 인간의 머리카락이 신체 질환, 정신 장애, 정신적 외상 등으로 빠르게 백발로 변한 것으로 보고했다.

오바마 대통령의 2009년(좌)과 2012년 모습(우)

급성 백발증은 심한 스트레스를 경험하는 것과 밀접한 관계가 있다. 한 연구에서는 실험용 쥐를 활용해서 스트레스가 급성 백발증을 유발하는지를 검증하는 실험을 진행하였다.24) 이 실험에서 연구자는 쥐에게 심각한 스트레스를 가하기 위해 하루에 4시간씩 5일 동안 특수 장치를 활용해 구속시키거나, 축축한 깔개를 사용하거나, 조명을 빠르게 변화시키거나, 밤새 조명을 켜두는 등의 작업을 진행했다. 그 결과, 심한 스트레스는 신경전달물질인 노르아드레날린의 폭발적 방출을 야기하고 이것이 멜라닌 색소 세포의 줄기세포를 빠르게 고갈시켜 결국 급성 백발증이 나타나도록 하는 것으로 밝혀졌다.

만성 스트레스는 노화뿐만 아니라 수명에도 중요한 영향을 미친다. 한 연구에서는 CEO가 심한 스트레스를 경험하는 것이 노화와 사망률에 미치는 영향을 조사했다.25) 이 연구에서는 대기업의 CEO 1,900명의 자료를 포함해서 다양한 출처의 CEO 자료들을 종합적으로 활용해, CEO의 스트레스와 노화 그리고 죽음의 관계를 조사했다. 그들이 표집한 CEO 표본에서 중위수를 기준으로 평가할 경우, 표본 속 CEO들은 전형적으로 52세에 CEO로 취임해 9년간 재임했으며 82세 때 사망한 것으로 나타났다. 그리고 그들 중 약 40%는 재임 기간에 자신이 속한 산업 분야가 경제적 위기를 겪었고 CEO로서 그들도 자연스럽게 심각한 스트레스를 경험했다.

연구자들은 '시각적 기계 학습visual machine learning' 기술을 활용해 CEO의 사진 3,002장을 분석함으로써 그들의 실제 나이와 컴퓨터 이미지 분석을 통해 외모로 평가한 나이를 비교했다. 그 결과 [그림 8]이 보여주는 것처럼, CEO의 외모로 분석한 나이와 실제 나이가 상당 부분 중첩된 형태로 나타났다. 하지만 그와 동시에 외모로 평가한 나이의 분포가 실제 나이의 분포보다 더 왼쪽으로 편포된 것으로 나타났다. 이러한 결과는 기본적으로 CEO들이 실제 나이

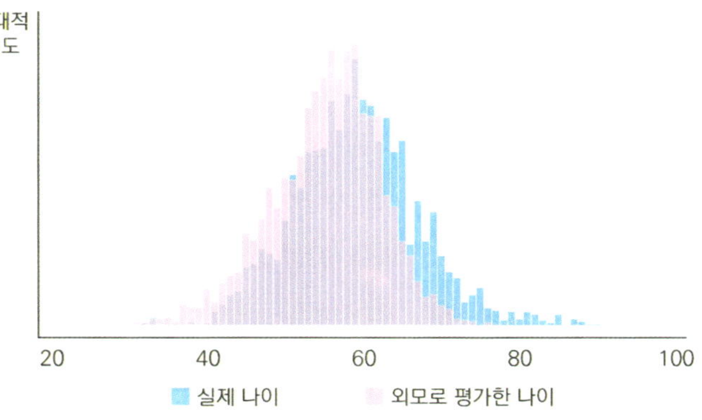

보다 상대적으로 젊어 보이는 경향이 있다는 것을 뜻한다.

아래 그림은 제임스 도널드James Donald가 스타벅스 CEO로 취임하기 전과 사임한 후의 모습을 찍은 사진이다. 왼쪽은 그가 스타벅스 CEO로 임명되기 전에 찍은 사진이다. 이때 그의 나이는 약 51세였다. 그리고 오른쪽은 그가 스타벅스 CEO에서 물러난 후에 찍은 사진이다. 이때 그의 나이는 약 55세였다.

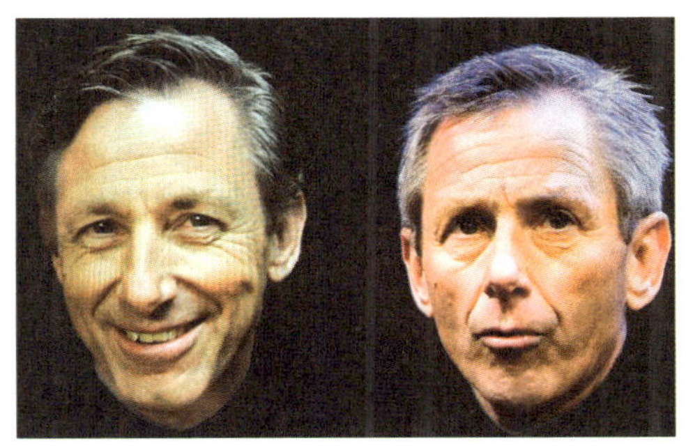

제임스 도널드의 CEO 취임 전과 사임 후의 모습 비교

제임스 도널드가 취임한 다음 해에 스타벅스는 매출과 순익이 모두 전년 대비 20% 이상 상승하기도 했다.[26] 하지만 2007년에는 주가가 절반 수준으로 하락하는 등 고전을 면치 못했고 결국 그는 해고되었다.[27] 그 과정에서 그는 불과 몇 년 사이에 누구든지 한눈에 알아볼 수 있을 정도로 노화가 빠르게 진행되는 모습을 보였다.

[그림 8]에서 사용한 것과 동일한 소프트웨어를 활용해 연구진이 제임스 도널드의 사진을 분석했을 때, 그가 약 51세 때 찍은 왼쪽 사진은 약 53세로, 그리고 약 55세 때 찍은 사진은 약 60세인 것으로 평가됐다. 즉, 두 사진 모두에서 소프트웨어는 그의 실제 나이보다 더 나이 들어 보인다고 평가했다. 여기서 중요한 점은, 제임스 도널드가 약 4년(55~51세) 간격으로 사진을 찍었음에도 불구하고 노화 정도를 평가하는 소프트웨어는 약 7년(60~53세)이 경과한 것으로 평가했다는 점이다. 이 기간 동안 제임스 도널드의 생물학적인 시스템은 실제 물리적인 나이를 기준으로 했을 때, 노화 가속 페달을 $75\%(7 \div 4 \times 100 = 175)$나 더 많이 밟았던 것이다.

스트레스가 CEO의 노화를 촉진하는 것은 CEO들에게서 흔하게 나타나는 현상이다. 특히, 재임 중 자신이 속한 산업 분야가 경제적 위기를 경험했던 CEO는 경제적 위기를 경험하지 않았던 CEO에 비해 외모로 평가한 나이가 평균적으로 1년 더 많은 것으로 나타났다.

또 CEO들이 경험하는 스트레스는 그들의 수명에도 영향을 미치는 것으로 나타났다. 재임 중 자신이 속한 산업 분야가 경제적 위기를 경험했던 CEO는 경제적 위기를 경험하지 않았던 CEO에 비해 수명이 평균적으로 1년 단축되는 것으로 나타났다. 자신이 속한 산업 분야가 경제적 위기를 경험했던 CEO의 대다수(3분의 2)는 임명 후 사망하기까지 약 30년이 소요되었지만, 경제적 위기를 경험하지 않았던 CEO의 대다수(3분의 2)는 임명 후 사망하기까지 32년이 걸렸다.

지금까지 살펴본 것처럼, 인생의 보이지 않는 리스크 중 하나는 바로 '우리의 신체가 스트레스로 인해 노화 가속 페달을 밟는 것'이다. 다시 말해서, 진짜 우리를 죽음에 이르도록 하는 것은 단순히 물리적으로 시간이 흐르는 것, 즉 '나이 드는 것'이 아니라, 스트레스로 인해 신체의 노화가 촉진되는 것이다.

스트레스 그 자체보다 더 해로울 수 있는 것

노벨물리학상을 수상한 천재 물리학자 리차드 파인만Richard Feynman은 1964년 코넬Cornell 대학에서 진행된 강연에서 "저는 양자 역학을 이해하는 사람이 아무도 없다고 자신있게 말할 수 있을 것 같습니다."28)라는 명언을 남겼다. 스트레스도 마찬가지다. 만약 누군가가 스트레스에 대해 잘 안다고 생각하면, 그 사람은 스트레스에 관해 잘 모르는 것이다! 그만큼 스트레스를 이해한다는 것은 양자 역학을 이해하는 것만큼이나 어려운 일이라고 할 수 있다.

흔히 스스로 스트레스를 잘 안다고 생각하는 사람들은 스트레스 문제와 관련해서 스트레스의 위험성에 대해서만 피상적으로 이해하는 경향이 있다. 하지만 실제로는 스트레스 그 자체가 해로운 것은 아니며 우리에게는 '스트레스 그 자체보다 더 해로울 수 있는 것'이 따로 존재한다.

역사적으로 이러한 문제에 대한 선구자는 '한스 셀리에Hans Selye'라고 할 수 있다. 그런데 과학사에서는 뛰어난 발견을 한 연구자가 자신의 지적 성취에 대해서 온전하게 이해하지 못해 불완전한 형태로 세상에 발표를 하는 비극적인 상황이 종종 벌어지고는 한다.29) 한스 셀리에의 경우도 여기에 속한다.

한스 셀리에는 노벨상을 수상하는 것이 꿈이었지만 무려 17회나 노벨상 후보로 선정되었음에도 불구하고 결국 죽을 때까지 수상하지는 못했다.30) 대신 역사에 이름을 영원히 남길 만한 탁월한 업적을 남겼다.

한스 셀리에는 난소에서 얻은 추출물이 인체에 미치는 효과를 연구하던 내분비학자였다.31) 그는 직접 쥐에게 이 난소 추출물을 주사하기 위해 시도했지만 손놀림이 민첩하지 못했던 그는 이러한 작업을 하는 데 매우 서툴렀다. 그래서 매일 쥐에게 주사를 놓다가 쥐를 떨어트리기 일쑤였고, 도망친 쥐를 잡기 위해 아침 내내 빗자루를 들고서 실험실에서 추격전을 벌이는 경우가 많았다. 몇 달 간 이러한 작업을 하던 한스 셀리에는 놀라운 사실을 알아냈다. 쥐들에게서 소화성 궤양이 나타나고 부신이 커져 있었으며 면역 조직의 손상이 관찰된 것이다. 그는 이것이 신비한 난소 추출물의 효과이며 자신이 새로운 호르몬을 발견한 것이라고 굳게 믿었다.

그는 자신이 이룬 과학적 업적의 가치를 높이기 위해 난소추출물의 효과를 비교할 수 있는 대조군을 설정하고서 후속 실험을 진행했다. 그는 대조군 쥐에게 식염수를 주사했는데, 이때도 이전과 마찬가지로 그의 실험실에서는 늘 쫓고 쫓기는 추격전이 벌어졌다. 몇 달 후 놀랍게도 식염수를 주사한 쥐들도 난소추출물을 주입한 쥐들과 비슷한 증상을 보였다.

새로운 호르몬을 발견했다고 믿고 있었던 한스 셀리에에게 이러한 결과는 매우 실망스러운 것이었다. 왜냐하면, 서로 다른 두 가지 물질을 주입했는데 쥐들이 유사한 증상을 나타낸다면, 그러한 증상이 나타나게 된 원인은 두 가지 물질 중 그 어느 것도 될 수 없었기 때문이다. 대신 한스 셀리에는 그 두 실험조건에 할당된 쥐들의 숨겨진 공통점이 자신이 주사를 놓는 과정에서 펼쳐진 대소동이었다는 사실을 깨닫게 되었다.

이에 한스 셀리에는 쥐들이 '신체의 불쾌한 경험에 의한 비특이성 반응'을 나타낸 것이라는 가설을 세우고서 이것을 검증하기 위해 실험을 계속 이어나갔다. 그는 여러 조건의 쥐들이 다양한 불쾌감과 고통을 경험하도록 조치했다. 예를 들면, 추위 또는 고온에 장시간 노출시키거나 강제로 운동을 시키거나 출혈 또는 감염을 시키는 것 등이었다.32) 그 결과 실험에 참여한 쥐들은 이전 실험에서와 유사한 신체 반응을 나타냈다.

당시까지만 하더라도 생명체는 특정 자극에 대해 특정 반응을 나타낸다는 것이 상식이었다. 하지만 한스 셀리에의 쥐들은 다양한 자극들에 대해 비특이성 반응, 즉 유사한 반응을 나타낸 것이다. 그는 이러한 생물학적 현상을 온전하게 이해할 수 없었기 때문에, 물리학 용어를 사용해 쥐들이 '스트레스를 받은 것'이라고 해석했다.

상식적으로 이해하기 어려운 결과를 놓고 고심을 거듭하던 한스 셀리에는 마침내 혁명적인 결론을 도출해냈다. 그의 이론에서 획기적인 점 중 하나는 스트레스의 개념에 관한 것이다. 흔히 사람들은 스트레스가 부정적인 사건에 의해 유발되는 부정적인 경험이라고 오해한다. 하지만 한스 셀리에는 스트레스가 긍정적인 사건에 의해서도 유발된다고 보았다.33) [그림 9]에 제시된 것처럼, 삶에서 스트레스가 제로 수준으로 떨어지는 일은 일어나지 않는다. 살아 있는 한, 그 누구라도 스트레스를 어느 정도는 경험할 수밖에 없다. 따라서 스트레스는 본질적으로 회피할 수 있는 성격의 것이 아니다!

그림 9 스트레스와 정서경험 간 관계

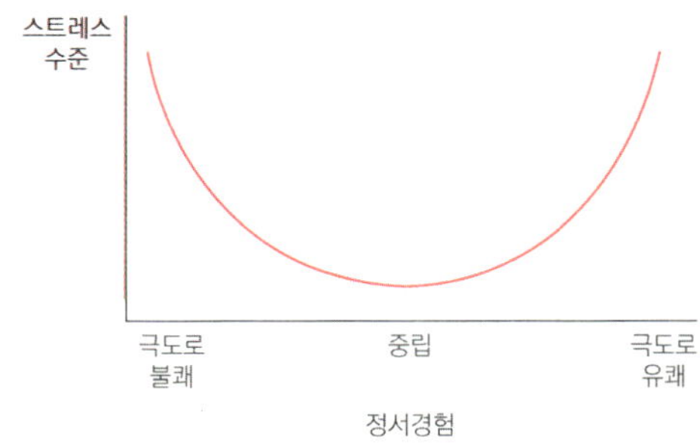

　중요한 점은 스트레스는 불쾌한 경험과 유쾌한 경험 모두에서 일어날 수 있다는 점이다. 한스 셀리에에 따르면, 스트레스는 신체적, 정신적 안정을 깨트리는 모든 사건에 의해서 일어날 수 있다.

　한스 셀리에의 또 다른 탁월한 업적은 바로 '일반적응증후군 general adaptation syndrome'이라는 개념을 제안한 것이다.34) 그는 생명체에 가해진 서로 다른 자극이 사실상 동일한 결과를 산출하는 것을 설명하기 위해 단순하지만 매우 설명력이 큰 이론을 창안했다.

　이 이론에 따르면, 질병은 두 가지 종류가 있다. 하나는 구체적인 증상을 야기하는 특정 병인이 존재하는 질병이다. 예컨대, 코로나 증상이 코로나-19 바이러스에 의해 나타나거나 부상이나 사고 등으로 신체의 일부가 외상을 입는 것이다. 또 다른 하나는 특정 증상을 야기하는 특정 병인이 존재하지 않는 질병이다. 바로 스트레스와 관계된 일반적응증후군이다. 이러한 질환에는 감기, 고혈압, 당뇨, 두통, 불면, 소화기 장애, 대장 증후군, 신경통, 심혈관 장애, 류마티스 장애, 암, 치매 등이 포함된다. 사실상, 사람들이 병원에서 치료를 받는 대부분의 질환들이 여기에 해당되며 성인 중 85%가 이

그림 10 일반적응증후군

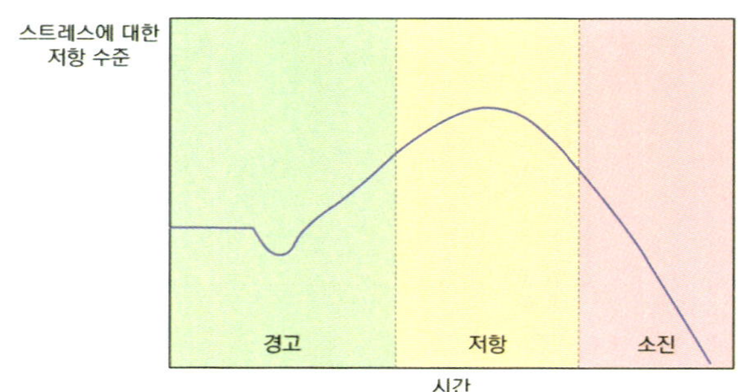

러한 질환으로 사망한다.[35]

일반적응증후군이 나타나는 과정은 [그림 10]과 같다. 처음에 스트레스가 주어지면 신체는 경고 반응을 나타낸다. 아직 신체가 스트레스에 대처할 준비를 갖추지 못했기 때문에 스트레스에 대한 저항 수준이 일시적으로 떨어질 수 있다. 스트레스가 지속되면, 신체는 그 다음 단계로 돌입하게 되는데 바로 스트레스에 대한 저항 수준을 높이는 것이다. 하지만 스트레스가 장기간에 걸쳐 지속되면, 어느 순간부터 신체는 피로를 경험하게 되고 결국 소진에 이르게 된다. 이 단계에서는 신체의 스트레스에 대한 저항 수준이 떨어져 결국 다양한 스트레스 관련 문제 증상을 나타낼 수 있다.

한스 셀리에의 일반적응증후군 개념은 두 가지 중요한 의미를 갖는다. 첫째, 서로 다른 스트레스 자극이 사실상 동일한 스트레스 반응을 산출하는 놀라운 과정을 설명해줄 수 있다는 것이다. 쥐들이 다양한 자극에 대해 보인 공통 반응은 결국 스트레스에 대한 생체의 소진 반응이었던 것이다. 둘째, 스트레스 그 자체보다 오히려 소진 단계에서의 스트레스 반응이 신체에 더 해로울 수 있다는 점을 보여준다. 특히, 동물의 세계와는 다르게 인간의 삶에서 스트레스가 만성적이고 정신적인 것일 때 더욱 위험할 수 있다.

아프리카 영양을 예로 들어보자. 아프리카 영양의 경우 스트레스는 주로 사자와 같은 맹수에게 쫓길 때처럼 비교적 짧은 시간 동안 경험하게 된다. 설사 가뭄과 굶주림 때문에 고통을 겪는 경우에도 6개월 이상 장기간 지속되는 경우는 매우 드물다. 반면에 인간이 경험하는 정신적인 스트레스는 수년에서 수십 년 간 지속되기도 한다. 심지어 어떤 스트레스는 평생 지속되기도 한다. 이러한 스트레스 상황에서 일반적응증후군에서 말하는 소진이 일어날 경우, 파국적인 결말을 초래할 수 있다.

사실, 한스 셀리에는 소진 단계에서 신체의 방어력이 고갈되기 때문에 인간이 다양한 질병에 취약해지는 것이라고 생각했다. 하지만, 실제 양상은 그의 생각과는 달랐다.[36] 전쟁 중에 군부대에서 탄약이 떨어지는 것처럼 스트레스 상황에서 호르몬이 고갈되는 것 같은 일은 실제로는 일어나지 않는다. 그보다는 신체가 스트레스에 대처하는 데 자원을 과도하게 투입해 정작 신체가 필요로 하는 곳에는 자원이 충분히 공급되지 않는 현상이 나타나는 것이다. 그 결과 신체 내부에서 '공급 과잉'과 '공급 부족'이 공존하는 대혼란이 벌어지게 된다. 우리의 신체가 스트레스에 대처하는 독특한 방식을 이해하기 위해서는 스트레스와 밀접한 관계가 있는 뇌 구조물에 대해 살펴볼 필요가 있다.

명품 시계보다 마음의 시계

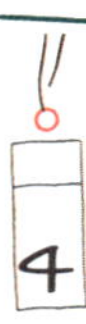

'배꼽시계'라는 말이 있는 것처럼, 보통 우리의 신체는 식사 시간이 되면 신호를 보낸다. 그런데 우리의 신체는 식사 시간이 되었다는 것을 어떻게 알 수 있을까?

바로 시상하부hypothalamus가 그 역할을 한다. 이런 점에서 뇌의 시상하부를 '생체시계Biological Clock'라고도 부른다.

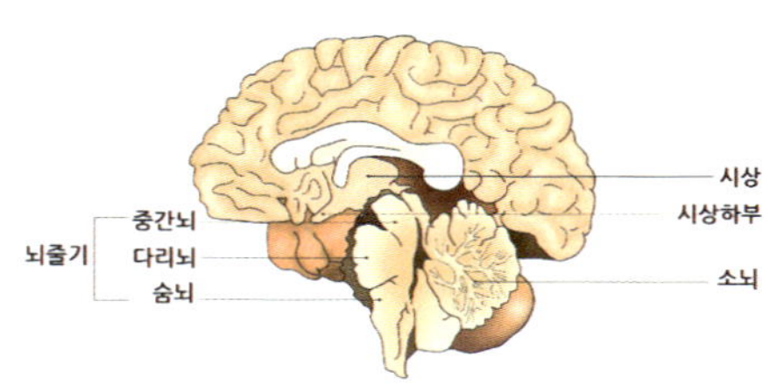

시상하부

생체시계가 작동하는 방식은 일반적인 시계와는 매우 다르다. 시계가 실제 물리적인 시간의 흐름을 측정하는 것이라면, 생체시계는 '스트레스가 축적되는 정도'를 평가한다. 일반적으로 시간의 흐름과 스트레스가 축적되는 정도는 비슷하게 보조를 맞추게 된다. 예컨대, 7시 30분에 아침 식사를 한 다음 4시간 30분이 경과하는 것과 신체가 4시간 30분 동안 일상적인 스트레스를 경험하는 정도는 상응하는 정보에 해당된다.

하지만 극심한 스트레스를 경험하는 경우 이 둘의 균형이 깨지게 된다. 마치 경제 위기 상황에서 환율이 급격한 변동을 보이는 것처럼, 물리적인 시간과 스트레스의 매칭 비율이 깨지는 것이다. 그래서 급성 백발증 사례들처럼 하룻밤 사이에 극심한 스트레스를 경험할 경우, 물리적으로는 24시간이 지나갔다 하더라도 시상하부는 마치 24년이 흐른 것처럼 작동할 수도 있다.

어떤 면에서 시상하부가 작동하는 방식은 상식을 뛰어넘는 측면이 있다. 일례로, 출고된 지 10년이 지난 자동차와 공장에서 갓 출고된 신차의 엔진을 서로 교체하는 상황을 떠올려보자. 비록 엔진이 장착된 차량의 프레임은 달라졌을지라도, 10년 된 차량의 프레임에 장착된 신형 엔진은 당연히 잘 작동하는 반면, 신차의 프레임에 장착된 구형 엔진은 성능이 떨어질 것이다. 하지만 신체가 작동하는 방식은 이와는 사뭇 다르다. 구체적인 실험의 예를 살펴보자.

쥐를 대상으로 한 실험에서 나이든 암컷 쥐와 젊은 암컷 쥐의 난소를 서로 교체했다.37) 나이든 암컷 쥐에게 젊은 난소를 이식하고 젊은 암컷 쥐에게는 나이든 난소를 이식한 것이다. [그림 11]에 도시된 것처럼, 놀랍게도 나이든 암컷 쥐가 새로 이식 받은 젊은 난소는 마치 나이든 암컷 쥐의 난소처럼 기능하는 반면, 젊은 암컷 쥐가 갖게 된 나이든 난소는 마치 젊은 암컷 쥐의 난소처럼 기능했다. 시상하부가 이렇게 만든 것이다. 다시 말해서, 나이든 암컷 쥐의 시상하부는 이식된 젊은 난소가 나이든 암컷 쥐의 난소인 것처럼 인식한 반면, 젊은 암컷 쥐의 시상하부는 이식된 나이든 난소가 마치 젊은 암컷 쥐의 난소인 것처럼 인식한 것이다.

이러한 점은 인간에게서도 확인할 수 있다. 약 51세의 사람들에게 스트레스 호르몬 유도제를 주사하면, 스트레스 호르몬의 일종인 코르티졸cortisol이 약 33% 감소한다.38) 하지만 동일한 양을 약

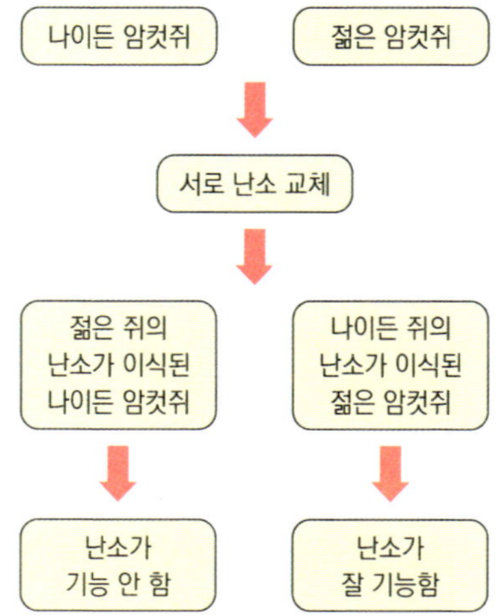

35세의 사람들에게 주사하면, 코르티졸이 약 47% 감소한다. 이러한 결과 역시 시상하부의 기능과 밀접한 관계가 있다.

일반적으로 나이 든 사람들보다는 젊은 사람들의 시상하부가 상대적으로 더 건강한 컨디션을 나타낸다. 그래서 동일한 약물이 주입되더라도 시상하부의 상태에 따라 신체는 서로 다르게 반응할 수 있다. 다시 말해서, 젊은 사람의 시상하부 기준으로는 코르티졸이 47% 감소할 수 있을 만큼의 스트레스 호르몬 유도제를 주입하더라도, 나이 든 사람의 시상하부는 코르티졸이 33% 감소할 만큼의 스트레스 호르몬 유도제가 주입된 것으로 인식하게 되는 것이다.

이러한 현상은 나이든 사람의 시상하부 민감도 '역치threshold value'가 상승하는 것과 관계가 있다. 역치는 특정 활동이 개시되는 데 필요한 기준점을 말한다. 예를 들어, 에어컨에 세팅해둔 실내 온도가 26도라고 가정해 보자. 이러한 경우 에어컨의 역치는 26도가 된다. 이 경우 온도가 25.9도일 때까지는 에어컨이 작동하지 않을 것이다. 실내 온도가 역치인 26도에 도달하지 않았기 때문이다. 그러다가 만약 온도가 26도를 넘어가면 에어컨은 비로소 작동하게 될 것이다.

이러한 역치의 개념을 시상하부에 적용해보면, 나이가 들수록 시상하부의 민감도 역치는 상승하게 된다. 즉, 실제로는 신체 내부에 상당량의 호르몬이 분비된 상태일지라도 시상하부가 체내 호르몬 관련 신호를 탐지하는 데 둔해지는 것이다. 이런 이유로 공급과잉과 공급부족이 공존하는 혼란스러운 상황이 발생하게 되는 것이다. 다시 강조하지만, 여기서 나이는 물리적인 시간의 흐름을 바탕으로 한 나이가 아니라 스트레스가 축적된 정도로서의 나이를 가리킨다.

지금까지 살펴본 내용을 종합해보면, 스트레스에 효과적으로 대처하기 위해서는 단순히 '수박 겉핥기' 식의 대처가 아니라 근본적인 우리의 뇌 상태, 즉 시상하부의 컨디션을 바꾸는 것이 중요하다는 점을 알 수 있다. 앞서 살펴본 것처럼, 나이든 암컷 쥐에 젊은 난소를 이식해봐야 별로 소용이 없다. 또 브라이언 존슨 부자처럼 나이든 사람이 젊은 사람의 혈액을 수혈 받는 경우도 그 자체만으로는 생체시계를 되돌리는 데 한계가 있을 수밖에 없다. 시상하부의 컨디션이 바뀌지 않는 한, 피로회복제나 약물에 의지하는 것 등 임시방편 식의 대처는 결국에는 '밑 빠진 독에 물 붓기'와 마찬가지의 결과를 낳기 마련이다.

결론적으로, 명품 시계보다는 마음의 시계가 더 중요하다! 특히 마음의 시계로서 시상하부가 작동하는 방식을 이해하는 것은 개인적인 삶의 문제뿐만 아니라 다양한 사회문제와 관련해서도 좋은 시사점을 얻을 수 있다. 이런 맥락에서 신체가 스트레스에 대처하는 독특한 메커니즘에 대해 조금 더 자세히 살펴보도록 하자.

시소 위의 코끼리: 알로스타시스의 지혜가 필요하다!

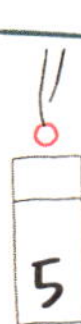

심리학자 리사 배럿Lisa F. Barrett에 따르면, 우리의 뇌가 하는 가장 중요한 기능은 생각하는 것이 아니다.[39] 그보다는 진화과정에서 엄청나게 복잡해진 신체를 효과적으로 경영하는 것이다. 이때 뇌가 신체를 경영할 때의 핵심 과업은 다양한 생물학적 자원들을 효율적으로 배분하는 것이다. 다시 말해서, 생존과 적응을 위해 신체의 자원이 언제 얼마만큼 필요한지를 예측하고 그에 따라 각 신체 기관을 제어하는 것이다. 이러한 뇌의 기능을 '알로스타시스allostasis'라고 한다.

그리스어로 'allo'는 '다름'을 의미하고 'stasis'는 '변화가 없는 안정'을 뜻한다. 결국 알로스타시스는 '변화를 통한 안정' 또는 '정중동靜中動'에 해당된다고 할 수 있다.[40] 그리고 알로스타시스에서 중추적인 역할을 담당하는 기관이 바로 마음의 시계, 즉 시상하부인 것이다.

알토스타시스의 개념을 처음 제안한 신경과학자 피터 스털링Peter Sterling은 전통적인 항상성homeostasis 개념이 신체 현상을 설명하기에 쿠정확할 뿐만 아니라 비효율성의 문제를 안고 있다고 주장했다.[41] 과거의 항상성 개념은 신체의 기능적 목표가 '내부 환경의 불변성'을 유지하는 것이라는 그럴듯하지만 비현실적인 전제를 포함하고 있다. 신체에서 '불변'이라는 것은 사실상 존재할 수 없기 때문이다. 그보다 더 적절한 설명은 신체의 기능적 목표가 '생존과 번식을 촉진하기 위해 지속적으로 환경을 조정하는 것'이라는 점이다.

항상성 개념의 또 다른 문제는 설사 내부 환경의 불변성을 유지하는 것이 가능하다고 하더라도, 피드백에 의해 오류를 수정해 나가는 것은 본질적으로 비효율적인 시스템이 된다는 점이다. 모름지기 효율적인 시스템이라면, 신체 내부의 수요를 적절히 예측하고 그러한 요구가 실제로 발생하기 전에 미리 준비해 두는 과정을 갖추고 있어야 한다. 바로 알로스타시스가 그러한 기능을 수행하는 것이다. 안정이 깨진 후 수습하는 항상성과는 대조적으로, 알로스터시스는 예측불가능한 환경에 선제적으로 대응해 끊임없는 변화를 통해 안정을 추구한다.

항상성 시스템에서는 체내에 수분이 부족할 경우, 신장에게 지시해 소변의 양의 줄여 체내 수분의 배출을 줄이도록 한다. 반면에 알로스타시스는 신장에게 이러한 일을 시키는 동시에 수분을 쉽게 증발시킬 수 있는 피부, 입, 코 등에서 수분을 빼내오도록 시켜 신체가 갈증 때문에 수분을 보충하도록 만드는 조절 기능까지도 수행한다.42)

항상성이 문제가 생겼을 때 밸브를 고치는 수준에서 기능하는 것이라면, 알로스타시스는 행동의 실제적인 변화를 동반하는 형태로 신체 전반을 조절하고 통제한다. 예를 들면, 알로스타시스는 우리가 추위를 느끼기 전에 따뜻한 곳으로 이동해 에너지를 보존하도록 하고, 땀으로 수분과 소금이 배출되기 전에 미리 시원한 곳으로 이동해 소금과 수분을 보존하도록 한다.

생물학자 로버트 새폴스키Robert M. Sapolsky는 자신의 저서에서 '시소 위의 코끼리'라는 매력적인 스트레스 모델을 소개한 바 있다. 작은 아이 둘이 시소에 앉는 경우에는, 균형을 잡는 것이 그다지 어렵지 않다. 하지만 다음 그림처럼, 무거운 코끼리 두 마리가 시소 위에서 균형을 잡는 경우에는 자동적으로 많은 문제들이 파생된다.

시소 위의 코끼리

여기서 무거운 코끼리는 스트레스 상황에서 시상하부가 신체의 스트레스 관련 반응들을 통제하기 위해 뇌하수체를 통해 폭발적으로 방출하는 스트레스 관련 호르몬을 뜻한다. 시상하부가 호르몬 관리에서의 콘트롤 타워 역할을 한다면, 뇌하수체는 시상하부의 지휘 내용을 실행하는 역할을 한다. 시소 위의 코끼리는 만성적인 스트레스가 체내에 축적되어 '알로스타시스 과부하allostatic load' 상태가 된 것을 상징적으로 표현한 것이다.

알로스타시스 과부하가 심각한 문제를 야기하게 되는 이유 중 하나는 나이가 들어 시상하부의 민감도 역치가 상승할수록 생물학적으로 동일한 효과를 내는데 갈수록 더 많은 호르몬이 필요하게 된다는 점이다. 시소 위의 코끼리 모델은 스트레스 그 자체보다 오히려 소진 단계에서의 스트레스 반응이 신체에 더 해로울 수 있는 이유를 다음과 같이 설명한다.

첫째, 만성적인 스트레스는 생산적인 활동에 투입되어야 할 자원을 시소의 균형을 잡는 것에 과도하게 쏟아 붓게 된다는 것이다.

이것은 사업가가 막대한 운영비를 충당하느라 정작 필요로 하는 사업비를 집행하는 데 어려움을 경험하는 것과 유사하다.

둘째, 스트레스 대처 과정에서 신체 내부 시스템의 균형을 잡기 위해 두 마리의 코끼리를 활용하게 되면, 즉 호르몬이 과도하게 방출되면, 그것만으로도 신체에 막대한 부담을 지우게 되어 다양한 후유증을 남길 수 있다는 것이다. 앞서 언급한 스트레스 관련 질병들이 바로 그 예이다.

셋째, 스트레스 대처 과정에서 두 마리 코끼리를 동시에 시소에서 내리도록 하는 일은 상당한 난제에 해당된다는 점이다. 왜냐하면, 한 마리가 시소에서 먼저 빠르게 내리게 되면 나머지 코끼리는 균형을 잃게 될 위험이 있기 때문이다. 이것은 스트레스 대처 과정에서 일부 호르몬만 빠르게 변화시켰을 때 나타나는 문제 상황과 유사하다. 따라서 스트레스 대처 과정에서는 전통적인 항상성에 기초한 접근이 아니라, 시스템 전체의 상황을 종합적으로 고려하는 알로스타시스가 중요하다.

스트레스 그 자체보다 오히려 우리의 스트레스 반응이 장기적으로 더 해로울 수 있다고 해서, 스트레스 반응을 단죄하려드는 것은 결코 지혜롭지 못한 일이다. 스트레스 반응 그 자체는 우리가 적응을 위해 노력한 것일 뿐이기 때문이다. 이러한 점은 앞서 소개한 1급수 물고기와 3급수 물고기 문제와도 일맥상통한다.

사회적 알로스타시스 문제

2013년에 구글Google은 생명연장 프로젝트의 일환으로 칼리코 Calico라는 자회사를 설립했다.43) 이 회사는 단순히 암과 같은 질병을 효과적으로 치료하는 데 초점을 두기보다는 죽음의 문제 그 자체를 해결하는 것을 목표로 하고 있다.

죽음의 문제를 해결하고자 하는 것은 인류의 오랜 꿈 중 하나였다. 실리콘밸리에서는 이러한 꿈을 공유하는 기업가들을 찾는 것이 그렇게 어려운 일은 아니다. 페이팔Paypal의 공동 창립자 페터 틸 Peter Thiel도 그중 하나다. 죽음의 문제와 관련해서 그 역시 브라이언 존슨과 유사한 생각을 공유한다. 그는 한 인터뷰에서 이렇게 말했다. "나는 죽음에 반대한다."44)

[그림 12]는 1770년부터 2021년까지 인간의 기대수명 변화를 나타낸 것이다.45) 기대수명은 태어난 시점 또는 특정 시점에서 어느 인구 집단에 대해 예측할 수 있는 평균수명을 말한다. 1850년에 전 세계 평균 기대수명은 29.3세였다. 하지만 2021년에는 71세로 약 2.4배 늘어났다. 단순 비례식으로 계산할 경우, 앞으로 250년이 지나면 기대수명이 71세의 2.4배인 170세가 될 것 같은 기대감이 들 수도 있을 것이다. 하지만 이것은 생물, 심리, 사회학적인 원리를 고

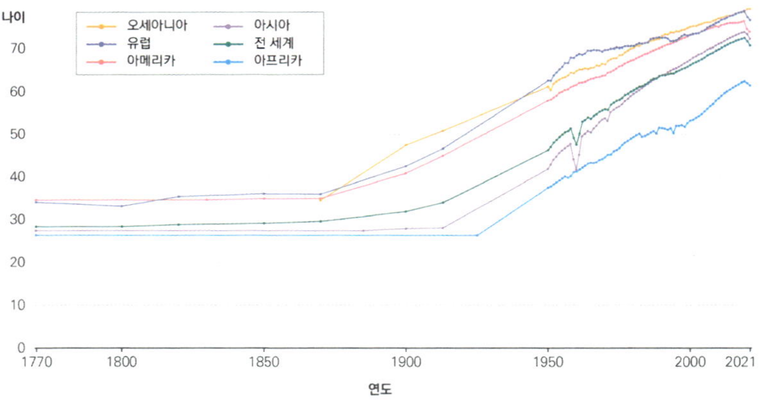

려하지 않은 비현실적인 계산법이다.

역사학자 유발 하라리Yuval N. Harari에 따르면, 20세기 이전에 인간의 기대수명이 40세를 넘지 못했던 이유는 기아, 전쟁, 전염병 등 때문이었으며 이 시기에도 그러한 위기를 넘겼던 사람들은 인간의 자연수명까지 살아남을 수 있었다.46) 예를 들면, 14세기에 출생했던 조선의 재상 황희는 89세 그리고 17세기에 출생했던 영조는 81세까지 살았다. 자연수명은 사고, 질병, 전쟁 등의 외부적인 요인에 의해 영향을 받지 않는 최적의 조건하에서 특정 종에 대해서 기대되는 평균수명을 말한다.

인류는 지금까지 자연수명을 단축시키는 질병의 문제를 해결함으로써 기대수명을 늘리는 데는 큰 성과를 나타냈지만, 사실상 자연수명을 늘리는 데는 아직까지 뚜렷한 성과를 나타낸 적이 없다. 다시 말해서, 과학의 발전은 인류가 과거보다 상대적으로 많은 사람들이 자연수명에 가깝게 살아남을 수 있도록 도운 것일 뿐, 자연수명 그 자체를 늘리지는 못했다는 것이다.

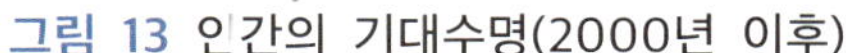

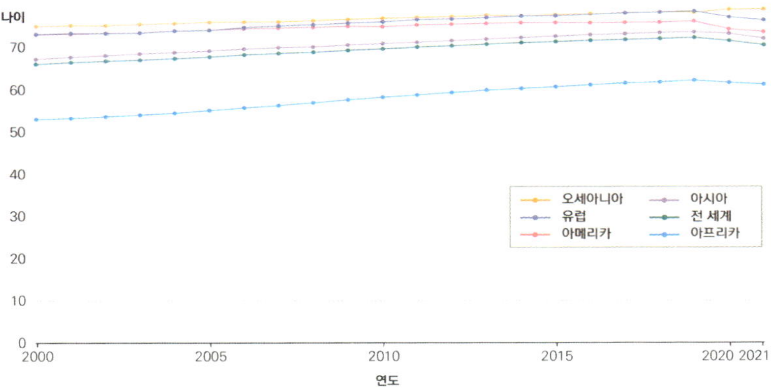

[그림 13]은 [그림 12]에서 연도의 범위만 2000년 이후로 수정한 것이다. 이런 방식으로 [그림 12]를 재조망해 볼 필요가 있는 이유는 [그림 12] 형태의 그래프가 마치 과거처럼 앞으로도 기대수명이 계속 늘어날 수 있을 것 같은 오해를 불러일으킬 위험성이 있기 때문이다. [그림 13]은 아프리카 지역을 제외한다면, 21세기 이후로 지난 약 20년간은 세계 대부분의 지역에서 인간의 수명이 지난 250년간만큼 극적으로 증가하지 않고 있을 뿐만 아니라, 사실상 현상 유지 수준에 가깝다는 점을 보여준다.

질병의 문제를 해결함으로써 기대수명을 늘리는 데 어느 정도 한계가 존재할 가능성을 보여주는 또 다른 자료는 노화 관련 단백질의 피크 현상이다. 사람들이 상식적으로 추측하는 것과는 달리, 노화는 평생에 걸쳐 일정한 속도로 꾸준히 진행되지는 않는다. 사람들은 삶 속에서 일반적으로 세 번의 급진적인 노화시기를 거친다.47) 신체가 노화의 방향으로 급발진을 하는 세 차례의 시기는 바로 34세, 60세, 78세다.

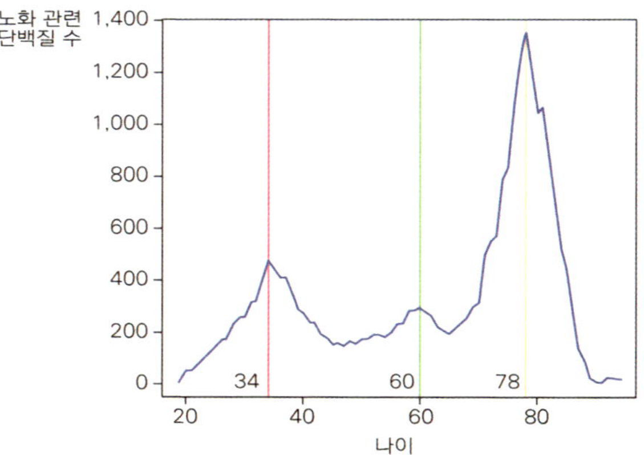

[그림 14]가 보여주듯이, 단백질 수치로 본 노화 그래프는 세 개의 뚜렷한 꼭짓점을 형성한다. 특히, 78세 무렵에 진행되는 노화는 34세 및 60세 때 진행되는 노화와 비교할 수 없을 만큼 그 진폭이 훨씬 크다. 이러한 결과는 사실상 78세 무렵에는 노화 관련 단백질의 피크 현상이 사실상 종점에 도달한 것 같은 인상을 준다.

지금까지 살펴본 내용들은 앞으로는 인류가 자연수명을 단축시키는 질병의 문제를 해결함으로써 기대수명을 늘리고자 노력해 왔던 것에서 패러다임의 전환이 필요하다는 점을 보여준다. 바로 '건강수명' 문제로의 방향전환이 필요한 것이다. 건강수명healthy life years은 기대수명 중 유병기간을 제외한 기간으로서, 이 수치가 높을수록 건강한 삶을 유지한 기간이 길다는 것을 뜻한다.

[그림 15]는 한국에서의 기대수명과 건강수명 간 차이를 보여준다.48) 해당 자료는 통계청에서 실시하는 사회조사에서 짝수연도에만 조사하는 항목이라 짝수연도 자료만 포함되어 있다. 한국의 경

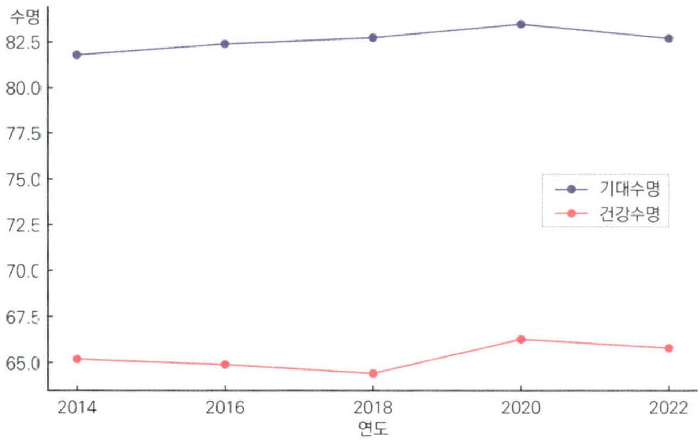

우, 기대수명과 건강수명 간 차이는 평균 약 17년 수준이다.

기대수명을 늘리는 것이 한계에 달한 시점임을 고려해 볼 때, 이제는 사회적인 역량을 건강수명을 늘리는 데 집중하는 것이 보다 지혜로운 일로 보인다. 지난 250년간 기대수명을 늘리는 데 과학이 커다란 기여를 했다면, 앞으로 건강수명을 늘리는 데는 지혜가 상대적으로 중요한 역할을 할 차례라고 할 수 있다. 사회적인 차원에서 알로스타시스 문제를 다루는 것으로 패러다임의 전환이 필요하기 때문이다. 앞서 소개한 '시소 위의 코끼리' 메타포는 개인이 만성적인 스트레스 상황 하에서 과부하를 경험하는 것뿐만 아니라, 사회가 악성 문제들로 인해 일종의 알로스타시스 과부하를 경험하는 상황에도 마찬가지로 적용가능하다.

기본적으로 알로스타시스 과부하와 경제적 수준 및 심리사회적인 요인은 밀접한 관계가 있다. 한 연구에서 '위스콘신 종단 연구 Wisconsir Longitudinal Study'의 대규모 표본 10,317명 중 건강검진에 참여해 자신의 다양한 생체지표 및 친밀한 관계에 대한 정보를 제공한 84명을 대상으로 알로스터시스 과부하, 경제적 수준, 대인관계 간 관계를 조사하였다.[49]

이 연구에서는 알로스터시스 과부하를 평가하기 위해 혈압, 혈당, 스트레스 호르몬, 콜레스테롤 수준 등의 10가지 생체 지표를 활용했다. 이 때 알로스터시스 과부하에 대한 평가 기준은 10개의 생체 지표 중 3개 이상 해당되는 것이었다.

분석 결과, 약 35년 동안 경제적인 어려움을 겪은 적이 있으면서 대인관계도 좋지 않았던 사람들 중 알로스터시스 과부하 조건에 해당되는 사례는 63%였다. 반면에 35년 동안 경제적인 어려움을 겪지 않은 사람들은 대인관계 양상과는 무관하게 36%만이 알로스터시스 과부하 조건에 해당되는 것으로 나타났다. 가장 흥미로운 점은 경제적인 어려움을 겪은 적이 있지만 대인관계가 좋았던 사람들에게서 나타났다. 이들 중 알로스터시스 과부하 조건에 해당되는 사례는 25%였다. 하지만 이들 중에서 경제적인 상황이 과거에 비해 더 어려워진 사람들을 제외하고서, 과거에 경제적인 어려움을 겪은 적이 있지만 경제 상황이 호전되는 동시에 대인관계가 좋았던 사람들만을 대상으로 할 경우, 알로스터시스 과부하 조건에 해당되는 사례는 20%였다.

이러한 결과는 알로스타시스 과부하가 단순히 개인 내적인 차원의 문제에 머무르는 것이 아니라, 사회적인 의미를 가질 수 있음을 보여준다. 이런 맥락에서 이 책에서는 알로스타시스라는 생물학적인 개념을 상징적인 의미에서 '심리사회적인 알로스타시스'라는 개념으로 확대 적용해보고자 한다.

　　물론, 인생의 보이지 않는 리스크와 관련해서 개인의 스트레스 관리 문제 및 그 해결책을 다루는 것도 중요한 문제임이 틀림없다. 다만, 순서상 우리 사회의 보이지 않는 리스크에 대한 분석을 먼저 진행하고 이러한 분석 결과를 바탕으로 개인적인 삶의 이슈를 다루도록 하겠다. 우리 모두는 사회적인 존재이기 때문에 사회적인 문제로부터 그 누구도 자유로울 수 없기 때문이다.

　　2023년 12월 기준, 한국의 인구는 약 5,200만 명이다.[50] 이 말은 한국에 약 5,200만 개의 시상하부 혹은 알로스타시스 시스템이 작동하고 있다는 것이 된다. 물론, 이것이 한국인의 모든 활동을 약 5,200만 개의 시상하부 활동으로 환원할 수 있다는 의미는 아니다. 하지만 앞서 언급한 한국사회의 문제들이 약 5,200만 시상하부의 알로스타시스 활동과 밀접한 관계가 있는 것은 분명하다.

　　초저출생, 초고령화, 정신건강 고위험군의 증가 등 한국 사회의 수많은 난제들은 우리 사회에 합리적으로 행동하는 약 5,200만 명이 존재한다는 상식적인 관점으로 바라볼 경우 사실상 뚜렷한 해법을 찾기가 어렵다. 이러한 점은 이미 우리 사회가 오랜 경험을 통해 충분히 확인할 수 있었던 것으로 보인다. 이러한 사회적 난제들은 우리 사회에 약 5,200만 개의 시상하부가 활동하고 있다는 관점에서 조망하는 것이 중요한 해결의 실마리를 얻는 데 도움이 될 수 있다. 지금 우리 사회는 그 어느 때보다 '알로스타시스의 지혜'가 필요하다!

한국의 초저출생 및 초고령화 문제에 대한 심리진단 : 보이지 않는 전쟁

한국 초저출생 문제의 특징과 정부 대응정책의 변화

현재 한국사회에서 잠재적으로 가장 심각한 위기를 초래할 수 있는 문제 중 하나는 '초저출생' 문제다. '여성 1인이 낳는 평균 자녀 수'인 합계출산율이 2.1 이하일 때 저출생이라고 하고, 합계출산율이 1.3 이하일 때 초저출생이라고 한다.[1] UN의 세계인구전망 자료에 따르면, 2024년 한국의 출산율은 0.75로서 세계 최하위 수준이다.[2] 이러한 문제는 한국사회의 존속 자체를 위협한다는 점에서 다른 어떤 문제보다도 최우선적으로 해결해야 할 과제라고 할 수 있다.

초저출생 문제의 심각성을 살펴보기 위해, 0.7 수준의 출산율이 인구가 10,000명인 마을에 미치는 영향을 살펴보자.[3] 먼저, 그 마을의 남녀 숫자가 같고 모두 결혼해서 자녀를 갖게 된다고 가정해보자. 출산율이 0.7일 때 다음 세대에 부모가 모두 죽고 자녀만 남게 되면, 주민 수는 10,000에서 3,500명으로 줄어들게 된다. 왜냐하면, 5,000쌍이 결혼해서 그중 70%만 1명의 자녀를 갖게 되기 때문이다. 이어서 남녀 간 출생 비율이 같다고 가정하고서, 그 다음 세대에 몇 명이 남게 되는지를 계산해보자. 그 다음 세대에서는 불과 1,225명만 남게 된다. 왜냐하면, 1,750쌍이 결혼해서 그중 70%만 1명의 자녀를 갖게 되기 때문이다.

다시 말해서, 출산율이 0.7이라는 것은 자연재해, 사고, 그리고 질환 등으로 인한 사망이 없다고 가정하더라도, 불과 2세대를 거치는 동안 전체 인구의 약 88%가 사라지게 된다는 것을 뜻한다. 그 마을이 25세의 성인 10,000명에서 출발해 늦어도 45세 이전에 자녀를 갖고 인간이 최대 100세까지 살 수 있다고 가정하는 경우, 120년 만에 마을의 주민 수가 이처럼 급감하게 되는 것이다.

초저출생 문제의 심각성을 고려해, 정부는 2005년에 '저출산·고령사회기본법'을 제정하고 대통령 직속의 '저출산·고령사회위원회'를 설치했다.4) 그 후 5년 주기로 '저출산·고령사회 기본계획'을 지속적으로 수립하고 추진해, 2006년부터 2023년까지 18년 간 약 380조 원 수준의 막대한 예산을 투입했다.5) 2006년에 2.1조 원에서 출발해, 2023년에는 48.2조 원으로 무려 약 24배나 증액된 것이다.

[그림 16]의 자료는 한국의 저출산 대응 예산과 출산율의 관계를 도시한 것이다. 그래프의 왼쪽 Y축의 숫자는 출산율을 뜻하고 연도별 출산율은 파란 색 그래프로 표시했다. 그래프의 오른 Y축은

그림 16 한국의 저출생 대응 예산과 출산율

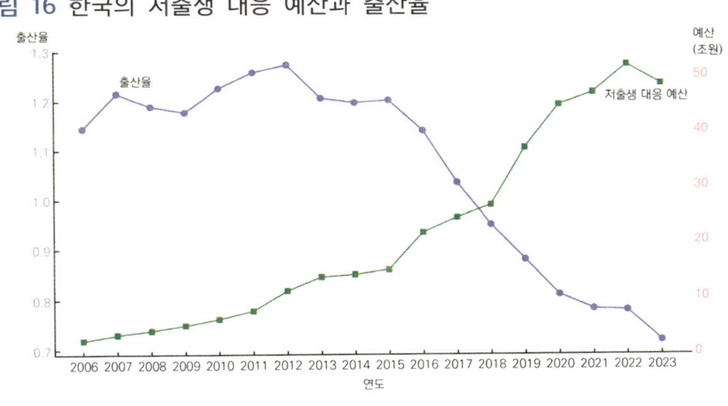

예산을 뜻하며 연도별 저출생 대응 예산은 녹색 그래프로 표시했다. 연도별 저출생 대응 예산과 연도별 출산율 관계는 사실상 X자 형태로서, −0.95의 상관을 나타냈고 이는 통계적으로 유의한 수준이었다. 상관은 두 변인 간 관계를 보여주는 지표로서, −1에서 1의 값을 갖는다. −0.95의 상관은 저출생 대응 예산을 투입하는 것과 그 성과가 사실상 반비례 관계를 나타낸다는 것을 뜻한다.

이처럼 장기간에 걸쳐 범정부 차원의 노력을 기울였음에도 불구하고, 한국의 출산율은 2005년 1.1에서 2023년 0.72로 더 떨어졌다. 비록 2024년 한국의 출산율이 0.75로 조금 올라가기는 했으나 여전히 우리 사회의 출산율은 장기적인 추세를 고려해볼 때 하향인 것으로 보인다.

현재 우리 사회가 보이고 있는 이러한 문제는 마치 신체가 알로스타시스 과부하 상태에서 실제로는 상당량의 호르몬이 분비된 상태이더라도, 시상하부 민감도 역치가 상승해 체내 호르몬 관련 신호를 탐지하는 데 둔해져서, 결과적으로 공급과잉과 공급부족이 공존하는 혼란스러운 상황이 발생하게 되는 것과 유사해 보인다. 다시 말해서 현재 한국은 일종의 심리사회적 알로스타시스 과부하 상태에서 '예산과잉'과 '예산부족'이 공존하는 혼란을 보이고 있다고 할 수 있다.

여기서 유의해야 할 점은 예산과잉과 예산부족이 공존한다는 의미가 단순히 불필요한 곳에 예산이 많이 투입되고 필요한 곳에는 예산이 적게 투입되는 예산집행의 비효율성을 뜻하는 것이 아니라는 것이다. 그보다는 아무리 예산을 많이 쏟아 부어도, 사회문제가 만성화되어 시스템의 역치가 상승하기라도 한 것처럼, 예산 투입 시기대했던 효과를 거두지 못하게 됨으로써 마치 '밑 빠진 독에 물 붓기'처럼 여전히 예산이 부족한 양상이 지속된다는 것이다. 이러한 결과는 초저출생 문제와 관련해서 패러다임의 변화가 필요하다는 점을 분명하게 보여준다.

다만, 지금까지 저출생 대응 예산의 투입 효과가 미흡한 것으로 나타나게 된 이유 중 하나에는 저출생 대응 예산에 저출생과 무관한 사업 예산이 포함되어 사업 집행의 타당성과 효율성에 문제가 있었던 점도 부분적으로는 포함되는 것으로 보인다.6) [그림 17]은 사실상 저출생과 무관한 사업들이 저출생 대응 예산으로 집행된 대표적인 사례들이다.

과거의 저출산·고령사회 기본계획이 실효성을 거두지 못하자, 2020년에 수립된 '제4차 저출산·고령사회 기본계획'에서는 패러다임의 전환을 시도하였다.7) 정책의 방향을 '출생 장려'에서 '초저출생의 부정적 영향을 최소화'하는 동시에 '전 생애 삶의 질을 제고'하기

그림 17 저출생 예산의 부적절한 집행 예시

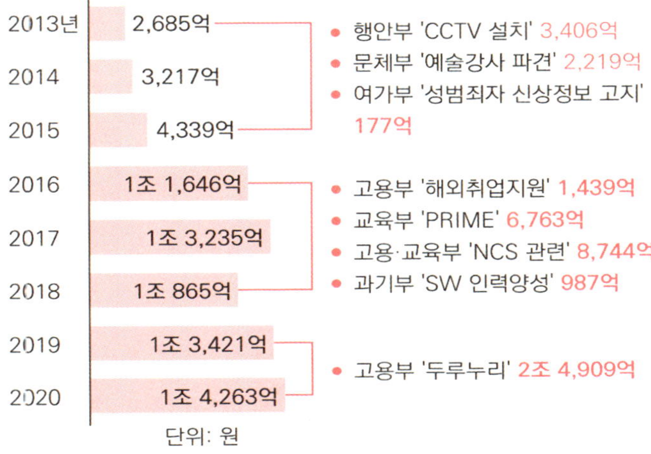

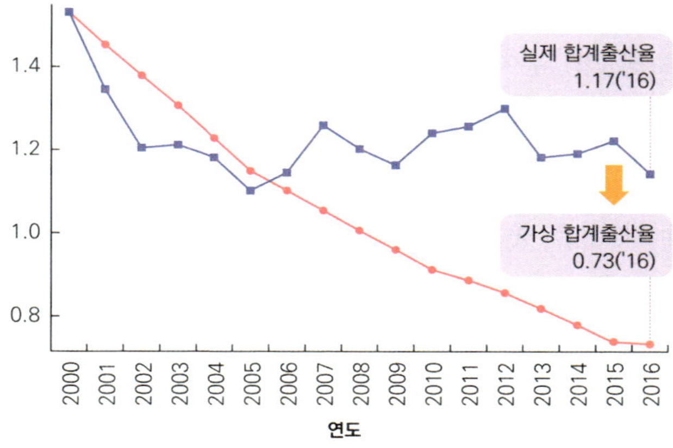

위한 종합적 대응으로 수정한 것이다.

　이러한 전환은 기존의 출산장려 정책이 완전히 실패한 것이 아니라, 일부 영역에서는 소기의 성과를 거두었다는 평가 결과에 기초한 것이다. 이전의 저출산·고령사회 기본계획에서는 기혼 여성의 출산율을 뜻하는 '유배우 출산율'에 초점을 맞췄다. 정부의 발표에 따르면, 이러한 지표가 크게 증가해 결과적으로 그동안 합계출산율이 더 심각하게 떨어지지 않도록 하는 데 기여했다는 것이다. 이러한 분석에 따르면, 2005년 이후 유배우 출산율이 증가하지 않았을 경우, 유배우 여성 비율의 급격한 하락 때문에 2016년의 합계출산율은 0.73 수준으로 떨어졌을 것으로 추정된다(그림 18). 하지만, 실제로는 유배우 출산율이 증가한 덕분에 2016년에 실제로 합계출산율이 1.17 수준을 유지할 수 있었다는 것이다.[8]

　제4차 저출산·고령사회 기본계획에서 삶의 질을 높이는 방향으로 정책을 수정한 것은 과거 성과에 대한 평가 결과 외에도, 삶의

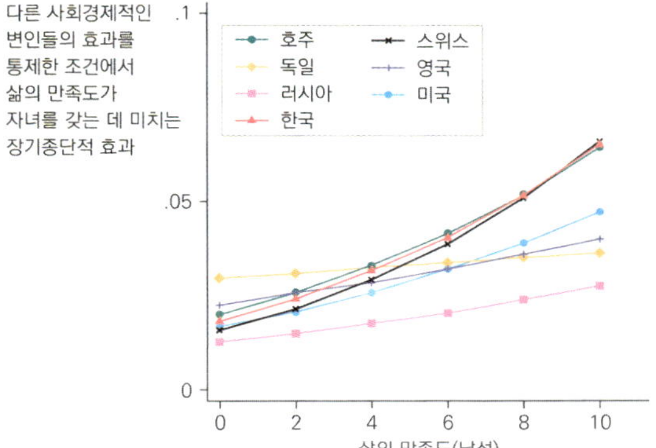

그림 19 남성의 삶의 만족도와 자녀를 갖는 것 간 관계

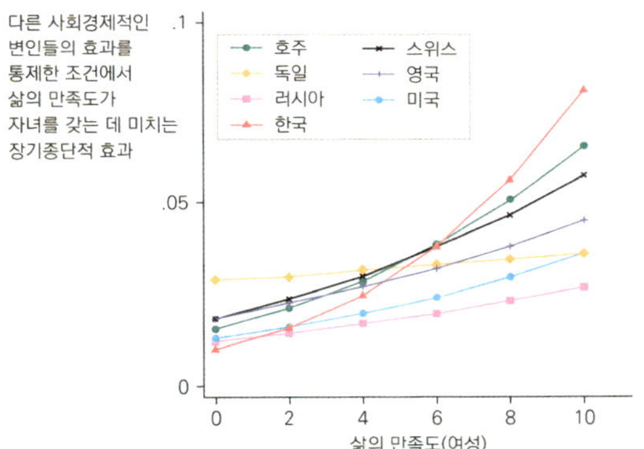

그림 20 여성의 삶의 만족도와 자녀를 갖는 것 간 관계

만족도와 출산율이 관계가 있다는 연구 결과들이 영향을 주었다. 영국, 독일, 호주 세 국가의 패널 데이터를 활용해서 삶의 만족도가 주요한 생활사건에 미치는 효과를 조사한 결과, 삶의 만족도가 높은 사람들이 향후 5년 이내에 결혼을 하거나 자녀를 갖게 될 가능성이 더 높은 것으로 나타났다.[9]

또 호주, 독일, 러시아, 한국, 스위스, 영국, 미국의 7개 주요 저출산 국가를 대상으로 대규모 장기 종단 조사를 진행한 결과, 삶의

만족도는 출산율과 유의미한 관계가 있는 것으로 나타났다.10) 주요
저출산 국가들에서 남성과 여성 모두 삶의 만족도가 증가하는 것이
자녀를 갖게 될 가능성을 높여주었다. 연령, 소득, 직업 유무, 교육
수준 등 다양한 사회경제적 변인들의 효과를 통제한 상태에서도 이
러한 결과는 여전히 유효하였다.

이러한 연구 결과들은 일면 삶의 만족도가 출산율 높이는 데
기여할 가능성이 있다는 점을 보여준다. 하지만 초저출생 문제는 국
가적으로 너무나도 중차대한 문제이기 때문에 이러한 몇몇 사례들
만으로 결론을 내리기에는 보다 더 신중한 검토가 필요해 보인다.

특히, 7개 주요 저출산 국가를 대상으로 출산율을 분석한 연구
에서 활용된 한국 자료는 2009년에서 2015년까지 수집된 한국노동
패널조사 자료였다. [그림 16]에서 확인할 수 있듯이, 이 시기는 예외
적으로 한국의 출산율이 크게 감소하지 않고 어느 정도 안정된 양
상을 보이던 시기였다. 하지만 2015년부터 2023년까지 한국의 출산
율은 급격하게 감소하였다(그림 16 참조). [그림 18]에서 실제 합계출
산율과 저출생 대책 부재 시의 가상합계출산율이 확연하게 대비되
는 것처럼, 2009~2015년 출산율 패턴과 2015~2023년 출산율 패턴
은 분명한 차이를 보였다. 이러한 점은 [그림 19]와 [그림 20]의 결과
를 지금의 한국 사회에 적용하는 것이 적절하지 않을 수 있음을 보
여준다.

저출산·고령사회 기본계획이 안고 있는 '구성의 오류' 문제

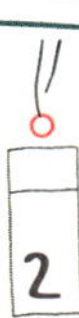

　　최근의 현황자료는 제4차 저출산·고령사회 기본계획(2021~2025)에서 패러다임 전환을 시도한 것과 관련해서 보다 신중한 재검토가 필요하다는 점을 보여준다. 그 이유는 다음과 같다. 첫째, 기존의 유배우 출산율을 높이는 정책으로는 초저출생 문제를 해결하는 데 한계가 있기 때문이다. 임신, 출산, 보육 관련 비용 등을 지원함으로써 유배우 출산율을 높이는 정책이 과거에 출산율의 감소 속도를 일부 늦추는 효과가 있었다 하더라도, 이것은 처음부터 근원적인 대책은 될 수 없는 것이었다. 2023년 한국의 출산율은 이미 0.72수준으로 정부가 저출생 대책을 전혀 마련하지 않았을 때 나타날 것으로 예측했던 최악의 가상합계출산율 0.73보다도 더 낮아졌다. 비록 2024년 한국의 출산율이 0.75로 다소 올라갔다 하더라도, 여전히 장기 추세에서의 출산율이 하향인 것은 분명하다. 이런 점에서 단순히 유배우 출산율을 높이는 데 초점을 맞춘 정책에 의지하는 것은 앞으로는 더 이상 초저출생 문제를 해결하는 데 실질적인 효과를 나타내지 못할 것으로 보인다.

　　둘째, 정책의 방향을 '출생 장려'에서 '초저출생의 부정적 영향을 최소화'하는 것으로 전환할 경우, 출산율의 감소를 막거나 출산율을 높이는 것이 더더욱 어려워지기 때문이다. 실제로 제4차 저출산·고령사회 기본계획의 '정책체계도'에는 고령사회라는 표현은 나오지만 저출산 또는 저출생이라는 표현은 아예 등장조차 하지 않는다.[11) 적어도 정책체계도만을 놓고 보면, 이것이 '저출산 관련 기본계획이 맞는가?'라는 의문이 들 정도다.

아마도 이러한 정책 전환의 이면에는 출산율이 감소하는 문제가 비단 한국에서만 나타나는 것이 아니라 전 세계적인 흐름이기 때문에 어쩔 수 없는 문제라는 시각도 일부 존재하는 것으로 보인다. [그림 21]은 UN의 세계 인구 조사 자료를 활용해 지난 약 60년간 한국과 세계 여러 국가들의 출산율 추이를 비교한 것이다.[12) 비교의 시작 연도를 1963년으로 한 이유는 그때부터 전 세계적으로 출산율의 감소가 두드러지기 시작했기 때문이다.

[그림 21]이 보여주듯이, 출산율이 감소하는 것은 전 세계적인

그림 21 한국과 세계의 출산율 감소 추이 비교

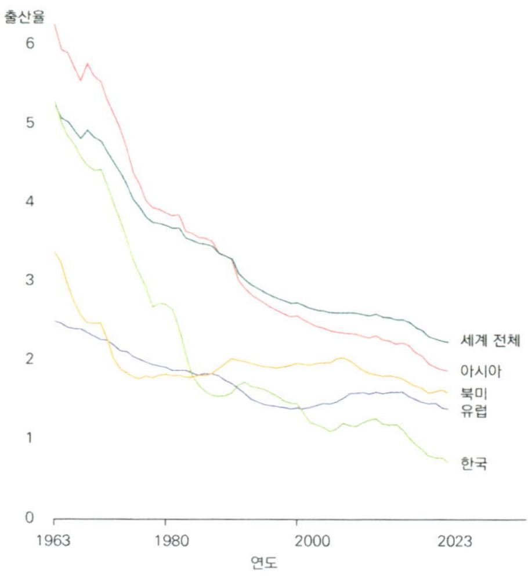

추세인 것이 분명하다. 하지만 그와 동시에 분명한 것은 한국만큼 출산율이 심각하게 감소하는 국가 역시 거의 존재하지 않는다는 것이다. 특히 한국의 초저출생 문제는 장기적으로 사회가 더 이상 존속할 수 없을 만큼 심각하다는 점에서 전 세계적인 흐름의 일부로 바라보기보다는 그러한 보편적인 추세에서조차도 일탈된 현상으로 바라봐야 한다. 이런 점에서 한국의 초저출생 문제는 '우리가 떠안고 가야 할 문제'라기보다는 본질적으로 '사회적인 치유가 필요한 문제'라고 할 수 있다.

실제로 제4차 저출산·고령사회 기본계획을 시행한 이후로 이미 5년 중 4년차에 접어들었지만 초저출생 문제는 계속 악화되고 있다. 제4차 저출산·고령사회 기본계획이 시행된 첫해에는 출산율이 0.81(2020년)에서 0.78(2021년)로 떨어졌고, 3년차 마지막 분기에 해당되는 2023년 4분기에는 0.65까지 떨어져 초저출생 기록을 계속 갈아치우고 있는 것으로 나타났다.[13] 전반적으로 출산율이 하향추세인 점을 고려해 볼 때, 초저출생 관련 정책의 방향을 '출생 장려'에서 '초저출생의 부정적 영향을 최소화'하는 것으로 전환한 것은 재고할 필요가 있다.

안타깝게도 현재 시행 중인 제4차 저출산·고령사회 기본계획에는 출산율과 관련된 명시적인 목표가 존재하지 않는다. 지금이라도 초저출생의 문제와 관련된 정책의 주요한 목표 중 하나로 출산율을 적어도 초저출생 기준선인 '출산율 1.3'을 넘어서는 수준으로 끌어올리는 것이 포함될 필요가 있다.

저출산 관련 대책을 수립할 때는 문제의 특성상, '구성의 오류 fallacy of composition' 문제가 발생하지 않도록 각별한 주의를 기울일 필요가 있다. 구성의 오류는 개인 또는 부분 단위에서는 이익이 되거나 좋아 보이는 것이 사회전체로는 손해를 낳는 것을 가리키는 용어다. 이러한 구성의 오류의 대표적인 예로는 경제학자 존 케인즈John M. Keynes가 주장한 '절약의 역설'을 들 수 있다.14) 전통적으로 개인의 절약행동 그 자체는 사회적으로 장려되는 활동이지만, 모든 사람들이 소비를 줄이는 형태로 저축을 하게 되면 서로의 수입에 영향을 주어 결과적으로 사회 전체의 부는 오히려 감소하게 된다. 부분적으로는 바람직해 보이는 행동이 사회 전체적으로는 부정적인 결과를 낳는 것이다.

제4차 저출산·고령사회 기본계획에서 '출생 장려' 대신, '개인의 삶의 질'을 높이는 쪽으로 방향을 수정한 것은 잠재적으로 구성의 오류 문제를 야기할 가능성이 있다. 왜냐하면 개인의 삶의 질을 어떻게 정의하느냐에 따라, 삶의 질을 높이는 것이 사회의 출산율도 높여 주는 것을 보장해주지는 않기 때문이다. 오히려 때에 따라서는 삶의 질을 높이려는 시도가 제4차 저출산·고령사회 기본계획을 통해 정부가 기대하는 것과는 오히려 정반대의 결과를 초래할 수도 있다.

기본적으로 삶의 질을 높이는 정책에 반대할 사람은 없을 것이다. 하지만 문제는 삶의 질을 어떻게 정의하고 어떻게 측정할 것인가 하는 점이다. 흔히 국제 비교 연구들에서는 삶의 질에 대한 대표적인 추정치로 '삶의 만족도' 지표를 활용한다. 앞에서 소개한 영국, 독일, 호주 세 국가의 패널 데이터를 활용한 연구나 7개 주요 저출산 국가들을 대상으로 조사한 연구들이 그 예들이다.

상황에 따라서는 삶의 질을 삶의 만족도로 평가하는 것이 효과적인 경우도 있다. 평가하고자 하는 영역에서 주관적인 만족도 정보가 중요한 정보가가 있는 경우다. 문제는 삶의 질이 언제나 삶의 만족도와 동일한 개념은 아니라는 것이다. 예를 들면, 착취적이거나 이기적인 사람도 스스로는 얼마든지 자신의 삶에 만족한다고 대답할 수 있다. 하지만 이러한 사람들에 대해서 삶의 질이 높다고 평가하기는 어려울 것이다.

삶의 만족도와 출산율의 관계에 대한 문제는 신중한 접근이 필요하다. 앞서 영국, 독일, 호주 세 국가를 대상으로 한 연구나 7개 주요 저출산 국가들을 대상으로 조사한 연구들은 그 나름의 의미는 분명히 있지만 상대적으로 적은 수의 국가들을 대상으로 진행한 연구이다. 이런 점을 고려하여 2023년 국제 비교 자료를 활용해,[15] OECD 38개국의 출산율과 삶의 만족도 간 관계를 살펴보자(그림 22).

이 자료에서 출산율과 삶의 만족도 간 상관은 0.2이지만, 통계적으로 유의미한 수준이 아닌 것으로 나타났다. 그럼에도 불구하고

그림 22 38개국의 출산율과 삶의 만족도

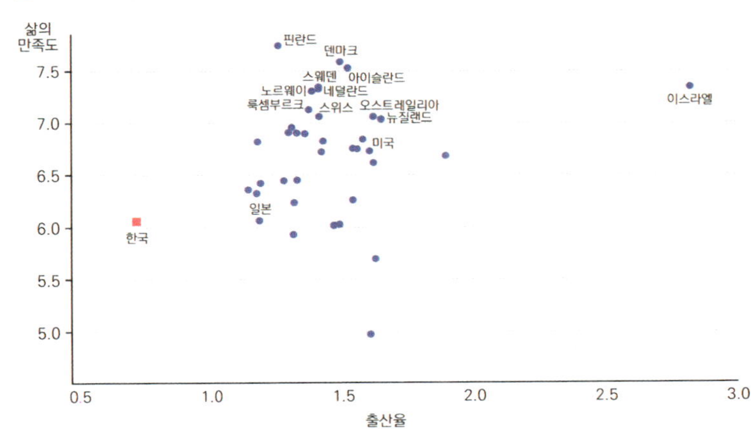

[그림 22]의 자료는 좌표상에서 다른 나라들과 동떨어져 있는 한국과는 달리, 핀란드, 덴마크, 아이슬란드, 오스트레일리아, 미국 등 좌표상에 모여 있는 서구의 많은 국가들의 경우 출산율과 삶의 만족도가 밀접한 관계가 있는 것 같은 인상을 준다. 이러한 결과는 삶의 만족도의 의미가 OECD 38개국 모두에게서 동일한 것은 아닐 가능성을 시사한다. 다시 말해서 "당신은 당신의 삶에 만족합니까?"라는 동일한 질문에 대해서 응답할 때, 한국인과 서구 사람들이 서로 다른 기준을 적용해 대답했을 가능성이 있다는 점이다.

어떤 삶이 만족스러운 삶인가 하는 점은 사람들마다 다를 수 있다. 그래서 흔히 삶의 만족도를 '주관적인 웰빙subjective well-being'이라고 부른다.

심리학에서는 삶의 질을 크게 두 가지로 구분한다.16) 하나는 '헤도니아hedonia(쾌락)'를 강조하는 관점이다. 이러한 관점에서는 '즐거움'과 '쾌락'을 주는 활동을 통해 개인이 정서적으로 만족감을 경험하면 높은 수준의 삶의 질을 갖춘 것으로 평가한다. 다른 하나는 '유대모니아eudaimonia(진정한 웰빙)'를 강조하는 관점이다. 이러한 관점에서는 사회적으로 의미 있고 가치 있는 활동을 통해 개인이 '기쁨'을 경험할 때 높은 수준의 삶의 질을 갖춘 것으로 간주한다. 쾌락적인 관점에서는 '즐거운 시간'을 보내는 것이 중요한 반면, '심리적 웰빙psychological well-being'의 관점에서는 '좋은 삶'을 사는 것이 중요하다.

어떤 삶을 만족스러운 삶으로 정의하느냐에 따라, 삶의 만족도가 출산율에 미치는 영향은 달라질 수 있다. 예를 들어, 서울에서 송파, 서초, 강남의 강남 3구에 있는 고가 아파트에서 거주하는 것

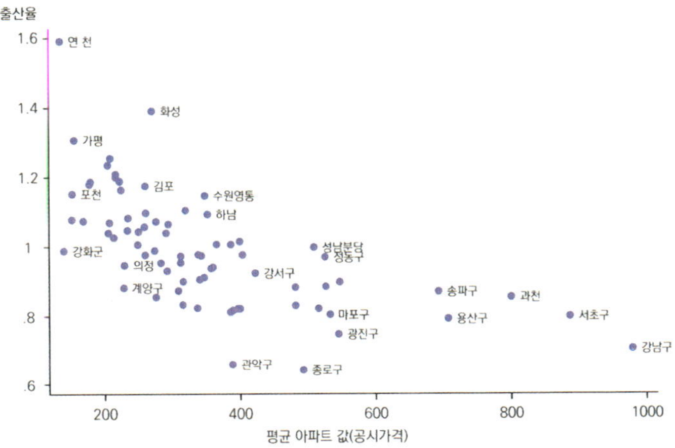

그림 23 평균 아파트 가격과 출산율

이 만족스러운 삶이라고 믿는 사람들이 있다고 가정해 보자. 그러한 사람들의 경우 출산율을 조사해 보면 결과가 어떻게 될까? 제4차 저출산·고령사회 기본계획 자료에 나오는 [그림 23]은 그 결과를 추론해 볼 수 있도록 해준다.[17] 강남 3구 지역은 상대적으로 출산율이 낮은 반면, 경기도의 연천, 화성, 가평 지역은 상대적으로 출산율이 높은 것으로 나온다.

국토연구원 자료에 따르면, 주택가격의 상승은 출산율의 감소를 초래한다.[18] 특히 주택가격의 상승이 출산율에 미치는 부정적인 영향력은 7년이나 지속되는 것으로 드러났다. 예를 들어, 주택가격이 어느 해에 5% 상승하는 경우, 향후 7년간 출산율이 0.07명 감소하게 되는 것으로 나타났다.

이러한 점들을 종합해 보면, 고가의 아파트에서 거주하는 것이 만족스러운 삶이라고 믿는 사람들의 경우에는 상대적으로 낮은 출산율을 나타내게 될 것이다. 고가의 아파트에서 거주하고자 하는 욕

그림 24 한국의 출산율과 삶의 만족도 관계

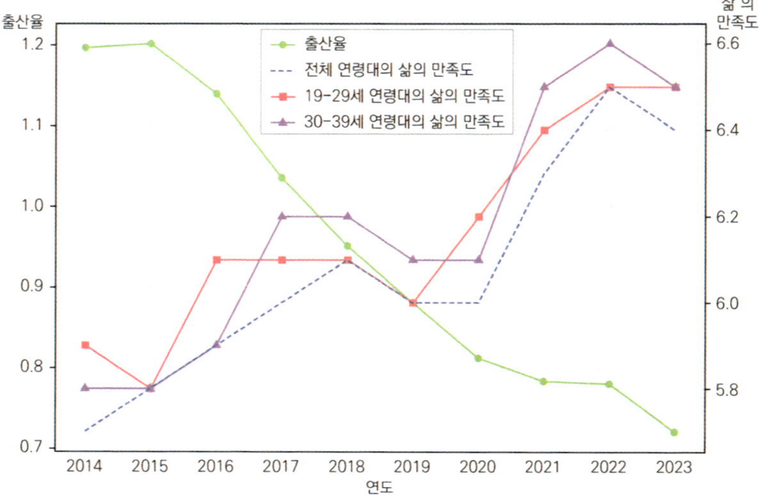

구는 출산율에 부정적인 영향을 주기 때문이다. 즉, 이들이 고가의 아파트에서 거주함으로써 삶의 만족도를 높이려 노력하는 것은 출산율의 감소를 초래할 수 있을 것이다.

[그림 24]는 한국의 출산율과 삶의 만족도 간 관계를 도시한 것이다.[19] 녹색 선은 연도별 출산율을 나타낸 것이다. 그리고 파란색 선은 전체 연령대, 빨간색 선은 19~29세 연령대, 보라색 선은 30~39세 연령대의 삶의 만족도를 나타낸 것이다. 이 그래프는 2014년부터 2023년까지 한국의 출산율과 삶의 만족도가 명백히 정비례가 아니라 반비례 관계에 있음을 보여준다. 이 결과는 단순히 삶의 만족도를 높이는 정책을 시행하는 것은 오히려 출산율을 더 떨어뜨리게 될 가능성이 있음을 시사한다.

지금까지 살펴본 것처럼, 전통적으로 삶의 질에 대한 지표로는 삶의 만족도를 사용해 왔다. 하지만 적어도 한국에서 삶의 만족도는 출산율의 증가와 관련해서 신뢰할 만한 선행 지표로 간주하기 어렵다. 삶의 질에 대한 지표로 단순히 주관적인 삶의 만족도를 활용하는 한, 제4차 저출산·고령사회 기본계획은 잠재적으로 구성의 오류 문제를 야기할 수 있을 것으로 보인다. [그림 24]가 시사하듯이, 삶의 만족도를 높이려는 시도는 그 방향이 어느 쪽을 향하느냐에 따라 잠재적으로 출산율에 부정적인 영향을 줄 수도 있기 때문이다.

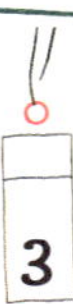

3

삶의 만족도가 항상 출산율을 높이는 선행 지표가 될 수 없는 것은 아니다. 그림 20의 핀란드, 덴마크, 아이슬란드, 오스트레일리아, 미국 등처럼 때로는 삶의 만족도가 출산율을 높이는 선행 지표가 될 수도 있다. 단, 이를 위해서는 삶의 질 또는 삶의 만족도를 평가하는 기준이 즐거움과 쾌락이 아니라, '의미 있는 경험이 주는 기쁨'이 되어야 한다. 왜냐하면, 출산 및 육아는 단순히 즐거움과 쾌락을 주는 활동이 아니라, 의미 있는 경험을 통해 기쁨을 얻을 수 있는 활동이기 때문이다.

177만 명의 미국인을 대상으로 진행한 연구에서 자녀가 있는 사람들과 자녀가 없는 사람들 간 삶의 만족도와 정서경험에서의 차이를 비교하였다.[20] 그 결과, 자녀가 있는 사람들이 자녀가 없는 사람들에 비해 상대적으로 더 부유하고, 더 많이 교육받으며, 더 종교적이고, 더 건강할 가능성이 있는 것으로 나타났다. 그런데 이러한 배경 요인들을 모두 통제하고 나면, 부모에게 자녀의 존재는 자녀가 없는 사람들에 비해 자신의 삶에 대해 조금 더 우호적으로 평가를 하던 부분을 상쇄시키는 쪽으로 영향을 준다. 다시 말해서, 자녀의 존재는 부모의 삶의 만족도에 비록 크기는 작을지라도 부정적인 영향을 주는 것이다.

결과적으로 삶의 만족도를 기준으로 할 경우, 자녀가 있는 사람과 자녀가 없는 사람 중 특별히 어느 한 쪽이 더 낫다고 평가하기는 어렵다. 단지 서로가 지향하는 삶의 방향이 다른 것이다. 다만, 자녀와 함께 하는 부모는 자녀가 없는 사람에 비해 긍정적 정서경험 및 부정적 정서경험 모두를 더 많이 경험하는 것으로 나타났다. 기본적으로 부모는 자녀가 없는 사람들보다 매일 더 많은 기쁨을 경험하지만 그와 동시에 더 많은 스트레스도 경험한다.

이러한 결과는 기본적으로 자녀를 키우는 일이 일종의 '고비용/고수익high-cost/high-reward' 활동에 해당된다는 점을 확인시켜준다.[21] 즐거움과 쾌락을 추구하는 사람들의 관점에서 보면, 자녀를 키우는 일은 '고비용'을 요구하는 과제이기 때문에 매력적인 선택지가 되기 어렵다. 반면에 삶에서 의미 있는 경험이 주는 기쁨을 추구하는 사람들의 관점에서 본다면, 자녀를 키우는 일은 '고비용'에도 불구하고 동시에 '고수익'을 주는 활동이 된다. 따라서 단순히 삶의 만족도가 높아지면 출산율이 증가할 것이라고 기대하는 것은 삶의 만족도와 부모가 되는 것 간 관계의 일면만을 고려한 시각이라고 할 수 있다.

특히, 삶의 만족도를 높이려는 정책적 시도가 즐거움과 쾌락을 추구하는 것을 선호하는 사람들의 욕구를 충족시켜주는 방향과 결합되면, 오히려 출산율의 감소를 초래할 도 있다. 예를 들면, 서민의 주거 안정을 통해 출산율을 높이려 했던 정책이 오히려 고가의 아파트 입주를 용이하게 해주는 방향으로 진행되면, 정책의 취지와는 정반대되는 결과를 야기할 수 있다.

초저출생 문제를 안고 있는 국가가 그러한 문제를 해결하고자 한다면, 필수적으로 수행해야할 정책적 과제 중 하나는 바로 국민이 '왜 자녀를 가져야 하는가?'라는 질문에 더 지혜롭게 답할 수 있도록 돕는 것이다. 사실, 제4차 저출산·고령사회 기본계획은 이러한 문제의식이 효과적으로 반영되어 있지 않다는 한계가 있다.

제4차 저출산·고령사회 기본계획에 담겨 있는 것처럼, 결혼 및 출산에 따른 불이익이 없도록 하고 안전한 임신과 출산을 보장하기 위해 의료지원을 확대하는 것도 중요한 과제임이 분명하다. 하지만 사회구성원 사이에서 '자녀와 함께 하는 의미 있는 경험이 주는 기쁨의 가치'가 공유되지 않는다면, 제4차 저출산·고령사회 기본계획은 실효성을 거두기 어려울 수밖에 없다. 이러한 점과 관련해서 2023년 4분기 출산율이 역대 최저 수준인 0.65를 나타낸 점은 제4차 저출산·고령사회 기본계획이 처음에 기획했던 대로 진행되고 있는지를 냉정하게 재평가해볼 필요가 있음을 시사한다.

만약 누군가가 국가의 존속을 위해서 국민이 자녀를 가져야 한다고 주장한다면 이제 그러한 주장은 시대착오적인 것이 될 것이다. 기본적으로 부부가 자녀를 낳을지 여부를 결정하는 것은 당연히 부부가 주체적으로 선택을 할 문제이기 때문이다. 다만, 개인의 주체적인 선택을 보장하기 위해서는 두 가지 조건이 필요하다.

첫째, 선택은 심리적으로 건강한 조건 하에서 이루어져야 한다는 것이다. 어떤 이가 우울증으로 고통받는 조건하에서 '자녀와 함께 하는 삶'에 대한 부정적인 시각을 바탕으로 '자녀가 없는 삶'을 선택한다면, 이것은 주체적인 선택을 한 것이라고 보기 어렵다. 주체적인 선택을 위한 조건이 충분히 갖추어지지 않은 상황에서 결정을 한 것이 되기 때문이다. 따라서 인생에서 중요한 의사결정은 우울한 상태가 아니라 그러한 상태에서 회복된 다음에 하는 것이 지혜로운 일이 될 것이다. 이런 점에서 심리적 웰빙은 부부가 자녀를 낳을지 여부를 주체적으로 선택하는 데 중요한 영향을 미칠 수 있는 요인 중 하나라고 할 수 있다.

보통 심리적 웰빙이 초저출생 문제와 밀접한 관계가 있다고 얘기하면, 사람들은 다소 의아해 한다. 외견상 서로 동떨어진 문제 같은 인상을 주기 때문이다. 하지만 심리적 웰빙은 부모가 자녀를 갖기로 결정하는 것과 불가분의 관계다. 심리적 웰빙은 정서, 인지, 사회적인 측면 모두에서 긍정적인 경험을 하는 동시에 효과적으로 기능하는 것을 뜻한다.

흔히 사람들이 심리적 웰빙과 초저출생의 문제가 서로 관계없는 것이라고 생각하는 이유는 심리적 웰빙과 쾌락을 혼동하기 때문이다. 심리적 웰빙은 기쁨과 관계된 것이고 쾌락과는 다른 것이다. 앞서 살펴본 것처럼, 기본적으로 자녀는 부모에게 쾌락이 아닌, '고통을 극복할 때의 기쁨'을 선물하는 존재다.

초저출생 문제를 해결하기 위해서는 정책적으로 경제 및 제도적인 측면에서의 지원뿐만 아니라, 사회구성원의 심리적 웰빙 증진을 위한 '심리지원'도 필수적으로 요구된다. 단순히 삶에 만족하는 것과는 다르게, 심리적 웰빙은 '자녀를 왜 가져야 하는지'와 관련된 '삶의 의미'의 문제를 지혜롭고 건강하게 해결하는 데도 기여할 수 있기 때문이다. 비록 소득을 비롯한 다른 사회경제적 변인의 효과 역시 출산율에 영향을 줄 지라도 그것만으로는 충분하지 않다.

이러한 점은 지난 2005년 '저출산·고령사회기본법'을 제정한 후 정부가 다각적인 노력을 기울였음에도 불구하고, 지난 19년 간 계속해서 초저출생 문제가 악화되어 온 것만으로도 분명히 확인할 수 있다. 한국 사회의 초저출생 문제를 해결하기 위해서는 지금까지 빠져있었던 심리지원 서비스도 반드시 정책적으로 병행될 필요가 있다. 초저출생은 주관적인 삶의 만족도 문제가 아니라, 심리적 웰빙의 문제이기 때문이다.

둘째, 사회가 개인에게 진정한 '선택'을 할 수 있는 기회를 제공해 줄 수 있어야 한다는 것이다. 만약 대안이 전혀 없는 상태에서 누군가 외길을 가야만 하는 상황이라면, 그것은 개인이 선택을 한 것이 아니라 선택을 강요당한 것에 해당된다. 마찬가지로, 출산과 관련된 주체적인 선택을 위해서는 개인이 '자녀와 함께 하는 삶'과 '자녀가 없는 삶'에 대해서 자신의 가치관에 부합되는 형태의 합리적인 판단을 할 수 있는 기회가 보장되어야 한다. 하지만 현재 한국 사회는 이처럼 중요한 문제와 관련해서 개인이 주체적인 선택을 할 수 있는 사회적 환경과 분위기가 마련되어 있지 않은 것으로 보인다.

이러한 문제와 관련해서 한국과 우크라이나의 출산율 변화 과정을 비교해보면 중요한 시사점을 얻을 수 있다(그림 25). 출산율의 측면에서 우크라이나는 2009년 소련, 즉 러시아연방으로부터 독립한 이후로 2012년까지는 비슷한 역사적 배경을 가지고 있는 동유럽 국가들과 유사한 패턴을 보였다. 그러다가 2013년에 러시아가 우크라이나에 무역전쟁을 선포하고 그해 우크라이나에서 반러시아·반정부 대규모 시위가 일어난 후 2022년 러시아-우크라이나 전쟁이 발발할 때까지,22) 우크라이나의 출산율은 동유럽국가 또는 전체 유럽 국가들과는 확연히 다른 양상을 나타냈다. 동유럽 혹은 전체 유럽 국가들에 비해 출산율이 급격히 하락한 것이다.

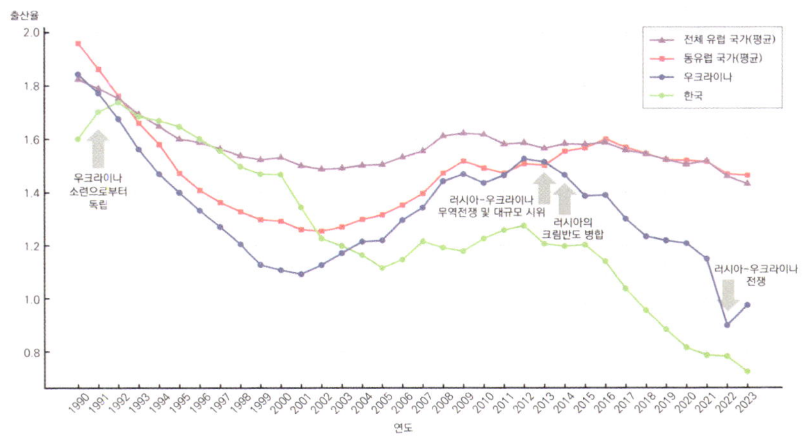

이 시기 우크라이나 출산율의 변화 양상을 한국과 비교해보면 놀라울 정도로 비슷한 패턴을 보인다. 출산율을 기준으로 본다면, 한국은 우크라이나보다도 더 심각한 전쟁을 치르고 있는 상황이라고 할 수 있다. 다만, 우크라이나는 러시아와 실제로 전쟁을 치르고 있는 반면, 달리 한국은 '보이지 않는 전쟁'을 치르고 있는 것이다!

기본적으로 전쟁은 출산에 부정적인 영향을 준다.[23] 전쟁이 유발하는 신체적, 심리적 외상이 남성과 여성의 불임 위험을 증가시키는 것이다. 특히 전쟁에 노출된 여성은 극심한 스트레스 반응의 일환으로 생리주기에서의 이상을 나타낼 수 있다.[24] 2차 세계대전 때 강제 수용소에 억류되었던 여성 580명의 경우, 억류 기간 동안 약 95%의 여성들에게 무월경이 발생했고 약 82%는 억류 직후 월경이 중단되었다.[25] 다만, 그중 약 9%를 제외한 여성들은 전쟁이 끝난 후 1년 내에 월경을 재개했다.

전쟁은 남성의 생식 능력에도 영향을 준다. 한 연구에서 정자 표본을 레바논 내전 중에 4,577개 그리고 전쟁 종료 후 6,205개 표집하였다.26) 분석 결과, 두 정자 표본은 정액 1㎖ 속에 들어 있는 정자의 수를 뜻하는 정자농도sperm concentration에서 유의미한 차이를 보였다. 특히 두 표본의 정자 수를 비교했을 때, 전쟁 중에는 전쟁 종료 후에 비해 상대적으로 정상 정자 수(>2,000만/㎖)를 가진 남성은 더 적었고 경계선 과소정자증(정자 수 1,100~2,000만/㎖)인 남성은 더 많았다. 이러한 결과는 전쟁으로 인한 스트레스가 건강한 정액 파라미터를 가진 개인보다는 경계선 수준의 정액 파라미터를 가진 개인에게 더 큰 영향을 주었다는 것을 시사한다.

또 레바논 내전이 남성 불임에 미치는 영향을 조사한 연구에 따르면, 전쟁 노출 경험은 남성 불임의 위험 요인이 될 가능성이 있는 것으로 나타났다.27) 정자부족증oligospermia으로 불임클리닉을 방문한 남성들은 여성의 의학적 문제 때문에 방문한 남성들에 비해 레바논 내전 관련 사건에 노출되거나, 전투원으로 전쟁에 참여하거나, 폭격이 심한 지역에 거주한 경험이 더 많은 것으로 나타났다.

사실, 남성의 성호르몬인 테스토스테론testosterone은 스트레스에 매우 취약한 편이다. 11주간의 특수 군사훈련 기간 중 군인들이 5일간 고강도 군사훈련을 받았을 때, 테스토스테론 수준은 무려 47%나 감소하기도 했다.28)

우크라이나는 실제 전쟁을 치르고 있기 때문에 출산율의 저하가 나타나는 것은 그다지 놀랄 만한 일은 아니다. 그런데 한국의 출산율이 전쟁 중인 우크라이나보다도 더 낮은 것을 어떻게 설명할 수 있을까?

심리학적인 관점에서 본다면, 한국의 초저출생 문제는 '심리사회적 알로스타시스 과부하'와 밀접한 관계가 있는 것으로 보인다. 다시 말해서, 약 5,200만개에 달하는 한국인의 생체시계가 현재의 사회적 상황을 '전시戰時'로 인식하고 있는 것이다. 시소 위의 코끼리로 표현하자면, 시소가 부러지기 직전 상태일 만큼 심리사회적 알로스타시스 과부하가 심각한 것이다!

심리사회적 알로스타시스 과부하는 사회에서 알로스타시스상의 건강을 유지하는 개인들보다 알로스타시스 과부하 상태의 개인들의 사회적 영향력이 더 커지는 것을 뜻한다. 심리사회적 알로스타시스 과부하 상태에서는 '헬조선'과 같은 병리적인 표현이 사회적 공감대를 얻거나, 과도한 물질주의 등의 건강하지 못한 가치관과 생활방식이 사회에서 두드러지거나, 초저출생처럼 사회 그 자체의 존립을 위협하는 형태의 사회문제 등이 나타나게 된다.

한국의 객관적인 상황이 전쟁 중인 우크라이나와는 다르다고 아무리 말을 해봤자, 약 5,200만 개의 시상하부에는 전달되지 않는다. 유일한 해법은 심리사회적 알로스타시스 과부하를 실질적으로 낮춰주는 것이다! 다시 말해서, 한국인의 시상하부에 전시 상황으로 인식되는 사회적인 문제 상황들을 실질적으로 바꿔나가는 동시에, 한국인이 지금보다 스트레스에 더 지혜롭게 대처할 수 있게끔 심리학적인 노하우를 갖출 수 있도록 돕는 것이다.

지금까지 초저출생 문제와 관련해서 논의된 내용을 요약하자면, 다음과 같다. 첫째, 제4차 저출산·고령사회 기본계획의 정책체계도에서 '저출생'이라는 단어가 빠지는 것과 같은 식의 정책적 의사결정은 재고가 필요하다. 초저출생 문제는 우리가 안고 가야 할 문제가 아니라 반드시 극복해야 할 문제다. 둘째, 삶의 질을 단순히 삶의 만족도로 평가하는 것은 초저출생 문제를 해결하는 데 효과적이지 않기 때문에 초저출생 문제의 해결을 위해서는 심리적 웰빙에 초점을 맞출 필요가 있다. 그 과정에서 초저출생 문제의 극복을 위해 반드시 포함되어야 할 정책 방향 중 하나는 '왜 자녀를 가져야 하는가?'라는 질문에 대해서 한국인이 주체적인 선택을 할 수 있도록 사회적인 기회를 제공해 주는 것이다. 다시 말해서, 사람들이 '자녀와 함께 하는 삶'과 관련해서 주체적인 선택을 할 수 있도록 심리지원 서비스가 대폭 확대될 필요가 있다. 이러한 심리지원 서비스에는 심리상담, 심리교육, 심리자문 등이 포함된다. 셋째, 현재 한국인의 생체시계는 한국의 상황을 전시로 인식하고 있다는 점이다. 다시 말해서 우리의 시상하부는 한국 사회가 '보이지 않는 전쟁'을 치르고 있는 것으로 인식하고 있다는 것이다. 출산율을 기준으로 평가한다면, 비록 눈에 보이지 않는 전쟁일지라도 그 심각도는 전쟁을 치르고 있는 우크라이나인들이 경험하는 것보다도 더 심각하다고 할 수 있다.

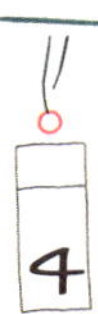

한국의 초고령화에서 가장 걱정되는 것

현재 한국은 초고령사회로의 진입을 목전에 두고 있다.[29] 초고령사회super-aged society는 65세 이상의 인구가 전체 인구의 20% 이상인 사회를 말한다.[30] [그림 26]은 한국의 초고령화 관련 장래인구추계를 나타낸 것이다. 한국에서 전체 인구 중 65세 이상이 차지하는 비율은 2025년에 초고령사회 기준인 20%를 넘어간 후, 연간 약 1%씩 증가해 2030년에는 25%를 넘어갈 것으로 보인다.

2015년에 96개국을 대상으로 노인복지지표를 비교한 조사 결과에 따르면, 한국의 종합 순위는 60위였다.[31] 소득보장, 건강상태,

그림 26 한국의 초고령화 관련 장래인구추계

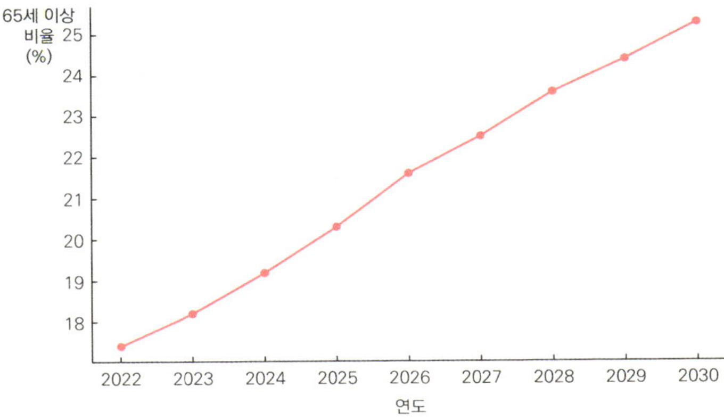

역량, 우호적 환경을 평가한 종합 점수 상에서 1위인 스위스는 90.1점인 반면에 한국은 그 절반에도 못 미치는 44점 수준이었다. 특히 소득 보장 부문에서 한국은 82위를 기록했다.

이처럼 노인복지가 취약한 상황에서 한국이 초고령사회로 빠르게 진입할 뿐만 아니라, 그러한 흐름이 장기적으로 계속 이어지는 추세를 나타내는 것은 사회적으로 심각한 혼란을 초래할 위험성이 있다. 따라서 초고령사회로의 전환에 따른 사회적 후유증을 최소화하기 위해서는 근본적으로 노인복지 관련 사회정책이 지금까지보다 훨씬 더 확대 시행될 필요가 있다. 다만, 사회적으로 노인복지 정책을 확대 시행한다고 해서 한국의 초고령화 문제가 안고 있는 잠재적 위험요소들이 충분히 사라지지는 않는다.

이런 점에서 초저출생 문제와 마찬가지로, 초고령사회 문제에서도 심리진단은 중요한 역할을 할 수 있다. 심리진단은 문제 상황을 심리학적인 관점에서 개념화하는 것을 말한다. 앞서 초저출생 문제를 다룰 때 소개한 것처럼, '사회적 알로스타시스 과부하' 문제를 충분히 고려하지 않은 채로 정책을 집행할 경우, '밑 빠진 독에 물 붓기'와 같은 문제가 나타날 수 있다. 이런 맥락에서 심리학적인 안목

그림 27 노인복지지표의 국제 비교

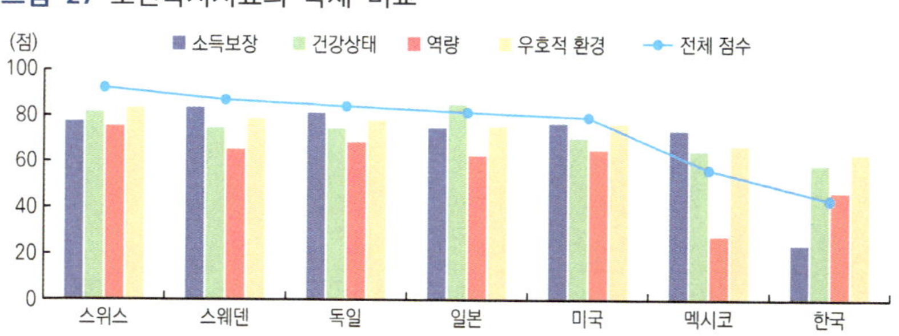

으로 한국의 초고령화 문제에서의 핵심 특징을 살펴보도록 하겠다.

초고령화사회로 진입하는 현시점에서 결코 간과해서는 안 될 사회문제 중 하나는 노인자살 문제이다. [그림 28]은 한국의 연령대별 자살률에서 70~79세와 80세 이상의 노인이 다른 연령대에 비해 현저하게 높은 수준을 나타내고 있는 점을 보여준다.[32] 2022년 기준 한국은 인구 10만 명당 자살자 수가 70~79세 노인의 경우에는 37.8명이고 80세 이상 노인의 경우에는 60.6명이다. 2022년 기준 미국은 인구 10만 명당 자살자 수가 75~84세 노인의 경우에는 20.3명이고 85세 이상 노인의 경우에는 23명이다.[33] 미국에 비해 한국의 경우 노인자살률이 연령대에 따라 1.9~2.6배 더 높은 것이다.

자살률은 그 의미상 '사회적 알로스타시스 과부하'의 대표적인 지표 중 하나라고 할 수 있다. 그리고 [그림 28]은 한국에서 70세 이상의 노인들이 심리사회적 알로스타시스 과부하로 가장 심각한 고통을 받고 있음을 보여준다. 비록 심리학적인 안목이 이러한 문제의

그림 28 한국의 연령대별 자살률

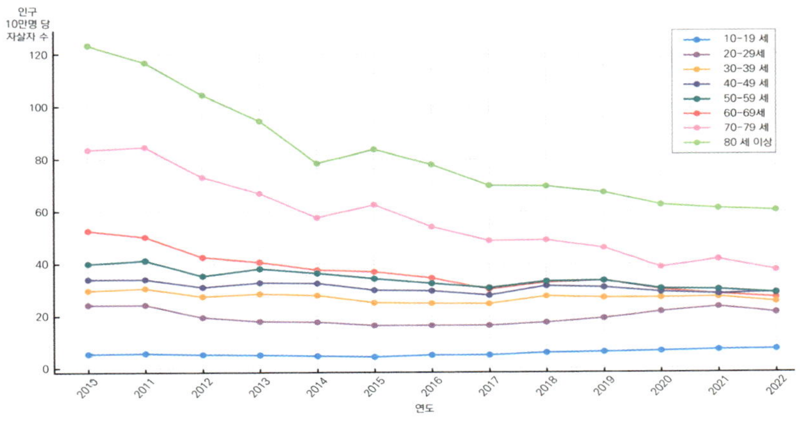

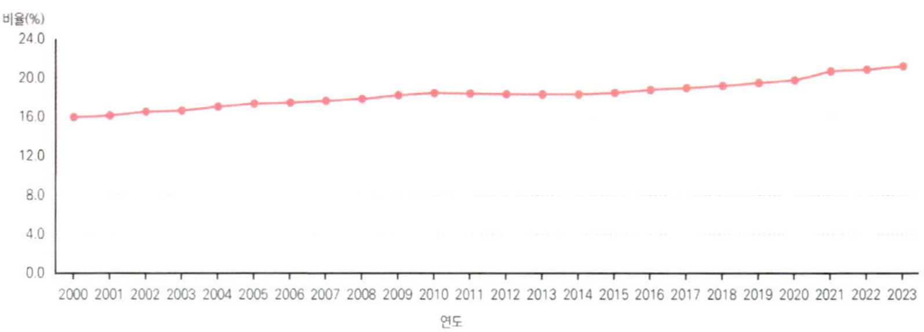

그림 29 한국의 독거노인비율

해결을 보장해 줄 수 있는 명확한 방법을 제시하기는 어려울지라도, 적어도 문제 해결을 위한 실마리를 제시하는 것은 가능할 것으로 보인다.

　독거노인이 경험하는 고독감은 자살과 밀접한 관계가 있다.[34] [그림 29]는 한국의 독거노인비율을 나타낸 것이다.[35] 한국의 독거노인비율은 2000년 16%에서 2023년 21.1%로 약 32% 증가했다. 이렇게 표면적으로만 본다면, 한국의 독거노인비율의 증가 추세는 그다지 심각한 인상을 주지 않는다.

　독거노인비율을 계산하는 방식은 다음과 같다.

독거노인비율=(65세 이상 1인 가구수 ÷ 65세 이상 인구) × 100

　이런 점에서 [그림 30]의 그래프는 [그림 29]의 자료를 바탕으로 계산한 것이 된다. 한국의 65세 이상 인구수는 2,000년 3,394,896명에서 2023년 9,435,816명으로 약 2.8배 증가했다. 그리고 한국의 65세 이상 1인 가구 수는 2,000년 543,787가구에서 2023년 1,993,334 가구로 약 3.7배 증가했다.

　이런 점에서 본다면, 한국의 고령화사회 문제에서 잠재적인 위

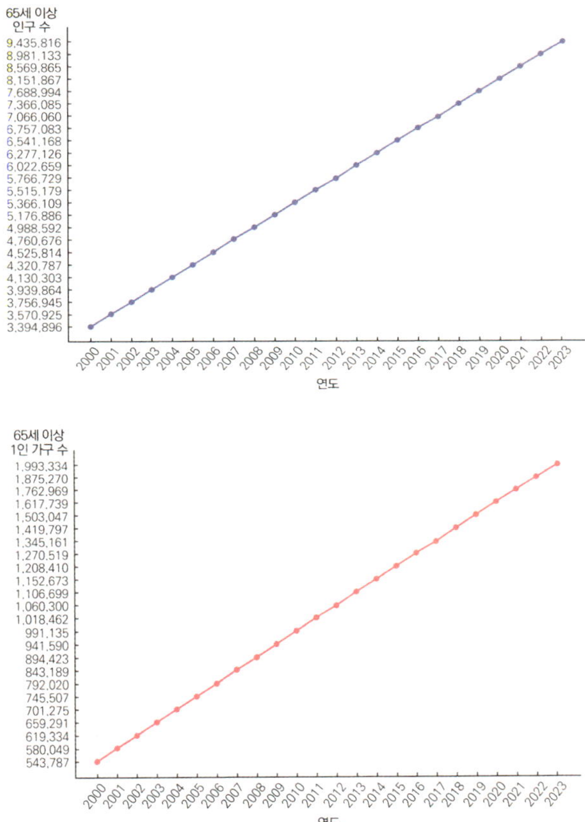

험요소를 더 명확하게 드러내 주는 지표는 [그림 29]보다는 [그림 30]의 자료가 될 것이다. 다시 말해서, 독거노인비율이 2000년에서 2023년 사이에 약 32% 증가했다는 정보보다는 65세 이상 1인 가구 수가 약 3.7배 증가했다는 정보가 고령화사회 문제에서 더 중요한 지표 역할을 할 수 있다는 것이다.

한국의 노인들이 보이는 특이한 모습 중 하나는 바로 지역사회

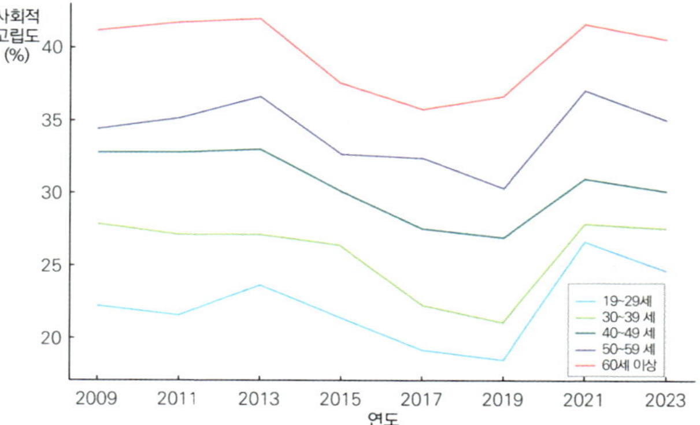

소속감 수준과 사회적 고립감 사이의 불일치 문제이다. 일반적으로 소속감과 고립감은 한 개인이 동시에 경험하기 어려운 감정들이다. 다시 말해서, 누군가가 소속감을 강하게 느끼면서 동시에 고립감을 현저하게 경험하기는 어렵다는 것이다. 그런데 한국의 노년층은 이러한 양상을 나타내고 있다.

한국에서 연령대별로 사회적 고립도를 조사했을 때, 다른 연령대에 비해 60세 이상의 노인들의 사회적 고립도가 가장 높은 것으로 나타났다(그림 31).[36] 사회적 고립도는 조사대상인구 중 집안일을 부탁하거나 이야기 상대가 필요한 경우 어느 한 경우에서라도 도움을 받을 곳이 없는 사람의 비율을 나타낸다.

흥미롭게도 한국의 60세 이상 노인들은 높은 수준의 사회적 고립감을 나타내면서도 동시에 지역사회 소속감 수준이 가장 높은 것으로 나타났다.[37] 지역사회 소속감은 자신이 현재 살고 있는 지역의 일원으로 소속되어 있다는 느낌을 경험하는 것을 말한다.

이러한 점은 한국의 60세 이상 노인들의 경우, 소속감이 사회

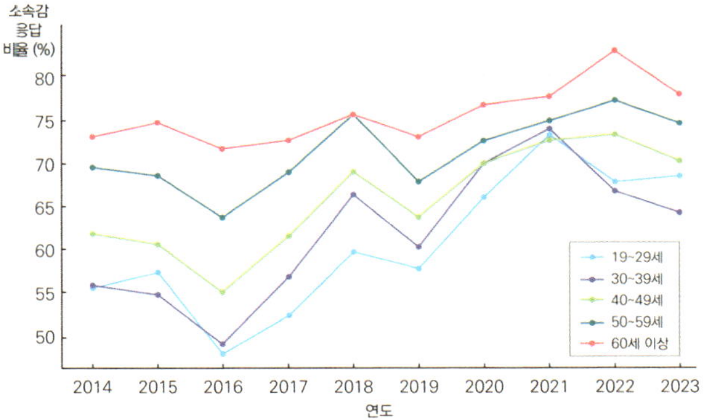

적 고립감을 예방하는 동시에 사회적인 친밀감을 촉진하는 데 사실상 실질적인 도움을 주지 못한고 있다는 것을 시사한다. 다시 말해서, 소속감이 성숙한 형태로 기능하지 못하고 있는 것이다.

다음 주제로 넘어가기에 앞서 먼저 이 질문에 답해 보기 바란다. "젊은이와 노인 중 어느 쪽이 더 행복할까?" 흔히 사람들은 젊은이라고 생각한다. 하지만 많은 심리학 연구들은 젊은이에 비해 노인이 더 행복하다는 점을 보여준다.[38] 단, 한국의 노인은 일반적인 경향과는 다른 양상을 나타낸다.

한국과 미국 노인들의 행복, 즉 심리적 웰빙을 비교하기 위해, 국회미래연구원의 '2022년 한국인의 행복조사 연구' 자료와 미국의 연구 자료를 살펴보도록 보자.[39] 미국에서 진행된 한 연구에서는 23년에 걸쳐 다양한 연령대의 사람들에게 자기보고식 척도를 활용해 정적 정서와 부적 정서 경험을 수집하였다. 또 국회미래연구원의 '2022년 한국인의 행복조사 연구'에서는 전국에 거주하는 다양한 연령대의 남녀 17,045명을 대상으로 행복 관련 자료를 수집하였다.

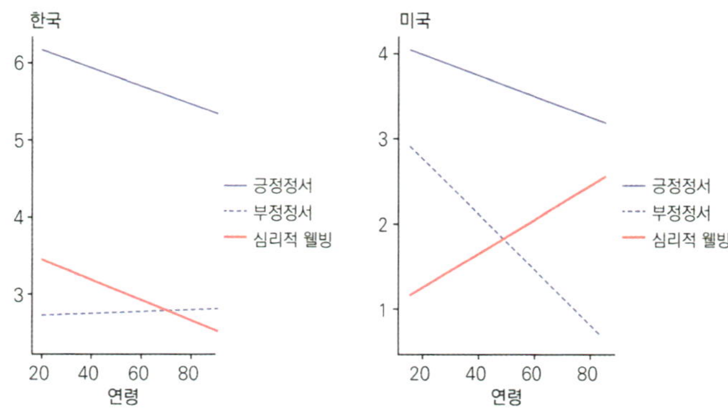

심리적 웰빙을 평가하는 한 가지 방법은 긍정정서에서 부정정서를 뺀 그 차이 값을 활용하는 것이다. 미국의 경우 나이가 들수록 긍정정서는 감소하는 반면 부정정서는 더 크게 감소해, 결과적으로 심리적 웰빙이 증가하는 모습을 보였다. 즉, 미국에서는 나이가 들수록 행복한 것으로 나타났다(그림 33의 오른쪽 그래프 참조).

대조적으로, 한국의 경우 나이가 들수록 긍정정서가 감소하는 것은 미국과 유사하지만, 부정정서는 미국과 다르게 조금씩 증가해 결과적으로 심리적 웰빙이 감소하는 모습을 보였다. 즉, 한국에서는 나이가 들수록 더 불행한 것으로 나타났다(그림 33의 왼쪽 그래프 참조).

이러한 결과는 앞서 살펴본 것처럼, 한국의 노인들이 소속감을 강하게 느끼면서 동시에 고립감을 현저하게 경험하는 것, 즉 소속감이 성숙한 형태로 기능하지 못하고 있는 것과 밀접한 관계가 있는 것으로 보인다. 다시 말해서, 한국 사회에서 노인들이 경험하는 심리적인 어려움은 연령이 증가함에 따라 심리적 성숙도가 함께 증가하지 않을 뿐만 아니라, 오히려 심리적 웰빙 수준이 낮아지는 것과

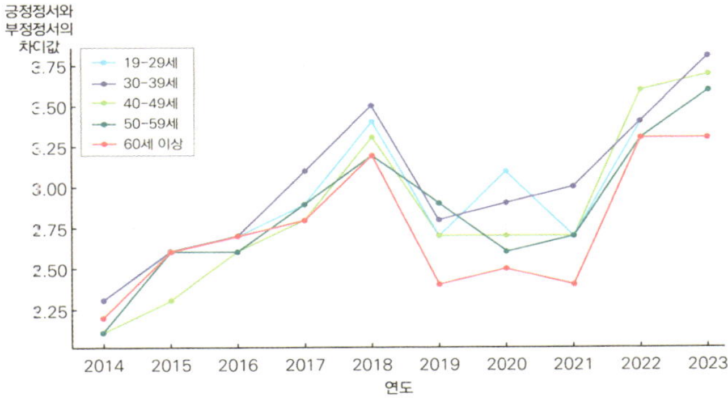

관계가 있다는 것이다.

여기서 주의할 점이 있다. [그림 33]의 미국자료와 한국자료에서 사용된 긍정정서 및 부정정서 척도가 동일한 척도는 아니기 때문에 이러한 비교 결과를 일반화하는 데는 각별한 주의가 필요하다. 다만, 미국자료와 한국자료 모두 긍정정서 및 부정정서 척도를 사용한 것이기 때문에 구체적인 점수 자체는 다를지라도 각 척도 점수의 높고 낮음에 따른 해석적 의미는 사실상 동일하다고 할 수 있다.

또 미국의 자료는 종단적으로 수집된 자료이고 국회미래연구원의 자료는 특정 시점에서만 수집된 자료이다. 다만, 한국의 경우 긍정정서와 부정정서 간 차이로 심리적 웰빙 수준을 평가할 경우 다른 연령대에 비해 60세 이상의 노인이 상대적으로 더 낮은 심리적 웰빙 수준을 나타내는 것이 특정 시점에 국한된 문제는 아닌 것으로 보인다. [그림 34]는 10년에 걸쳐 한국인의 연령대별 긍정정서와 부정정서 간 차이값을 나타낸 것이다.[40] 2017년 이후로는 60세 이상의 노인 집단이 긍정정서와 부정정서 간 차이, 즉 심리적 웰빙 수준이 다른 연령대에 비해 상대적으로 더 낮은 것으로 나타났다.

결론적으로, 지금까지 살펴본 자료들은 초고령사회로의 진입을 눈앞에 두고 있는 한국의 경우, 전생애 발달의 관점에서 국민의 심리적 웰빙 및 심리적 성숙도를 높이기 위한 사회정책을 지금보다 적극적으로 펼칠 필요가 있다는 점을 분명하게 보여준다. 초고령사회의 가장 심각한 문제는 단순히 노인의 수가 늘어날 때 찾아오는 것이 아니라, 심리적으로 성숙하지 못한 노인의 수가 급격히 늘어날 때 찾아올 것이기 때문이다.

전쟁 같은 삶을
견딜 만한 것으로
바꾸는 비결

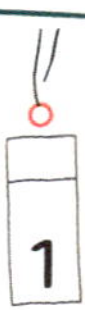 한국 사회의 알로스타시스 과부하: 전쟁 같은 삶

한국인의 '전쟁 같은 삶'을 상징적으로 보여주는 대표적인 예는 바로 자살률이다. [그림 35]는 한국의 인구 10만 명당 자살률을 OECD 국가들의 평균자살률과 비교한 것이다.[1] 1985년 이후 OECD 국가들의 평균자살률은 하향 추세인 반면, 한국의 인구 10만 명당 자살률은 장기적인 조망상에서는 상향 추세이다. 2010년 이후 과거에 비해 평균자살률이 줄어들었다 하더라도 OECD 국가들의 평균자살률과의 격차는 여전히 지속되고 있다. 특히, 1997년에 OECD

그림 35 한국과 OECD 국가들 간 자살률 비교

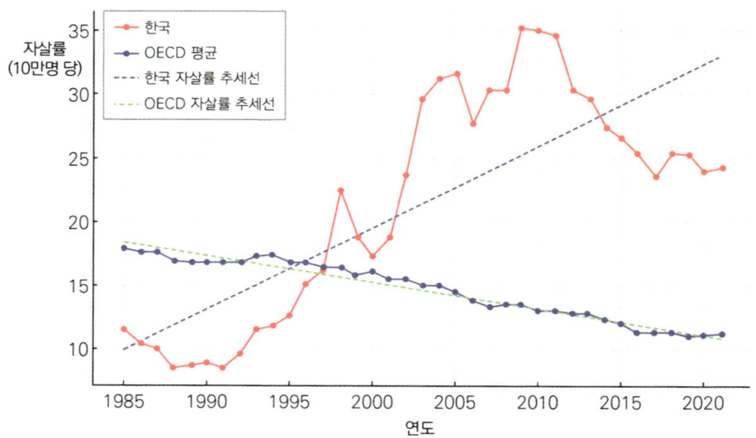

국가들과 한국의 자살률 간 역전 현상이 나타난 이후 지금까지 이러한 추세가 지속되고 있다. 1997년 이후로 OECD 국가들의 평균자살률보다 훨씬 더 높게 나타나는 한국의 자살률은 한국 사회의 알로스타시스 과부하 수준을 상징적으로 보여준다.

중요한 점은 한국의 자살률이 원래부터 높았던 것이 아니고, 1997년 의환위기를 겪은 후 치솟았다가 잠깐 줄어든 후, 다시 21세기부터 계속해서 높은 수준의 자살률을 보이고 있다는 것이다. 적어도 자살률을 기준으로 할 때, 한국은 20세기와 21세기에 완전히 다른 모습을 보이고 있다. 이러한 결과는 1997년 외환위기를 겪는 혼란 속에서 한국 사회가 21세기를 상대적으로 지혜롭게 준비하는 데 어려움을 겪었던 점을 반영하는 것으로 보인다.

[그림 36]은 한국의 자살률과 출산율을 같은 기준으로 비교하기 위해, 각각의 점수를 표준점수로 변환한 후 도시한 것이다.2) 그 결과, 한국의 자살률과 출산율 그래프에서 추세선들은 분명한 X자 패

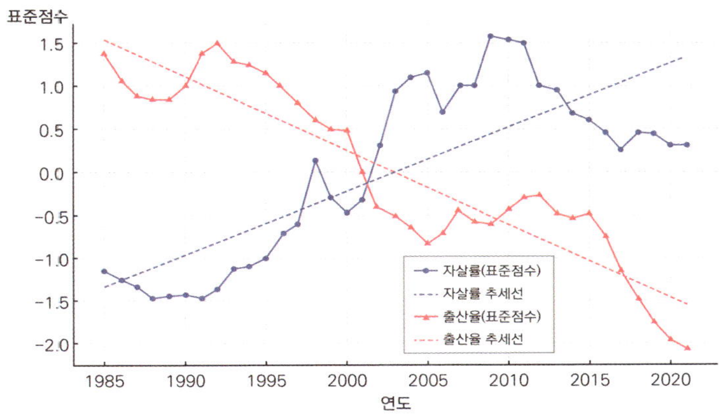

그림 36 한국의 자살률과 출산율 비교

턴을 나타낸다. 통계적으로, 이러한 관계를 비교적 간단하게 확인해 볼 수 있는 절차는 상관계수를 구하는 것이다. 그 둘 간 상관은 −0.77이고 통계적으로 유의미하였다. 여기서 주의할 점은 두 변인이 높은 수준의 상관을 나타낸다고 해서 그 관계가 인과적이라는 뜻은 아니라는 것이다. 높은 상관은 둘 간 밀접한 관계가 있다는 것을 뜻할 뿐이다.

앞서 설명한 것처럼, 높은 자살률과 초저출생 문제 모두 사회적 알로스타시스 과부하와 밀접한 관계가 있다. 결국, 한국의 초저출생 및 초고령사회 문제를 해결하기 위해서는 심리사회적 알로스타시스 과부하 문제를 다루는 것이 필수적이라고 할 수 있다.

장기적으로 심리사회적 알로스타시스 과부하는 사회적 지지 시스템에도 심각한 영향을 줄 수 있다. 이러한 점은 만성적인 스트레스로 시달리는 사람의 대인관계가 취약해지는 것과 유사하다고 할 수 있다. 전쟁이 인간관계의 핵심가치인 신뢰와 유대를 파괴할 위험성이 있는 것과 마찬가지로, '전쟁 같은 삶'도 공동체의 사회적 지지 체계에 치명적인 악영향을 줄 수 있다.

2021년 퓨Pew 리서치센터에서는 한국을 포함해서 경제적으로 발전된 17개국의 국민을 대상으로, 세계태도조사 중 "당신의 삶을 의미 있게 만들어주는 것은 무엇인가?"라는 문항을 활용해서 분석을 진행했다.3) 이 문항은 주관식 문항이었고 17개국에서 약 19,000명의 성인이 응답했다.

분석 결과, 총 17개국 중 13개국 사람들은 자신의 삶에서 가장 중요한 가치가 '가족'이라고 응답했고 이탈리아의 경우 '가족'과 '직업'이 공동 1위였다. 대조적으로, 한국인들이 자신의 삶에서 가장 중

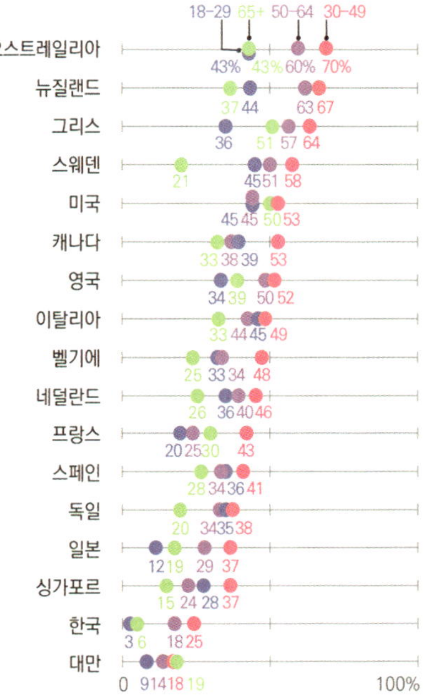

요한 가치라고 응답한 것은 바로 '물질적인 웰빙'이었다. 총 17개국 중 오직 한국인들만이 물질적인 만족을 최우선 가치로 응답했다.

특히 한국은 18~29세 젊은이들의 경우 자신의 삶에서 가장 중요한 가치로 '가족'을 응답한 비율이 전체 응답자 중 3%에 불과해 17개국 중 가장 낮은 수준을 보였다(그림 37). 18~29세 젊은이들의 경우, 한국을 제외한 16개국의 평균 응답비율은 약 34%였다. 즉, 한국의 젊은이들은 가족을 최우선 가치로 응답한 비율이 주요 국가들의 9%에도 못 미치는 것이다.

이 조사에서 17개국의 상당수 사람들이 친구나 지인들과의 관계가 자신의 삶에 의미를 준다고 응답했다. 이러한 응답에서의 연령

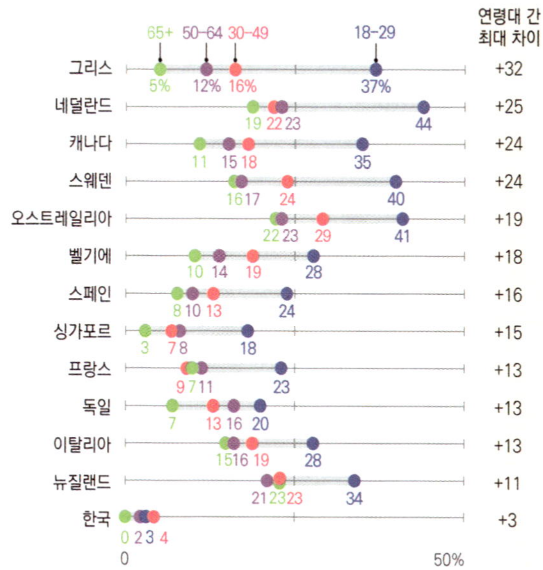

대별 빈도차이를 분석했을 때, 그러한 차이가 통계적으로 유의미한 국가는 13개국이었다(그림 38). 놀랍게도 한국의 65세 이상 노인의 경우, 친구나 지인들과의 관계가 자신의 삶에 중요한 의미를 준다고 응답한 비율이 전체 응답자 중 0%로 나타났다. 또 한국은 18~29세 젊은이들의 경우에도 그렇게 응답한 비율이 전체 응답자 중 3%에 불과해 13개국 중 가장 낮은 수준을 보였다. 18~29세 젊은이들의 경우 한국을 제외한 12개국의 평균 응답비율은 31%였다. 즉, 한국의 젊은이들은 친구나 지인들과의 관계가 자신의 삶에 중요한 의미를 준다고 응답한 비율이 주요 국가들의 10%에도 못 미치는 것이다.

이상의 결과들은 한 마디로 한국의 사회적 지지 시스템이 사실 상 전시 상황만큼이나 심각하게 붕괴된 상태임을 시사한다. 다만,

이러한 결과에는 주관식 문항에 응답하는 과정에서 한국인이 복수 응답이 아니라 단일 응답을 말하는 경향이 있는 것이 어느 정도는 영향을 주었을 가능성이 있다.4) 하지만 그러한 응답경향성만으로는 한국 젊은이들의 경우 가족을 최우선 가치로 응답한 비율이 주요 국가들 평균의 9%에도 못 미치는 것을 충분히 설명하기는 어렵다.

기록적인 자살률과 초저출산율 그리고 사회적 지지 시스템의 붕괴 상황이 보여주듯이 한국의 사회적 알로스타시스 과부하 수준은 말 그대로 '전쟁 같은 삶'을 떠올리게 하는 수준이다. 그렇다면, 우리는 어떻게 하면 이 전쟁 같은 삶을 견뎌내는 동시에, 장기적이고 순차적이며 점진적으로 개선해 나갈 수 있을까? 아마도 인류가 전쟁 같은 삶에 대처해 온 방법을 살펴보는 것이 그러한 문제를 해결하는 데 도움이 될 것이다.

인류가 '전쟁 같은 삶'에 대처해 온 특별한 방법

인류의 '역사는 끝없는 전쟁의 기록'이다.5) 사회생물학자 요한 반 데르 데넨Johan van der Dennen은 『전쟁의 기원』에서 동물의 세계에서는 인간의 전쟁에서 나타나는 것과 같은 대량학살과 잔혹함이 존재하지 않는다고 주장했다.6) 이런 점에서 전쟁이 없는 세상은 인류가 가장 오랫동안 꿈꿔온 이상향理想鄕 중 하나라고 할 수 있다.

1912년에 무선통신을 발명한 굴리엘모 마르코니Guglielmo Marconi는 무선통신이라는 신기술로 말미암아 장차 전쟁은 사라지게 될 것이라고 호언장담했다.7) 그는 무선기술이 세계의 사회, 경제, 정치, 문화 시스템을 혁명적으로 변화시켜 전쟁 그 자체를 무의미한 것으로 만들어 줄 수 있다고 믿었다.8) 하지만 그의 기대와는 달리, 1914년에 제1차 세계대전이 발발했다. 그리고 1939년에는 제2차 세계대전이 일어났다.

사실, 전쟁 문제를 해결하는 것은 정말 어려운 일이다. 이러한 점을 보여주는 유명한 얘기가 있다.

유대교 지도자와 이슬람교 지도자가 함께 모세Moses가 십계명을 받은 것으로 알려진 시나이Sinai 산에 올랐다.9) 그러자 신은 두 사람이 합의한 내용으로 한 가지만 질문한다면, 그 답을 알려주겠다고 제안했다. 그러자 두 사람은 신에게 이렇게 질문했다. "유대인과 아랍인이 함께 평화롭게 살 수 있을까요?" 이 질문에 신은 고민 고민하다가 이렇게 대답했다. "그럴 수 있다. 단, 내가 죽은 후에라야 가능할 것이다."

그런데 전쟁보다도 더 해결하기 어려운 문제가 있다. 바로 '전쟁 같은 삶의 문제'다.

전장의 경우, 비록 성공 확률이 매우 낮을 지라도 갈등 해결을 위해 평화협상을 시도하는 것이 가능하다. 그런데 전쟁 같은 삶에서는 협상의 여지조차 찾기 어렵다. 대화 상대가 눈에 보이지 않을 뿐만 아니라, 사실 사람들이 전쟁 중이라는 사실 자체도 잘 모른 채 살아가기 때문이다. 바로 지금의 한국 상황이 그렇다!

1차 세계대전의 사망자는 4년간 약 1,500만 명이고 2차 세계대전의 사망자는 6년간 약 5,000만 명으로 추산된다.[10] 세계대전으로 인해 매년 약 380만 명에서 830만 명의 사망자가 발생한 것이다.

그렇다면, 전쟁 같은 삶으로 인한 사망자는 얼마나 될까? 매년 전 세계적으로 알로스타시스 과부하, 즉 스트레스 관련 질환으로 사망하는 사람들의 수는 과거 세계대전으로 인한 사망자 수보다 훨씬 더 많은 것으로 보인다. 예를 들면, WHO 사망 통계에 따르면, 세계에서 사강 원인 중 가장 높은 비율을 차지하는 질병은 허혈성 심장질환으로서, 전 세계 전체 사망 원인의 13%를 차지한다.[11] 2000년 이후, 이 질환으로 인한 사망자가 크게 증가했는데 2021년에는 무려 900만 명 수준이었다. 사실상 스트레스 관련 질환 중 허혈성 심장질환 단 하나만으로도 사망자 수가 이미 세계대전 때의 연간 평균 사망자 수를 뛰어 넘는다.

기본적으로 전쟁 같은 삶처럼, 알로스터시스 과부하 문제에서는 심리사회적인 요인과 정치·경제적인 요인 간 상호작용이 중요한 역할을 한다. 상호작용은 요인 A가 요인 B에 미치는 효과가 또 다른 요인 C에 의해서 달라지는 것을 말한다.

5장의 위스콘신 종단 연구에 관한 설명을 예로 들어보자. 알로스터시스 과부하 조건에 해당되는 사례가 가장 적게 나타난 집단은 과거에 경제적인 어려움을 겪었지만 그 이후 경제 상황이 호전되는 동시에 대인관계가 좋았던 사람들이었다. 다시 말해서, 경제적 어려움(요인 A)이 알로스터시스 과부하(요인 B)에 미치는 효과는 사람들의 대인관계 수준(요인 C)에 따라 달랐다. 따라서 전쟁 같은 삶의 문제를 효과적으로 해결하기 위해서는 경제적인 요인만을 다루는 것만으로는 한계가 있기 때문에 반드시 심리사회적인 요인을 함께 다루어야 한다.

물론, 전쟁 같은 삶의 문제에서도 심리사회적인 요인 외에 정치, 경제, 문화, 종교적인 요인들을 함께 다루는 것이 중요할 것이다. 다만 이 책의 성격상, 이 글에서는 주로 심리사회적인 요인, 그중에서도 특히 심리적인 요인에 주로 초점을 맞추고자 한다.

역사의 아버지 헤로도토스Herodotos에 따르면, 지금의 터키 지역에 해당되는 리디아 왕국의 아티스왕 시대에 대기근이 발생한 적이 있다.12) 이 고통스러운 시기에 리디아 사람들은 역경을 이겨내기 위해 게임들을 고안해냈다. 그때 등장하게 된 것이 바로 주사위놀이, 공기놀이, 공놀이다. 이처럼 게임은 태생적으로 전쟁 같은 삶을 헤쳐 나가고자 하는 시도와 밀접한 관계가 있다. 이것이 가능한 이유는 바로 게임이 사람들에게 고통과 아픔을 극복하는 데서 경험하게 되는 특별한 기쁨을 선사해 주기 때문이다.

철학자 버나드 슈츠Bernard Suits는 게임을 이렇게 한마디로 요약했다. "게임을 한다는 것은 불필요한 장애물을 극복하기 위해 자발적으로 도전한다는 것이다."13) 게임은 플레이어의 몰입감을 촉진하는 4가지 핵심 특징을 갖고 있다.14) 첫째, 목표다. 게임은 플레이어가 성취해야 할 구체적인 행동의 방향을 제시한다. 둘째, 규칙이다. 게임은 플레이어가 쉽게 목표를 이루지 못하도록 하는 제약을 갖고 있다. 셋째, 피드백feedback 시스템이다. 게임은 플레이어가 목표에 얼마나 근접했는지를 알려줌으로써 플레이어가 게임을 계속하도록 동기화한다. 마지막으로, 자발적 참여다. 게임의 원동력 중 하나는 자발적으로 참여하기로 결심한 사람들의 결속력과 유대감이 주는 긍정적인 경험이다.

게임의 이러한 특징으로 인해 플레이어는 게임 중에 불가피하게 좌절과 실패를 경험할 수밖에 없지만, 지속적으로 노력할 경우 그러한 부정적인 경험을 견뎌내고서 끝끝내 스스로 설정한 과업을 성취해낼 수 있다. 바로 게임에서의 이러한 성공 경험이 주는 특별한 기쁨과 프라이드가 플레이어로 하여금 현실에서도 실제 고통을 더 잘 견뎌낼 수 있도록 돕는 것이다.

때때로 게임 혹은 게임의 요소가 가미된 활동은 우리를 현실 세계와는 다른 특별한 세계로 이끌어 줄 수 있다. 이것을 네덜란드의 역사학자 요한 하위징아Johan Huizinga는 '매직서클magic circle'이라고 불렀다.15) 게임이 사람들을 매직 서클로 이끄는 대표적인 사례가 바로 2002년 한일 월드컵이다. 우리나라 축구팀이 16강 진출을 확정짓던 순간, 전국 각지에서는 보통 때라면 상상조차 할 수 없었던 일들이 벌어졌다.16) 장례식장에서도 사람들이 환호성을 질렀을 뿐만 아니라, 신성한 교회와 절에서도 마찬가지였다. 이처럼 게임이 주는 매직 서클의 효과가 바로 그 옛날 리디아 사람들이 대기근이라는 고난을 극복할 수 있게 된 비결이기도 하다. 매직서클은 단지 영화, 드라마, 소설, 전설 등에 등장하는 가상의 세계가 아니라 그 자체가 하나의 현실에 해당된다.

물론, 단순히 게임을 한다고 해서 전쟁 같은 삶 속에서 행복을 경험할 수 있는 것은 아니다. 게임을 통해 기쁨을 경험하기 위해서는 '행복 게이미피케이션gamification(게임화 기법)'의 지혜가 필요하다. 행복 게이미피케이션은 일상생활에 놀이와 재미가 가미된 사회적 활동을 접목해 '기쁨'과 같은 최상위의 긍정적인 감정을 경험하는 것을 말한다.

그렇다면 전쟁 같은 삶 속에서 기쁨을 느끼기 위해서는 어떤 지혜가 필요할까. 우선 '스몰게임small game'과 '빅게임big game'을 구분할 필요가 있다. 스몰게임은 중독을 유발하고 스트레스를 가중시키는 역할을 한다. 하지만 성숙한 심리적 기제를 바탕으로 하는 빅게임은 오히려 스트레스를 해소하는 데 도움을 준다. 스몰게임에서 사람들은 게임을 시작하고 종료하는 시기를 주체적으로 선택하는 데 어려움을 겪는 반면, 빅게임에서 사람들은 게임을 주체적으로 통제할 수 있다. 일반적으로 '나 홀로 게임'은 스몰게임에 속하는 반면, '사회적 유대를 강화하는 게임'은 빅게임에 속한다.

우리들에게 기쁨을 주는 게임의 원형은 어린 포유동물들이 이리저리 엎치락뒤치락하는 난투亂鬪 놀이다. 우리에게 놀이나 게임이 기쁨을 주는 주요한 이유 중 하나는 공감적 유대를 강화해주기 때문이다. 즉, 게임을 통해 '사회적 관계'가 선사하는 기쁨을 향유하게 되는 것이다. 게임이 우리에게 기쁨을 주는 또 다른 이유는 우아하게 승리하는 법과 기품 있게 패배하는 법을 배울 수 있기 때문이다. 놀이나 게임을 통해 우아하게 승리하고 기품 있게 패배하는 법을 배우지 못한 사람은 관계의 기쁨을 맛보기보다는 오히려 관계를 해치게 된다. 흔히 노는 법을 모르는 사람은 인생에서 성공할 수 없다고 말하는 이유가 여기에 있다.

전쟁 같은 삶 속에서 필요한 인생의 지혜 중 하나는 일상에서 기쁨을 발견해내고 그것을 다른 사람들과 공유할 줄 아는 것이다. 단, 이를 위해서는 '행복 게이미피케이션'의 지혜가 필요하다.

아마도 행복 게이미피케이션을 통해 전쟁 같은 삶에 대처할 수 있다는 주장에 대해 의문을 표하는 사람들도 있을 것이다. 매직서클과 빅게임 같은 용어들이 친숙하지 않을 뿐만 아니라, 엄중한 현실 문제를 다루는 데 게임식 접근을 한다는 것이 왠지 가벼운 인상을 줄 수 있기 때문이다.

물론, 전쟁 같은 삶에 대처하는 데 행복 게이미피케이션만이 유일한 대안은 아닐 것이고 그보다 더 효과적인 대안이 존재할 수도 있을 것이다. 하지만 앞서 [그림 36]에서 살펴본 것처럼, 초저출생 문제 같은 심리사회적 알로스타시스 과부하 문제는 장기간에 걸쳐 범정부 차원의 노력을 기울였음에도 불구하고, 시간이 흐를수록 개선되기는커녕 더욱더 악화되어 가는 난제라는 점이다. 따라서 문제 상황을 개선하는 데 효과가 있기만 하다면, 그러한 대처방안의 유용성에 대해 편견 없이 차분하게 조망해 볼 필요가 있다. 이런 맥락에서 이후에 이어지는 내용을 차분하게 검토해 보기 바란다. 먼저 행복 게이미피케이션의 심리학적인 원리를 소개한 후, 그것이 전쟁 같은 삶을 실제로 어떻게 바꿀 수 있는지 구체적인 사례를 소개해 보겠다.

행복 게이미피케이션은 어떻게 해서 우리의 전쟁 같은 삶을 치유할 수 있는 것일까? 심리학적으로 행복 게이미피케이션이 갖는 치유의 힘은 '최상위 긍정감정'과 밀접한 관계가 있다. 최상위의 긍정감정은 바로 기쁨, 희망, 사랑, 믿음, 연민, 감사, 용서 그리고 경외감이다.[17] 이러한 감정들은 '포유류의 핵심감정'에 속하는 것으로서,[18] '나 홀로'는 경험할 수 없고 오직 '사람들과의 관계' 속에서만 경험할 수 있다.[19]

최상위의 긍정감정은 우리가 살면서 경험할 수 있는 가장 좋은 경험들에 해당된다. 그리고 행복 게이미피케이션은 우리에게 살면서 경험할 수 있는 가장 좋은 감정들을 선물해 준다.

여기서 중요한 점은 최상위의 긍정감정이 바로 우리들에게는 '치유를 위한 가장 좋은 선물'이 된다는 것이다. 세상에는 즐거움과 안락함 등 다양한 긍정감정들이 존재한다. 하지만 즐거움과 안락함은 사랑과 믿음 같은 최상위의 긍정감정들만큼 가치 있지는 않다. 사랑과 믿음을 위해서 목숨을 내놓는 사람은 있어도 즐거움과 안락함을 위해서 그렇게 하는 사람은 없다!

누구에게나 '힐링'은 필요하다! 어떤 이에게는 많이, 또 다른 이에게는 아주 많이.

삶은 늘 어렵고 힘든 것이어서, 사람들은 흔히 인생을 '사막'에 비유하고는 한다. 그래도 사막에는 '오아시스'가 있다. 사막의 불문율 중 하나는 오아시스에서는 쉬어가야 한다는 것이다.[20] 그 이유로는 세 가지를 들 수 있다.

첫째, '휴식'을 취하면서 기력을 회복하기 위해서다. 둘째, 자신의 여정을 되돌아보는 '숙고'의 시간이 필요해서다. 셋째, 다른 이들과의 '만남'의 기회 때문이다.

오아시스는 '신기루'와 다르다. 신기루는 빛의 굴절로 생기는 착시현상이다. 눈에 어른거리는 신기루를 따라가 봐도, 그곳에 오아시스는 없다. 신기루에 다가갈수록 오히려 오아시스는 더욱더 멀어져간다. 신기루는 좌절을 상징한다.

하지만 오아시스는 '치유의 공간'이다. 치유는 아프고 지친 '심신'을 껴안아 회복시키는 것을 말한다.

사막에는 오아시스가 필요하다. 그렇다고 해서 사막 전체를 오아시스로 만들 필요는 없다. 인생도 마찬가지다. 인생에서 치유가 필요하다고 해서 삶 전체를 치유의 시간으로 채워야 하는 것은 아니다.

바로 최상위의 긍정감정은 전쟁 같은 삶에서 오아시스 같은 역할을 한다. 사막의 오아시스처럼, 최상위의 긍정감정은 우리에게 '휴식', '숙고', '만남'의 세 가지 심리적 기회를 제공해 준다. 이를 통해 궁극적으로 최상위의 긍정감정은 우리에게 '치유의 시간'을 선물한다. 이런 맥락에서 최상위 긍정감정에 대해 순차적으로 살펴보도록 하자.

첫째, 기쁨joy이다. 흔히 사람들은 기쁨을 쾌락이나 만족감과 혼동하는 경향이 있다. 하지만 그 둘 사이에는 중요한 차이가 있다.

먼저, 기쁨은 관계지향적인 정서로서 '사회적인 감정'에 해당되는 반면, 쾌락이나 만족감은 다른 사람 없이도 얼마든지 경험할 수 있는 '개인적인 감정'이라는 것이다. 다음으로, 삶에서는 쾌락이나 만족감보다는 기쁨이 더 성숙한 긍정감정이라는 점이다. 왜냐하면, 쾌감이나 만족감은 고통을 배척하는 반면, 기쁨은 고통까지도 기꺼이 끌어안기 때문이다.

행복의 본질은 '아픔을 극복하는 과정에서 경험하게 되는 기쁨'에 있다.[21] 이런 점에서 행복의 핵심적인 요소는 '쾌락의 강도'나 '만족감의 빈도'가 아니라, 바로 '기쁨을 경험하는 깊이'라고 할 수 있다.[22]

둘째, 희망hope이다. 조지 버나드 쇼George Bernard Shaw가 말한 것처럼, "희망을 품어본 적이 없는 사람은 절망도 할 수 없다."[23] 이런 점에서 삶에서는 절망보다는 희망이 선행하는 것이라고 할 수 있다. 그러므로 누군가가 절망에 빠져 있다고 해서 희망을 간직하는 것이 불가능한 것은 아니다. 절망은 우리가 희망을 간직하는 것을 가로막지 못한다. 나중에 일어난 일이 앞서 일어난 사건 자체를 바꿀 수는 없기 때문이다. 그렇다면, 희망은 어디에서 오는 것일까?

사람들은 흔히 희망을 말할 때, 밝은 미래에 대한 기대감을 강조한다. 문제는 '그러한 기대감이 어디에서 비롯된 것인가?'라는 점이다. 비록 희망이 미래에 관한 것일지라도, 희망은 미래로부터 오는 것이 아니다. 오히려 희망은 과거에서 나오는 것이다.

희망의 본질은 우리가 과거의 기쁨을 기억해내는 것이다![24] 희망은 생애 초기에 부모 혹은 자신을 돌봐주는 이들로부터 보살핌을 받았던 경험을 온전하게 기억하는 것으로부터 시작된다.25) 과거의 기쁨을 간직하는 능력인 희망을 통해 우리는 현재의 고통 혹은 미래에 경험하게 될 어려움을 '스스로 견뎌낼 수 있는 아픔'으로 바꿀 줄 알게 된다. 따라서 고통을 감싸 안을 줄 모르는 사람은 희망이나 미래에 대한 기대감을 간직하지 못하게 된다.

셋째, 사랑love이다. 심리학에서는 사랑을 '심리적 동화psychological assimilation'라고 부른다.26) 심리적 동화는 우리가 외부의 누군가를 온전히 마음속으로 담아내는 과정을 뜻한다. 이러한 심리적 동화는 하버드 대학의 성인발달 연구진이 1937년부터 하버드 재학생 268명을 선발해 그들의 전 생애를 80년 이상 추적 조사한 후 찾아낸 행복한 삶을 위한 핵심 비결 중 하나였다.

사람들은 세상으로부터 사랑을 '씨앗'의 형태로 받게 된다. 사랑의 씨앗이 싹을 틔우게 되는지 여부는 주는 사람이 얼마나 좋은 씨앗을 주는가 하는 점과 받는 사람이 싹을 틔울 수 있는 역량을 얼마나 잘 갖추고 있는지에 달려 있다.

그렇다면 사랑에서 좋은 씨앗의 기준이 무엇일까? 바로 '그럼에도 불구하고의 사랑'이다. 존중은 두 종류가 있다. 하나는 인정받을 만해서 존중을 받는 것이다. 이것을 '조건적인 존중'이라고 부른다. 나머지 하나는 인정을 받을 만하지 않는데도 불구하고 존중을 받는 것이다. 이것을 '무조건적인 존중'이라고 부른다. 그럼에도 불구하고의 사랑은 후자에 해당된다.

사실, 많은 부모나 교사들은 무조건적인 존중이 아이를 망칠까봐 두려워한다. 하지만 정작 아이를 망치는 것은 조건적인 존중이다. 조건적인 존중은 아이가 부모나 교사의 눈치를 보도록 하고, 권위적인 인물의 지시에 순종하도록 만든다. 조건적인 존중만을 받았던 아이는 성인이 되었을 때, 주체적인 선택을 하는 데 어려움을 겪는다. 무조건적인 존중을 받은 적도 없고 타인의 눈치를 보지 않고서 자유로운 선택을 해본 경험도 없기 때문이다.

심리학적인 안목으로 본다면, 무조건적인 존중을 두려워하는 사람들은 실제로 무조건적인 존중을 받아본 적이 없는 사람들이다! 이들은 사랑이 아닌 것, 즉 조건적인 사랑을 사랑이라고 부르는 동시에 진정한 사랑은 받는 것도 그리고 주는 것도 두려워한다.

넷째, 연민compassion이다. 연민은 상대방이 경험하는 고통을 적극적으로 나서서 제거해 줌으로써 그 사람이 행복해질 수 있도록 돕고자 하는 감정을 말한다.27) 연민은 '공감의 뿌리'에 해당된다.

연민은 동정과 다르다. 누군가를 동정하는 사람은 그 사람의 고통과 혼란에 대해 안타까워하지만 상대방을 돕기 위해 적극적으로 나서지는 않는다. 길거리에서 구걸하는 사람을 봤을 때 흔히 사람들은 그 사람에 대해 안타까워하면서도 동시에 외면하는 모습을 보인다. 이처럼 동정은 은연중에 사람들을 불편하게 만들기도 한다.

반면에 연민은 긍정감정이다. 연민은 상대방의 아픔에 공감할 뿐만 아니라, 실제로 상대방을 위해 보살핌을 실천하는 것을 통해 기쁨을 함께 공유하는 데까지 나아가도록 해주기 때문이다. 베푸는 사람과 받는 사람 모두에게 유익함을 선사해 준다는 점에서 연민은 사랑만큼이나 좋은 것이라고 할 수 있다.

다섯째, 믿음faith이다. 기본적으로 믿음은 '관계의 정서'다. 그렇기 때문에 어떠한 경우에도 믿음은 홀로 생겨나지 않는다. 믿음은 오직 다른 사람과 함께 할 때만 탄생할 수 있는 긍정정서다. 보통 우리에게 평생 스스로에 대해 간직하게 될 믿음을 처음 선물해 주는 사람은 부모가 된다. 만약 부모가 그 역할을 제대로 해내지 못하는 경우에는 친인척, 선생님, 선후배, 친구, 연인 등을 통해 그러한 힘을 얻는 것이 가능하다. 다만, 구체적인 관계가 무엇이든지 간에 믿음을 형성하는 데는 '좋은 친구 역할을 하는 사람과의 만남'이 특히 중요하다.

좋은 친구의 역할은 바로 '동료가 스스로의 능력에 대한 믿음을 간직할 수 있도록 심리적인 지원을 해주는 것'이다. 믿음은 우리가 할 수 있는 일을 실제로 해낼 수 있도록 도울 수 있다. 우리는 좋은 친구가 믿어주는 것만큼 성장할 수 있다!

여섯째, 용서forgiveness다. 삶에서는 용서할 만할 할 때 하는 용서보다는 용서할 만하지 않을 때 하는 용서가 더 중요한 의미를 갖는다. 그래서 누구에게나 용서는 어렵다. 그렇다면, 용서하기 어려운 상대를 용서하려면 어떻게 해야 할까?

용서는 실천하기 어려운 일이지만 그래도 누구나 마음먹으면 할 수 있는 일이기도 하다. 그럼에도 불구하고 용서하기가 어려운 이유, 다시 말해서, 스스로 '용서할 수 있는 대상'을 도저히 '용서할 수 없는 대상'으로 여기게 되는 이유는 바로 자기 자신을 용서하기가 어렵기 때문이다.

짐 브라운Jim Brown은 '신과의 인터뷰'라는 작품에서 용서의 핵심문제를 이렇게 짚어냈다. "용서받는 것만으로는 충분하지 않다. 우리는 스스로를 용서해야만 한다."28)

사실, 자기 자신을 용서하는 것도 결코 쉽지는 않다. 하지만 그래도 남을 용서하는 것보다는 조금은 더 쉽다. 중요한 것은 자신을 용서하지 못하는 사람은 결코 남도 용서하지 못한다는 점이다. 따라서 상대방을 용서를 하기 위해서는 먼저 자기 자신을 용서할 줄 알아야 한다. 단, 자기 자신을 용서하는 일은 혼자서는 안 되고 자신을 아끼는 사람과 함께 할 때만 가능할 수 있다.

세상 사람들 모두에게는 두 번의 삶의 기회가 필요하다. 이를 위해서는 먼저 나 자신을 용서한 후, 용서할 만하지 않은 대상을 용서할 줄 알아야 한다. 그리고 이 모든 일은 혼자서는 해낼 수 없고 자신을 아끼고 위하는 누군가와 함께 할 때만 해낼 수 있다.

일곱째, 감사gratitude다. 흔히 삶에서 인간미를 보여주는 행적들의 중심어는 바로 '감사'가 있다. 법정法頂 스님에 따르면, "삶의 비참함은 죽는다는 사실보다도 살아있는 동안 우리 내부에서 무언가 죽어간다는 사실에 있다."29) 그는 삶을 비참하게 살아가지 않기 위해서 필요한 것 중 하나로 바로 '따뜻한 가슴'을 제시했다. "머리 검은 짐승은 거두는 것이 아니다."라는 속담이 있다. 이 말은 인간다움의 본질이 은혜를 아는 것, 즉 감사의 마음에 있다는 점을 보여준다.

사회생활을 하면서 인사치레로 고마움을 표시하는 것과 최상위 긍정감정 중 하나인 감사는 다른 것이다. 기본적으로 물물교환처럼, 대등한 가치를 갖고 있는 것을 주고받는 '등가교환'에서는 감사가 존재하지 않는다. "감사는 우리가 분에 넘치게 좋은 것을 받았을 때 느끼는 감정"30)이기 때문이다.

"감사는 우리가 자신의 삶을 일종의 '선물'로 경험할 수 있도록 해주는 능력"31)이다. "감사는 우리가 가진 것을 가진 것 이상의 충분한 것으로 만들어 준다."32) 바로 그렇기에 행복이 감사를 가져다

주는 것이 아니라, 감사가 행복을 가져다준다.33)

사실 감사와 행복은 동전의 양면에 해당된다. 그래서 감사해 하는 마음과 불행한 마음을 동시에 갖는 것은 불가능하다. 이것이 바로 감사에 치유의 힘이 존재하는 이유이다.

여기서 잊어서는 안 되는 중요한 사실 중 하나는 우리가 감사를 느낀다는 것은 우리에게 어떤 과분한 선물을 준 사람이 있다는 것을 뜻한다는 점이다. 따라서 감사는 우리가 자신에게 중요한 의미가 있는 사람과 함께 살아가고 있다는 점을 자각할 수 있는 계기를 제공해 준다.

다행히 감사는 우리가 의식적으로 분명하게 선택할 수 있는 긍정 감정이다.34) 우리는 누군가를 좋아할지 아니면 미워할지, 혹은 누군가에게 화를 낼지 아니면 참을지 보다 누군가에게 감사할지 여부를 더 잘 다룰 수 있다.

마지막으로, 경외감awe이다. 경외감은 우리가 어떤 대상에 대해 깊은 감명을 받을 때 경험하게 되는 감정이다.35) 경외감에는 경이로움, 신비함, 장엄함, 성스러움 등의 여러 감정이 복합적으로 섞여 있다. 중요한 점은 경외감이 우리가 세상을 향해 마음의 문을 열 수 있도록 해준다는 것이다.

경외감은 특별한 경험을 통해서만 경험할 수 있는 것은 아니다. 예를 들면, 일상생활에서 산책을 하면서도 얼마든지 경험할 수 있는 세계다. 75세 이상의 노인이 경외감을 동반하는 형태로 주 1회 8주 간 산책을 할 경우, 일반적인 산책을 할 때에 비해 세 가지 중요한 차이를 보인다.36) 첫째, 우울과 불안을 더 적게 경험하는 동시에 더 큰 기쁨을 경험하게 된다는 것이다. 둘째, 자아가 확장되는 경험을 하게 된다는 것이다. 경외감 산책은 자신에 대한 관심은 줄어들도록 하는 반면, 타인 및 주변 세상과 연결된 자신의 모습에 대해서는 더 큰 관심을 나타내도록 한다. 예를 들면, 경외감 산책을 하면서 셀카 사진을 찍는 경우 시간이 흐를수록 자신이 차지하는 비중은 줄어들고 주변 사람들과 환경이 더 많은 비중을 차지하게 된다. 셋째, 경외감 산책을 하는 사람들이 경험하는 경외감은 시간이 흘러도 그 정서적 경험의 강도가 줄어들지 않는다는 점이다. 오히려 시간이 흐를수록 감정의 깊이가 더 깊어진다.

"삶은 경이로운 것일 수 있다. 단, 어디를 바라봐야 하는지를 알기만 한다면."37)

지금까지 최상위 긍정감정에 관해 요약해서 제시했지만, 아마도 이러한 정보만으로 최상위 긍정감정의 전모를 이해하기는 어려울 것이다. 만약 최상위 긍정감정에 대해 더 알고 싶다면, 『이만하면 괜찮은 부모(김진영, 고영건 공저, 한국경제신문사)』의 일독을 권한다. 이 책은 부모뿐만 아니라, 교사나 리더 등 최상위 긍정감정에 대한 이해를 필요로 하는 사람들이면 누구에게나 도움이 될 것이다.

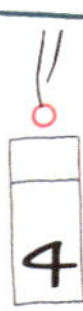

행복 게이미피케이션으로 전쟁 같은 삶을 바꾸다!

1992년 4월 29일 LA에서는 미국의 인종차별 역사에 오랜 상처로 남게 될 비극이 발생했다. 흔히 'LA 폭동'이라고 불리는 '4.29 사건'이다. 그 사건의 발단은 '로드니 킹 Rodney King'이라는 흑인 남성이 음주 상태에서 과속을 하다가 체포될 때, 경찰이 로드니 킹의 저항을 폭력적으로 진압한 것이었다.

당시에 미국의 방송사들은 경찰이 피투성이가 된 킹을 끌고 가는 장면이 담긴 제보영상을 경쟁적으로 방영했다. 그 후 비판 여론이 급증하면서 구타에 가담한 경찰관 4명은 기소되었다. 하지만 법원은 배심원단에 흑인을 한 명도 포함시키지 않은 채 재판을 진행했다. 그 결과 기소된 경찰관 4명 중 3명은 무죄 그리고 1명은 재심 판정을 받았다.

이러한 판결 내용이 보도된 날, 흑인들은 거리로 뛰쳐나왔고 이후에 히스패닉계 미국인도 시위에 가담하게 되었다. 4.29 사건과 관련해서 공식 집계된 사망자는 58명이고 부상자는 2,383명이며 체포된 사람은 12,111명이었다.38)

4.29 사건을 다룬 작품 중에는 '프리 라이터스 다이어리'라는 다큐멘터리 영화가 있다. 이 영화는 4.29 사건 직후 캘리포니아 지

역의 한 고등학교 이야기를 담고 있다.39) 영화 프리 라이터스 다이어리는 에린 그루웰Erin Gruwell이라는 교사가 학생들과 함께 출판한 책, '프리덤 라이터스 다이어리The Freedom Writers Diary'를 바탕으로 제작되었다.40) '프리덤 라이터스Freedom Writers(자유의 작가들)'라는 이름은 1960년대 민권운동 단체인 '프리덤 라이더스Freedom Riders(자유의 여행자들)'에서 따온 것이다.

　1961년, 미국의 연방대법원은 버스와 기차에서 인종에 따라 좌석의 위치를 결정하는 것이 위헌이라는 판결을 내렸다. 하지만 대법원 판결 이후에도 남부 지역에서는 여전히 대중교통에서의 인종차별이 지속되었다. 이러한 상황에서 1961년 5월 '프리덤 라이더스'라는 이름의 버스 순례가 시작되었다. 흑인 7명과 백인 6명이 나눠 탄 두 대의 버스가 워싱턴에서 출발해 남부의 뉴올리언즈로 향한 것이다.

　이에 격분한 극우 단체 회원들은 버스 순례 참여자들을 폭행하고 버스를 불태웠다. 또 대법원의 위헌 판결에도 불구하고, 남부 지역의 경찰들은 자신들이 속한 '주'의 법을 위반했다는 이유로 프리덤 라이더스들을 구속했다. 심지어 두 명의 프리덤 라이더가 살해당하기까지 했다. 훗날 '프리덤 라이더스'는 인종차별을 폐지하기 위한 시민연대를 상징하는 모임으로 역사에 남게 되었다.

　에린 그루웰은 4.29 사건 이후 캘리포니아의 롱비치 지역에서만 살인사건이 연간 126건에 달할 정도로 인종 간 갈등이 극에 달했던 시기에 우드로 윌슨 고등학교에 일종의 교생 신분으로 부임하였다.41) 교생은 대학원 재학 중 학교 현장 교육 실습을 나온 교사를 말한다. 교생 실습을 마친 후 에린 그루웰은 우드로 윌슨 고등학교의 정교사가 되었다. 그녀는 원래 로스쿨에 진학해 변호사가 되는

것이 꿈이었지만, 4.29 사건을 겪은 후 교사가 되어 세상을 바꾸는
데 기여하는 것으로 진로를 바꿨다.

우드로 윌슨 고등학교에서 에린 그루웰은 '문제아'로 분류된 학
생들을 담당하는 교사가 되었다. 당시에 우드로 윌슨 고등학교는 인
종갈등이 심각한 상황이어서 인종별로 활동 공간이 구분되어 있었
고, 서로 격투를 벌일 때를 제외하고는 사실상 거의 교류하는 일이
없었다.

에린 그루웰 학생들의 생활은 전쟁을 방불케 하는 수준이었다.
그들의 하교 길에는 단지 외모가 다르다는 이유로 칼과 총 등으로
무장한 다른 인종들과 서로 쫓고 쫓기는 전투가 일상적으로 벌어졌
다. 총격전도 빈번하게 벌여져 대부분의 학생들은 가족 또는 지인
중 하나 이상이 총격에 의해 희생된 경험을 갖고 있었다. 또 학생들
중 상당수는 가족 또는 지인 중 하나 이상이 범죄 등으로 수감된 사
연을 갖고 있었다.

수업 중 에린 그루웰이 학생들에게 졸업을 목표로 학교생활을
조금 더 잘 해보자고 제안을 했을 때의 일이다. 그 얘기를 들은 한
학생은 발끈하면서 이렇게 대꾸했다. "졸업이요? 빌어먹을 졸업은
고사하고 제가 내년 16살 생일을 맞이할 수 있을지조차도 모르겠어
요."42) 이처럼, 우드로 윌슨 고등학교 학생들에게는 졸업장보다도
생존 그 자체가 훨씬 더 실감나는 문제였다. 이러한 상황에서 에린
그루웰은 우드로 윌슨 고등학교 학생들의 '전쟁 같은 삶'을 어떻게
'보다 더 나은 삶'으로 바꿀 수 있었을까?

물론, 에린 그루웰 학생들이 처한 상황을 바꾸는 것은 현실적으
로 매우 어려운 일임에 틀림없다. 하지만, '프리덤 라이터스 다이어

리’라는 책이 보여주는 것처럼, 그러한 일이 결코 불가능한 것만은 아니다. 중요한 점은 이러한 난제를 해결하기 위해서는 인간의 내면 세계에 대한 지혜로운 관점이 필요하다는 것이다. 이러한 맥락에서 에린 그루웰이 학생들의 삶을 보다 더 적응적으로 바꾼 비결들을 살펴보도록 하자.

일반적으로, 삶을 ‘조금 더 나은 것’으로 바꾸고자 하는 사람들이 가장 많이 직면하게 되는 문제 상황 중 하나는 “그렇게 하는 것이 무슨 소용이 있겠느냐?”는 회의적인 시각이다. 이러한 회의적인 시각과 관련해서, 책 ‘프리덤 라이터스 다이어리’는 다음과 같은 이야기를 소개한다.43)

한 젊은이가 해변을 산책하다가 파도에 떠밀려 물 밖으로 나온 불가사리를 주워서 바다로 다시 보내주는 한 노인을 발견했다. 노인이 왜 그런 행동을 하는지 궁금해진 젊은이는 그 노인에게 다가가 물었다. “어르신 지금 뭐하시는 거예요? 왜 불가사리를 바다로 되돌려 보내고 계세요?” 그러자 노인은 짧게 대답했다. “그렇게 안 하면 불가사리가 다 죽어.”

여전히 의문이 풀리지 않은 젊은이는 되물었다. “어차피 어르신이 애를 써 봐도 저 셀 수도 없이 많은 불가사리들을 모두 구할 수는 없지 않나요?” 그러자 노인은 불가사리 한 마리를 집어 들고서 이렇게 달했다. “그래도 이 한 마리는 살릴 수 있잖나.”

물론, 선의를 가지고 좋은 일을 하려고 노력하는 사람들도 실수를 할 수는 있다. 누구나 시행착오를 겪기 마련이기 때문이다. 이러한 점은 에린 그루웰도 마찬가지였다.

좋은 교사가 되겠다는 꿈을 안고서 학교에 부임한 에린 그루웰은 처음에 수많은 시련과 더불어 숱한 시행착오들을 겪었다. 에린 그루웰 학생들은 걸핏하면 서로 다른 인종에 대해 욕을 해대면서 싸웠다. 그래서 교실은 난장판이 되기 일쑤였고 운동장에서도 난투 극이 벌어지는 것 역시 다반사였다.

교실 내 인종 갈등 문제를 해결하기 위해 고심하던 에린 그루웰은 어느 날 자리배정 규칙을 바꾸겠다고 선언했다. 인종별로 구역을 정해서 따로 앉던 학생들을 강제로 인종과 관계없이 골고루 섞어 앉도록 만든 것이다. 학생들이 격렬하게 반발했음에도 불구하고 에린 그루웰은 강하게 밀어붙였다. 하지만 학생들은 그 후로 사이가 좋아지기는커녕 점차 교실에서 하나둘씩 자취를 감추었다. 결국 에린 그루웰의 교실에는 남아 있는 학생이 거의 없을 정도로 상황이 악화되었다.

이처럼 단순히 선의를 가지고 노력을 한다고 해서 항상 좋은 결과가 나오는 것은 아니다. 그렇기 때문에 삶을 보다 더 긍정적인 방향으로 바꾸고자 할 때는 핵심문제를 정확하게 파악하는 것이 필요하다. 문제에 대한 진단이 잘못 되면, 충분히 바꿀 수 있는 문제 조차도 개선하기 어려워질 수 있기 때문이다.

에린 그루웰의 시도는 두 가지 점에서 문제가 있었다. 첫째, 학생들의 마음을 제대로 헤아리지 못한 시도였다는 점이다. 다시 말해서, 공감이 결여된 개입 방식이었기 때문에 학생들의 마음을 움직이기 보다는 오히려 반발심을 유발하게 되었던 것이다. 둘째, 학생들에게서 선택권을 빼앗는 강압적인 결정이었다는 점이다. 제아무리 학교 장면이라 하더라도 자신의 선택권을 빼앗는 교사의 결정에 학생이 순순히 협조하기는 어려울 것이다.

삶의 난제에 직면했을 때 활용할 만한 좋은 방법 중 하나는 바로 '심리진단'을 활용하는 것이다. 에린 그루웰 학생들의 전쟁 같은 상황을 개선하기 위해서는 먼저 그들의 '핵심감정'을 이해하는 것이 중요하다.

물론, 우리는 일상적으로 다양한 감정을 경험하기 마련이다. 다만, 여기서 말하는 핵심감정은 '문제 상황을 긍정적으로 변화시키는 데 결정적인 역할을 할 수 있는 감정'을 말한다. 인간의 감정에는 흥미로운 특징이 존재한다. 마치 밤하늘의 별들이 북극성을 중심으로 펼쳐져 있는 것처럼, 우리가 경험하는 수많은 감정들 역시 핵심감정을 구심점으로 해서 펼쳐지게 된다는 점이다.

문제 상황에 처했을 때 우리들의 마음속에서 기능하는 핵심감정이 무엇인지 파악하고자 하는 경우, 추천할 만한 방법 중 하나는 바로 '기본감정'을 활용하는 것이다. 우리가 일상적으로 경험하는 수많은 감정들은 태어나면서부터 자연스럽게 나타내는 '기본감정'과 사회적인 학습과정에서 터득하게 되는 '이차감정'으로 나눌 수 있다.

기본감정으로는 행복, 슬픔, 분노, 공포, 혐오, 놀람의 6가지가 있다. 그리고 이차감정은 그보다는 둘 이상의 기본감정의 조합으로 구성된 것으로서 후회와 죄책감 등이 해당된다,

그렇다면, 에린 그루웰 학생들이 처한 문제 상황을 긍정적으로 변화시키는 데 중요한 역할을 할 수 있는 핵심감정은 무엇이라고 진단할 수 있을까? 행복, 슬픔, 분노, 공포, 혐오, 놀람 중에서 한 가지를 선택해 보기 바란다.

이 문제에 대한 해답을 찾기 위해서는 에린 그루웰 학생들이 '전쟁 같은 삶'을 살고 있었던 점을 고려해보면 도움이 될 것이다.

전쟁과 같은 갈등 상황을 효과적으로 억제할 수 있는 방법 중 하나는 바로 '공포'의 감정을 지렛대로 삼는 것이다. 전쟁터에서 사람들은 슬픔, 분노, 그리고 혐오 등 다양한 감정을 경험할 수 있다. 하지만 에린 그루웰 반 학생들이 처한 문제 상황을 긍정적으로 변화시키는 데는 다른 기본감정들보다는 '공포'가 상대적으로 더 큰 기여를 할 수 있다. 왜냐하면, 당시에 그들의 삶을 움직이는 가장 강력한 동기는 바로 '전쟁터에서 살아남는 것'이었기 때문이다.

에린 그루웰이 인종별로 나눠서 앉던 학생들을 섞어 앉도록 만들었을 때, 외견상 타 인종에 대한 분노와 혐오 때문에 학생들이 교실을 빠져나갔던 것처럼 보일 수 있다. 하지만 사실 학생들에게 더 중요한 영향을 주었던 감정은 '공포'라고 할 수 있다.

에린 그루웰이 부임하기 전 학생들은 적들과의 대치 상황에서 나름대로 서로의 피해와 부담을 줄일 수 있는 방법을 자연스럽게 찾아냈다. 일촉즉발의 위기 상황을 최소화하기 위해 암묵적으로 서로 적절한 거리를 유지하기 위해 애썼던 것이다.

하지만 에린 그루웰의 긴급조치는 바로 그러한 경계를 무너뜨려 버렸고 결과적으로 학생들은 마치 '적과 동침'을 하는 것과 같은 공포감을 경험하게 되었다. 따라서 에린 그루웰의 결정은 비록 선의에 기초한 것이었다고는 하나 명백히 '잘못된 진단에 기초한 잘못된 처방'이었다고 할 수 있다.

그렇다면, 공포와 절망감 속에서 하루하루를 고통스럽게 살아가는 학생들을 위해서 에린 그루웰은 교사로서 과연 무엇을 할 수 있을까? 사실, 어떤 의미에서는 전쟁터 같은 상황 속에서 에린 그루웰이 많은 일을 해내기는 어려울 수 있다. 하지만 적어도 중요한 일을 한 가지는 할 수 있다. 바로 최상위 긍정감정 중 하나인 '희망'을 전하는 것이다.

어떻게 하면, 에린 그루웰이 학생들의 고통스러운 삶에 희망의 빛을 선사할 수 있을까? 우리는 삶 속에서 희망을 어떻게 하면 배울 수 있을까?

훗날 학생들을 억지로 섞어 앉도록 한 조치와 관련해서, 자신의 잘못을 깨달은 에린 그루웰은 이전보다는 훨씬 더 지혜로운 해결책을 학생들에게 제시하였다. 과거보다 더 공감적이고 학생들에게 선택권을 더 많이 보장해 줄 수 있는 방법을 찾은 것이다. 바로 '라인 게임line game'이었다.44)

어느 날 에린 그루웰은 수업 시간에 책상과 의자를 모두 벽 쪽으로 밀어 놓고서 학생들에게 가운데로 모이라고 했다. 그 후 재미있는 게임을 해보자고 제안을 했다. 처음에 학생들은 시큰둥한 표정을 지었지만, 그래도 따분한 수업보다는 게임이 더 나을 것 같다는 생각이 들어 교실 한가운데로 모여들었다.

라인 게임에서는 교실 가운데 지점에 붉은색 테이프로 하나의 '라인'을 만든 다음, 교사가 질문을 했을 때, 질문 내용에 동의하는 학생들은 선을 중심으로 가까이 마주보고 서도록 한다. 그 다음에는 다음 질문을 위해 다시 뒤로 물러나서 제자리로 되돌아가는 것을 반복하게 된다.

처음에 에린 그루웰은 가벼운 질문들로부터 라인 게임을 시작했다. 첫 번째 질문은 "스눕독Snoop Dogg이라는 힙합 가수의 앨범을 갖고 있는 사람?"이었다. 그러자 대부분의 학생들이 라인 쪽으로 나왔다. 하지만 이때까지만 해도 서로를 마주보고 선 학생들은 "훔쳤지?”라고 말하면서 다른 인종에 대해 비아냥거리는 모습을 보였다.

이런 식으로 몇 개의 질문이 진행된 다음부터는 학생들이 서로를 조금 더 잘 이해하고 서로에 대한 공감대를 넓힐 수 있는 질문들이 제시되었다. 예를 들면, “갱gang들의 폭력 때문에 친구를 잃은 적이 있는 사람?”과 같은 질문이다. 이 질문에 대해서도 대부분의 학생들이 라인 앞으로 나왔다. 이때부터 학생들은 서로에 대해 이전과는 다른 시선을 보내기 시작했다. 단순히 피부색이 다르다는 이유로 적대시해왔던 대상이 사실은 자신과 ‘동병상련’의 아픔을 공유하는 학생들이었다는 사실을 깨달았기 때문이다.

뒤이어 에린 그루웰은 학생들에게 갱들의 폭력 때문에 자신의 곁을 떠나갔던 친구들에게 안부를 묻도록 했다. 단, 안부를 묻는 방식은 학생들이 자유롭게 선택할 수 있도록 했다. 예를 들면, 떠나간 친구들의 이름을 불러보는 것 등이다. 이러한 접근은 첨예한 인종 갈등의 현장에서 학생들이 과거 친구들과의 ‘좋은 기억’을 떠올릴 수 있는 기회를 제공해 주었다. 특히, 라인게임은 학생들이 현재의 전쟁 같은 삶에서 벗어나 과거의 친구들과 학교생활을 함께 하던 시절에 대한 그리움을 생생하게 경험할 수 있도록 해주었다.

라인게임 이후에 에린 그루웰 반 학생들은 서로에 대해 더 이상 공포감을 느끼지 않게 되었다. 라인게임을 통해 그들은 서로가 ‘같은 교실에서 함께 생활하는 것이 불가능한 존재들’이 아니라, 얼마든지 서로에 대한 ‘연민’의 감정에 기초해 연대가 가능한 친구들이라는 것을 깨달았기 때문이다. 이러한 경험은 학생들로 하여금 새로운 학교생활에 대한 ‘희망’을 떠올릴 수 있도록 해주었다. 이처럼 희망은 가능성을 현실로 만들어주는 강력한 동기시스템의 역할을 한다. 그리고 라인게임의 효과가 보여주는 것처럼, 희망의 뿌리는 언제나 미래가 아닌 과거 속에 존재한다.

　에린 그루웰은 이러한 사전 작업을 마친 후, 학생들의 전쟁 같은 삶을 변화시키기 위한 작업에 본격적으로 착수했다. 에린 그루웰은 학생들에게 다이어리 노트를 나눠주고서 하고 싶은 이야기가 있다면 그것이 무엇이든 날마다 노트에 적어 달라고 요청했다. 그리고 이러한 글쓰기를 성적에 반영하지는 않을 것이며 교사인 자신에게 보여주기 싫다면 안 보여줘도 된다고 말했다. 다만, 교사인 자신이 읽어주기를 원한다면, 캐비넷에 넣어달라고 부탁했다.

　얼마 후 학부모의 밤 행사 때 다른 반과는 달리 에린 그루웰의 학급에는 단 한 명의 학부모도 방문하지 않았다. 하지만 에린 그루웰이 캐비넷을 열었을 때 놀랍게도 그곳은 학생들이 제출한 노트들로 가득 들어차 있었다. 그리고 그 노트들에는 전쟁 같은 삶의 참상이 고스란히 들어 있었다. 가정폭력, 총기 사고로 인한 동생의 죽음, 수감시설에서의 공포스러웠던 경험, 마약문제, 강제적인 성매매, 총 맞는 것에 대한 두려움 등이다. 에린 그루웰은 학생들이 이처럼 자신의 프로그램에 협조적으로 참여하는 것과 스스로 변화를 위해 노력하는 모습에 감격하는 동시에 학생들에게 진심으로 '감사'의 마음을 전했다.

　에린 그루웰은 학생들에게 '희망'을 선물하기 위한 노력의 일환으로 '변화를 위한 건배' 행사를 개최하였다. 학생들이 교실 앞으로 나와 사이다가 담긴 컵을 들고 서서, '너는 할 수 없어'라고 말하는 회의적인 목소리를 잠재우기 위한 다짐을 하는 것이다. 말 그대로 새로운 시작을 준비하는 의식을 치르는 셈이다.

변화를 위해 이러한 의식이 필요한 이유는 희망이 소원wish과는 다른 것이기 때문이다. 밤하늘의 별이나 네 잎 클로버를 바라보면서 소원을 비는 데는 그다지 많은 에너지가 들어가지 않는다. 하지만 견뎌내기 힘든 고통을 견뎌낼 만한 것을 바꿔주는 희망은 우리에게 많은 것을 요구한다. 다시 말해서, 희망은 우리의 '피, 노고, 눈물, 땀'을 요구하는 것이다.45)

학생들은 '변화를 위한 건배'를 하면서 다른 학생들 앞에서 공개적으로 저마다의 다짐을 말했다. 졸업 전까지 임신하지 않기, 더 이상 학대당하는 것을 참지 않기, 갱단과 연루되는 대신, 엄마에게 졸업하는 모습을 보여주기 등이다.

관계의 친밀도를 보여주는 중요한 지표 중 하나는 서로에 대해 어떤 사적인 정보를 공유하는가이다. 에린 그루웰 학생들은 글쓰기 작업과 변화를 위한 건배 행사를 통해 서로 아픔을 마음속 깊이 공유하는 사이가 되었다. 그리고 이것은 그들이 강력한 연대를 형성하는 원동력이 되었다. 서로를 적대시하던 것에서 동료가 되었던 그들은 이제 진정한 의미에서 '가족'으로 거듭나게 되었다. 다시 말해서, 에린 그루웰의 교실은 학생들에게 '사랑'과 '연민'의 감정을 바탕으로 한 '홈home'이 된 것이다. 결과적으로 그들은 가족이 됨으로써 '스스로를 용서'하는 동시에 '서로를 용서'할 수 있게 되었으며 '세상을 용서'하는 데까지 나아갈 수 있게 되었다.

책 프리덤 라이터스 다이어리에는 에린 그루웰의 비범한 행적들이 담겨있다. 에린 그루웰은 학생들이 세상으로부터 존중받는 느낌을 받도록 해주기 위해 모든 학생들에게 헌 책이 아니라 새 책을 선물로 주었다. 그리고 경비 마련을 위해 자신은 남편의 강한 반대

에도 불구하고 일종의 부업으로 백화점에서 판매 일과 호텔에서 접
객 일을 했다.

또 에린 그루웰은 학생들이 제2차 세계대전 중 나치 독일이 자
행했던 유대인 대학살, 즉 '홀로코스트Holocaust'의 참상을 보다 실감
나게 깨달을 수 있도록 해주기 위해, 장거리 체험학습의 기회를 제
공해 주었다. LA의 '톨레랑스 박물관Museum of Tolerance'을 견학하는
프로그램을 기획한 것이다. 이곳은 미국 최초의 홀로코스트 박물관
이었다.

이러한 체험 학습의 또 다른 의도는 자신이 사는 동네 말고는
세상 밖으로 나가본 적이 없는 학생들에게 새로운 세계를 경험해
볼 수 있는 기회를 제공해 주는 것이었다. 에린 그루웰은 홀로코스
트에서 살아남은 생존자들을 자신이 일하는 호텔로 초대해 학생들
이 박물관 견학 후 멋진 식사와 함께 직접 그들의 얘기를 들어볼 수
있는 값진 시간을 선물하기도 했다.

에린 그루웰과 학생들은 수업 시간에 '안네 프랑크Anne Frank의
일기'에 관한 논의를 하던 중 안네 프랑크 일가를 숨겨주었을 뿐만
아니라 안네의 일기 원고가 출판될 수 있도록 보존해준 '미프 히스
Miep Gies'를 초대하기로 결정했다. 이 경비를 조달하기 위해 학생들
은 자발적으로 다양한 기금 모금 행사를 개최하기도 했다.

훗날 미프 히스는 '연민'의 감정을 바탕으로, 에린 그루웰의 학
생들에게 다음과 같이 당부했다. "저는 곤경에 처한 사람들이 종종
그들의 불운 때문에 오히려 비난을 받게 되는 것을 매우 유감스럽
게 생각합니다. 저의 메시지는 만약 여러분이 어려움을 겪고 있다
면, 여러분은 절대적으로 결백하다는 것입니다. 안네 프랑크를 생각

해 보세요. 그녀는 극심한 고통을 겪었습니다. 그런데 그녀가 그런 가혹한 일을 겪을 만한 일을 한 적이 있나요? 아닙니다. 그녀는 결백했습니다. 따라서 안네 프랑크는 곤경에 처한 사람들이 결백하다는 것을 상징적으로 보여줍니다."46)

또 미프 히스는 에린 그루웰의 학생들에게 자신의 '믿음'을 이렇게 전했다. "저는 여러분들 중 상당수가 많은 고초를 겪었음에도 불구하고 포기하지 않고 밝은 미래를 위해 노력한다는 사실에 깊은 감명을 받았습니다. 여러분은 멋진 사람들입니다. 여러분들은 분명히 여러분의 사회에 커다란 기여를 하게 될 것입니다. 모두를 위해 더 나은 세상을 만드는 일에서도 마찬가지일 것입니다."47)

1998년에 '희망의 교사'인 에린 그루웰이 가르쳤던 학생 150명 모두 전쟁 같은 삶을 청산하고 고등학교를 무사히 졸업했다.48) 그녀의 많은 학생들이 가족 중 고등학교를 졸업하고 대학에 진학한 첫 번째 사람이 되었다. 에린 그루웰이 학생들에게 '기쁨'을 선물한 것이다. 더불어, 그들이 에린 그루웰과 함께 출판한 책, '프리덤 라이터스 다이어리'는 베스트셀러가 되었다. 에린 그루웰과 함께 한 멋진 경험들은 학생들에게 '경외감'을 심어주기에 충분했다. 훗날 에린 그루웰은 학생들과의 성공 경험을 세상에 알리기 위해 프리덤 라이터스 재단을 설립했다.

너무나 많은 시간을 학생들을 위한 일에 할애하던 에린 그루웰은 점차 남편과의 관계가 소원해졌고 결국 이혼하게 되었다. 삶의 아픔을 피해갈 수 없다는 점에서는 그녀 역시 예외가 될 수 없었다. 본인 스스로 밝힌 것처럼, 그녀 역시 평범한 사람이었기 때문이다.49)

하지만 에린 그루웰과 학생들이 평범한 사람들이었다는 것만큼이나 분명한 사실이 있다. 그들은 자신들만의 자그마한 방식으로 어두운 방에 작은 불을 밝혔던 영웅이기도 하다는 점이다.

에린 그루웰과 학생들의 일화는 비록 '라인게임'이나 '변화를 위한 건배' 같은 행복 게이미피케이션 기법이 겉으로는 가벼운 인상을 줄 지라도, 지혜롭게 활용할 경우 전쟁 같은 삶의 문제를 해결하는 데 특별한 기여를 할 수 있음을 분명하게 보여준다. 에린 그루웰과 학생들이 함께 기록한 '프리덤 라이터스 다이어리'라는 책은 기쁨, 희망, 사랑, 믿음, 연민, 감사, 용서 그리고 경외감의 최상위 긍정감정과 관련된 에피소드들로 가득 들어차 있다. 이처럼 만약 행복 게이미피케이션을 통해 사람들이 최상위 긍정감정을 생생하게 경험할 수 있도톡 할 수만 있다면, 현재 한국 사회가 직면하고 있는 전쟁 같은 삶의 문제를 해결하는 데도 상당한 도움이 될 것으로 기대된다.

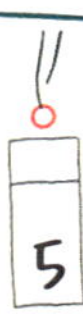

아마도 '좋은 학교'에 대한 기준은 세상에 존재하는 학자들의 수만큼이나 다양할 것이다. 심리학자로서 필자의 기준은 이렇다. '학생들에게 최상위 긍정감정을 선물하는 학교!' 이러한 점은 가정과 기업 등 다양한 조직에도 마찬가지로 적용 가능하다. 좋은 조직은 구성원들에게 최상위 긍정감정을 선물한다!

표 3 미국 주요 대학 신입생의 입학성적과 STEM 학위 취득 비율

대학교	상위 1/3	SAT 수학 점수	중위 1/3	SAT 수학 점수	하위 1/3	SAT 수학 점수
하버드	53.4%	753	31.2%	674	15.4%	581
다트머스	57.3%	729	29.8%	656	12.9%	546
윌리엄스	45.6%	697	34.7%	631	19.7%	547
콜게이트	53.6%	697	31.4%	626	15.0%	534
리치먼드	51.0%	696	34.7%	624	14.4%	534
버크넬	57.3%	688	24.0%	601	18.8%	494
케니언	62.1%	678	22.6%	583	15.4%	485
옥시덴털	49.0%	663	32.4%	573	18.6%	492
칼라마주	51.8%	633	27.3%	551	20.8%	479
오하이오 웨슬리안	57.9%	591	33.9%	514	11.2%	431
하트윅	55.0%	569	27.1%	472	17.8%	407

현재 전 세계적으로 대부분의 학교들은 학생들에게 최상위 긍정감정을 선물하는 데 실패하고 있는 것으로 보인다. 일례로 하버드 대학을 포함한 주요 대학들의 'STEM' 전공 학생들을 대상으로 진행한 연구를 살펴보자(표 3). STEM은 과학, 기술, 공학, 수학 분야를 말한다.50)

하버드 대학 신입생들 중 대학수능시험SAT 수학 과목에서 '상위 1/3'에 해당되는 학생들은 약 53%가 STEM 학위를 취득했다. 그리고 [표 3]에서 신입생의 입학 성적이 가장 낮은 대학인 하트윅 대학의 신입생들 중 '상위 1/3'에 해당되는 학생들 역시 약 55%가 성공적으로 STEM 학위를 취득했다.

흥미로운 점은 하버드 대학의 경우, 입학 성적 '하위 1/3'에 해당되는 학생들은 약 15%만이 STEM 학위를 취득했다는 것이다. 여기서 중요한 점은 하버드 대학 입학 시 성적 '하위 1/3' 학생들이 하트윅 대학의 입학 시 성적 '상위 1/3' 학생들보다 평균 성적 자체는 더 높았다는 점이다. 따라서 하버드 대학의 '하위 1/3' 학생들과 하트윅 대학의 '상위 1/3' 학생들이 STEM 학위 취득 비율에서 보인 차이, 약 40%는 결코 재능의 문제가 아닌 것이다. 즉, 그 40%는 할 수 없어서 못한 것이 아니라, 잠재력이 있음에도 불구하고 해내지 못한 학생 수를 나타낸다.

하버드 대학을 기준으로 할 경우, 수학 성적 분포에서의 STEM 학위 취득 비율은 '상위 1/3'은 54%, '중위 1/3'은 30%, '하위 1/3'은 16%다. 따라서 STEM 전공에 입학하는 학생들 중 입학 시 목표를 달성하는 학생은 수학 성적 분포상에서 약 18%, 약 10%, 약 5% 수준에 불과하다. 결국 하버드 대학 STEM 전공 학생들 중 33%에게만 대학 교육이 학생들에게 최상위 긍정감정을 선물하는 셈이다. 최상위 긍정감정 중 하나인 믿음은 우리가 할 수 있는 일을 실제로 해낼 수 있도록 해준다. 하지만 하버드 대학 STEM 전공 학생들 중 약 67%는 능력상 충분히 할 수 있는 일을 해내지 못했다.

물론, 입학 시의 목표를 달성해야지만 학생의 대학생활이 성공적인 것은 아닐 것이다. 하지만 입학 시의 목표를 성취하는 비율이 1/3 수준에 불과하다는 것은 명백한 대학 교육의 실패를 보여준다. 중요한 것은 이러한 문제가 비단 하버드 대학에서만 일어나는 것은 아니라는 점이다.

전 세계적으로 학교교육의 실패가 나타나는 유일한 원인은 아닐지라도, 중요한 원인 중 하나는 바로 '학교 교육에서의 지혜롭지 못한 사회적 피드백 시스템 문제'이다. 모름지기, 좋은 학교라면 학생들에게 최상위 긍정감정을 선물할 수 있는 사회적 피드백 시스템을 갖추고 있어야 할 것이다! 그리고 사람들에게 최상위 긍정감정을 생생하게 경험할 수 있도록 해주는 대표적인 기법이 바로 행복 게이미피케이션이다.

앞서 살펴본 에린 그루웰과 학생들 사례 그리고 미국 주요 대학들의 STEM 전공 학생들 사례는 모두 조직의 문제를 다룬 것이기 때문에, 아마도 행복 게이미피케이션을 개인의 삶에 적용한 사례를 궁금해 하는 사람도 있을 것 같다. 물론, 행복 게이미피케이션은 학교와 같은 조직뿐만 아니라, 전쟁 같은 삶을 살아가는 개인에도 중요한 기여를 할 수 있다.

앞서 CEO의 심각한 스트레스가 노화와 사망률에 미치는 영향에 대해 살펴보았듯이, CEO는 스트레스 관리가 중요한 대표적인 직업 중 하나다. 경영학 분야에서 세계 25인의 구루Guru 중 하나로 선정된 바 있는 시드니 핑클스타인Sydney Finkelstein 다트머스대 교수는 2023년 개최된 전미경영학회 연차대회에서 CEO의 핵심 덕목으로 '멘털(정신건강) 관리'를 제시했다.51) 또 미국의 대표적인 IT분야 투자회사인 앤드리슨 호로위츠의 창업자 벤 호로위츠는 CEO가 배워야 할 가장 어려운 기술은 바로 자신의 마음을 관리하는 것이라고 주장했다.52) 그에 따르면, CEO의 숙명은 바로 회사가 직면한 최고의 난제를 풀어내기 위해 '악전고투'를 하는 것이다.

하지만 경제적 불황 같은 심각한 스트레스가 CEO에게 미치는 평균적인 효과를 확대해석하는 것은 경계할 필요가 있다. 기본적으로 CEO들은 '집단 내 편차'가 상당히 큰 특징을 보이기 때문이다. 예컨대, 널리 알려진 것처럼 94세의 워런 버핏Warren Buffett은 그 누구보다도 경제적인 위기를 더 많이 겪었지만, 여전히 버크셔 해서웨이의 CEO로서 활발하게 활동 중이다.

일반적으로 스트레스의 부정적인 효과는 스트레스 자체보다 그러한 스트레스에 어떻게 대처하는가에 의해 더 큰 영향을 받는다. 그리고 스트레스를 효과적으로 관리하기 위해서는 스트레스가 뇌에 미치는 영향에 대한 과학적 이해를 바탕으로 한 마음 훈련이 필수적이다. 이것을 '마인드 피트니스mind fitness'라고 한다. 마인드 피트니스에서는 행복 게이미피케이션을 활용해 사람들이 기쁨, 희망, 사랑, 믿음, 연민, 감사, 용서 그리고 경외감의 최상위 긍정감정을 체험할 수 있도록 도움으로써 스트레스를 효과적으로 다룰 수 있게 해준다.

종 특성상, 우리는 최상위 긍정감정을 경험하면서 동시에 스트레스로 인한 고통을 체험할 수는 없다. 예컨대, 특정 시점에서 우리는 기쁨과 고통 둘 중 오직 하나만 경험할 수 있다. 왜냐하면 기쁨은 고통을 극복할 때 경험하게 되는 긍정정서이기 때문이다. 이것이 바로 최상위 긍정감정 및 행복 게이미피케이션이 스트레스 관리에 효과적인 이유다.

마인드 피트니스를 통해 스트레스에 대처하는 핵심 원리는 '물병 들기'에 비유할 수 있다.53) 만약 당신이 평생 자그마한 사이즈의 물병을 계속 들고 서 있어야 한다고 가정해 보자. 처음에는 누구든지 큰 어려움 없이 물병을 계속 들고 서 있을 수 있다. 하지만 시간이 지날수록 점점 더 견딜 수 없을 것이다. 그러나 물병을 잠시 내려놓았다가 다시 드는 것을 계속 반복할 경우, 사실상 물병을 오랫동안 들고 서 있는 것과 마찬가지지만 그래도 충분히 견뎌낼 수 있을 것이다.

스트레스도 마찬가지다. 대부분의 스트레스는 처음에는 별다른 문제를 일으키지 않는다. 하지만 시간이 흐를수록 스트레스는 고통을 가중시켜 결국 신체적으로 그리고 정신적으로도 심각한 문제를 일으키게 된다. 그러나 상징적으로 물병을 잠시 내려놓았다가 다시 드는 일을 반복하는 것과 유사한 형태의 스트레스 대처 활동을 할 경우, 우리의 시상하부는 더 이상 경고등을 켜지 않고 스트레스 역시 우리의 신체적, 정신적 건강을 해치지 못하게 된다. 다시 말해서, 스트레스에 효과적으로 대처하는 방법은 시상하부가 눈치 채지 못하도록 일종의 트릭을 사용하는 것이라고 할 수 있다.

마인드 피트니스는 인생이라는 학교에서 배우는 중요한 삶의 기술 중 하나로 누구나 배우고 훈련할 수 있는 것이다. 그런데 중요한 점은 아는 사람은 알지만 모르는 사람은 모르는 기술에 해당된다는 것이다. 아마도 CEO와 같은 리더들이 심각한 스트레스에 효과적으로 대처하는 방법을 참고하는 것은 많은 사람들에게 시사점을 줄 것으로 기대된다. 다음에 소개하는 유명 CEO들의 스트레스 관리 방법들은 비록 그들이 마인드 피트니스라는 용어를 사용하지는 않았지만, 행복 게이미피케이션에 기초한 마인드 피트니스의 원리와 잘 부합되는 사례들이다.

아마존의 CEO 제프 베조스는 한 인터뷰에서 자신이 스트레스에 대처하는 방법을 다음과 같이 소개했다. "스트레스는 당신이 어느 정도는 통제할 수 있는 어떤 것에 대해 전혀 조치를 취하지 않을 때 주로 문제가 됩니다. 저는 문제 상황에 대해 인식하자마자, 일단 전화를 걸거나, 이메일을 보냅니다. 비록 그러한 대처행동이 문제 상황을 실제로 해결해 주지 않더라도 말이지요. 하지만 문제 상황 하에서 무언가를 하고 있다는 단순한 사실이 문제 상황이 야기할 수 있는 스트레스를 극적으로 줄여줄 수 있습니다."54)

여기서 중요한 점은 제프 베조스가 스트레스에 대처하는 방법은 겉으로만 본다면 누구나 흉내 낼 수 있는 것처럼 보인다는 점이다. 하지만 그런 대처 방식이 실제로 효과를 나타내기 위해서는 과거 자신의 스트레스 대처방식의 효과가 현재의 문제에도 유효할 수 있다는 '희망'을 생생하게 느낄 수 있어야만 한다. 시상하부가 스트레스 상황이라는 점을 실제로 눈치 채지 못하도록 해야 한다는 점이다. 즉 단순히 스트레스 상황이 아닌 것처럼 연기를 하는 것이 아니라, 실제로 스트레스 상황이 아닐 때 행동하는 것처럼 실행에 옮겨야 한다는 것이다. 바로 이러한 방법이 실제로 효과를 나타낸 수

있도록 돕는 대표적인 방법이 바로 행복 게이미피케이션 혹은 낙관
성을 중심으로 한 마인드 피트니스다.

애플의 CEO 팀 쿡은 한 인터뷰에서 자신이 CEO로서 경험하는
중압감을 견뎌내기 위한 스트레스 대처 비법을 소개하면서 '정신적
구강 세정제mental palate cleanser'라는 표현을 사용했다.55) 상쾌한 세
정제로 입을 헹구면 시원한 느낌이 드는 것처럼 마음을 정화시키는
역할을 해준다는 뜻이다. 그는 CEO로서의 중압감이 가중될 때마다
간단한 '트릭'을 사용한다. 바로 밖으로 나가는 것이다(이런 트릭은 눈
과 귀가 없는 시상하부에 충분히 먹힐 수 있다!).

그에 따르면, 나무와 야생동물 그리고 연못들이 있는 애플 파크
Apple Park는 그가 과거에 처음으로 자연을 통해 '기쁨'과 '사랑'을 느
끼게 되었던 날들을 떠올리게 해준다. 그는 자신의 정신적 '구강 세
정제'에 관해 다음과 같이 설명했다. "저는 이곳 애플 파크에서 늘
마음을 편안하게 해주는 것들과 하이킹에 대해 생각합니다." 그는
이처럼 업무 스트레스에 시달릴 때 사무실에서 밖으로 나가 자연을
음미하는 것과 같은 정신적 구강 세정제 활동이 그 어떤 방법들보
다도 더 낫다고 주장했다.

이것은 최상위 긍정감정 중 일부인 기쁨과 사랑을 스트레스 관
리에 이용한 사례라고 할 수 있다. 여기서 주의할 점은 팀 쿡의 방
법 역시 누구나 따라할 수 있을 것처럼 보이지만, 실제로 효과를 내
기 위해서는 행복 게이미피케이션의 원리를 효과적으로 활용하는
것이 중요하다는 점이다.

마인드 피트니스의 원리를 가장 잘 실천하는 대표적인 CEO 중
하나로는 워런 버핏을 들 수 있다. 그는 한 인터뷰에서 자신의 통제

권을 벗어난 난제들에 직면했을 때 자신이 해결할 수 없는 문제들 때문에 걱정하지 않는다고 말했다.56) 그보다는 스트레스를 경감시키기 위해서 스스로 처방하는 것이 가능한 문제 상황들과 과제들에 주로 초점을 맞춘다고 주장했다. 그에 따르면, 핵전쟁이나 팬데믹처럼 세상에는 자신이 해결할 수 없는 문제들이 많지만, 자신이 해결할 수 있는 것들이라면 이를 생각하는 데 집중한다는 것이다.

놀랍게도 그는 다음과 같이 단호하게 주장했다. "저는 잠자리에 들 때 결코 버크셔와 우리가 당면 과제를 어떻게 다뤄야 할지를 걱정하지 않습니다." 그의 이런 말은 스트레스에 효과적으로 대처하는 데 최상위 긍정감정 중 하나인 '믿음'이 중요하다는 점을 보여주는 예라고 할 수 있다.

하지만 워런 버핏이 원래부터 스트레스에 효과적으로 대처했던 것은 아니다. 그에게도 일종의 애벌레 시절은 있었다. 그는 젊은 시절에 불안 수준이 높아서 다른 사람들 앞에서 말을 하는 것을 매우 두려워했다.57) 심지어는 청혼을 하는 것조차 힘들어 할 정도였다. 워런 버핏 사례는 기질적으로 스트레스에 대처하는 데 취약한 사람도 꾸준한 노력을 통해 '환골탈태'하는 것이 가능하다는 점을 분명하게 보여준다.

마지막으로, 중요하게 고려해야 할 점은 스트레스에 대처하기 위해 마인드 피트니스를 훈련할 때 '백조 타입'이라고 부르는 행동 유형과 혼동해서는 안 된다는 것이다. 백조는 수면 위에 우아하게 떠 있는 것 같은 인상을 주지만, 수면 아래에서는 오리처럼 연신 자맥질을 한다. 백조 유형처럼 스트레스에 대처하는 것은 건강에 도움이 되기보다는 오히려 해를 준다.

심리학자 웨그너와 동료들의 '빙산 위를 거니는 백곰 실험'은 이런 점을 잘 보여준다.58) 그들은 연구 참여자들에게 5분간 백곰 white bear에 대해서 생각하지 않기 위해 노력하라고 요구했다. 그러자 연구 참여자들은 열심히 노력했음에도 불구하고 5분간 평균 7회 정도 백곰 생각을 하게 됐다고 응답했다. 이 실험에서 참여자들이 단순히 백곰 생각을 하지 않기 위해 회피적인 노력을 기울이는 것은 '역설적인 효과'를 낳았다. 역설적인 효과란 스트레스를 유발하는 대상이나 문제에 대해 회피적인 노력을 기울일 경우, 오히려 자신이 피하고자 하는 사고 내용에 대한 생각이 더 잘 떠오르게 되는 것을 말한다. 이것은 결국 스트레스 상황에서 시상하부의 컨디션을 조절하는 데 실패하게 되는 것을 뜻한다. 따라서 스트레스로부터 벗어나기 위한 시도를 하는 경우에 어떤 행동을 선택하든지 간에 실제로 그러한 활동을 하는 동안 스트레스 문제에 대한 생각이 떠오르지 않을 만큼 '몰입 상태'를 계속 유지하는 것이 중요하다. 그리고 몰입 경험은 행복 게이미피케이션이 갖는 가장 확실한 효과 중 하나다.

요약하자면, 전쟁 같은 삶에 대처할 때, 마인드 피트니스의 핵심 원리는 찰나의 순간일지라도 스트레스로부터 실제로 벗어날 수 있는 의미 있는 대처 행동을 함으로써 시상하부에 스트레스 정보가 축적되지 않도록 하는 것이다. 단, 시상하부의 컨디션을 조절하는 행동을 백조 유형으로 불리는 행동과 구분해야 한다. 이때 행복 게이미피케이션은 스트레스 상황에서 몰입의 경험을 제공해 줌으로써 시상하부가 스트레스 상황이 아닌 것으로 받아들이도록 하는 데 도움을 준다. 이러한 마인드 피트니스의 원리는 단순히 배우는 것만으로는 충분하지 않고 평생에 걸쳐 지속적으로 훈련을 하는 것이 중요하다.

　만약 마인드 피트니스의 핵심 원리에 대해 더 알고 싶은 경우에는 『행복의 품격(고영건, 김진영 공저, 한국경제신문사)』을 참고하기 바란다. 이 책에는 누구나 스트레스에 효과적으로 대처하는 데 쉽게 활용할 수 있는 심리학적인 기술들이 소개되어 있다.

21세기에 대한
심리학적 전망

20세기를 되돌아봄으로써 21세기를 전망하다!

　　과연 21세기는 어떤 시대가 될 것인가? 이 질문에 답하는 여러 방법이 있겠지만, 분명한 것은 적어도 2020년대까지는 21세기의 전형적인 모습이 결정되지 않은 상태일 것이라는 점이다. 1920년대를 떠올려보자. 과연 1920년대에 살던 사람들은 20세기가 어떤 시대였는지에 대해 답할 수 있었을까? 아마도 어려웠을 것이다. 마찬가지로, 지금 사람들도 21세기가 어떤 시대가 될 것인지 말하기는 어려울 것이다.

　　보통 '예측forecasting'은 확률 형태로 주장하는 것을 말한다.1) 예를 들면, "내일 비가 올 확률이 20%다."라는 식의 일기예보가 예측의 전형적인 예다. 현시점에서 우리는 21세기가 어떤 시대가 될 것인지 자신있게 예측하기는 어렵다. 다만, 우리가 할 수 있는 일은 20세기의 역사를 살펴보는 것을 통해 21세기가 어떻게 전개될 것인지 '전망'해 보는 것이 될 것이다.

　　전망의 기술에서의 첫걸음은 전망할 수 있는 것과 전망할 수 없는 것을 지혜롭게 구분해내는 것이다. 우리가 미래의 구체적인 경제적인 지표를 정확하게 예측하는 것은 어려울지라도, 다양한 사회경제적인 지표들을 통해 일종의 '심리사회적 무드psycho-social mood'

를 전망해내는 것은 가능하다. 심리사회적 무드는 일종의 심리사회적 분위기로서, 한 사회에서 다년간 장기간에 걸쳐 나타나는 정서적 기류를 뜻한다.

21세기 초반을 전망하는 데는 가장 가까운 세기인 20세기 초반의 역사적 사건과 그 영향을 심리학적으로 분석하고 참고하는 것이 효과적일 것이다. 20세기 초반 전 세계적으로 영향을 미친 대표적인 사건들로는 제1차 세계대전, 스페인독감, 경제 대공황Great Depression을 들 수 있다. 이 세 가지 사건은 전 세계 국가들에게 직·간접적으로 많은 영향을 미쳤지만, 그중에서도 그 사건들과 관련해서 세계사적인 영향력이 가장 컸던 나라는 바로 미국이었다.

"최고의 비즈니스는 바로 전쟁이다"2)라는 말이 있다. 외견상, 1차 세계대전 후의 미국의 경제상황은 이러한 주장을 효과적으로 뒷받침해 준다. 한마디로 1차 세계대전이 경제에 미친 영향은 '유럽의 몰락과 미국의 번영'이라는 표현으로 요약될 수 있다.

1차 세계대전은 미국이 세계 경제에서 차지하는 위상을 근본적으로 변화시켰다.3) 1차 세계대전 이전까지만 하더라도 미국은 오랫동안 채무국이었다. 그러나 전쟁 이후, 미국은 순채권국이 되었다. 1914년 미국의 해외 투자 규모는 50억 달러인 반면, 외국이 미국에 투자한 금액은 72억 달러였다. 즉, 미국은 22억 달러 규모의 순채무국이었다.

하지만 종전 후인 1919년에 미국의 해외 투자는 97억 달러로 증가한 반면 외국의 대미 투자는 33억 달러로 감소했다. 즉, 미국은 64억 달러 규모의 순채권국이 된 것이다. 전쟁 전까지만 해도 세계 자본시장의 중심은 런던이었고 영국은행이 세계에서 가장 영향력 있는 금융기관이었다. 하지만 종전 후에는 세계 금융의 중심이 뉴욕으로 이동했고 미국의 연방준비제도Federal Reserve의 역할도 크게 강화되었다.

게다가 유럽의 국가들은 전쟁 중에 대부분의 산업 시설들이 파괴되었기 때문에 전후에도 생산품을 제대로 생산할 수 없었다. 하지만 1차 세계대전의 전장이 유럽이었던 관계로 미국은 산업 시설의 피해를 보지 않았고 그 결과 자연스럽게 전후에 글로벌 비즈니스의 주도권을 쥐게 되었다.

'광란의 20년대Roaring Twenties'는 1차 세계대전 후의 1920년대 미국 사회를 표현하는 대표적인 용어 중 하나다.4) 1920년대에 미국은 경제적 번영과 미래에 대한 장밋빛 기대감이 사회 전반에 걸쳐 만연되어 있던 시대였다. 1920년부터 1929년까지 국가의 총자산은 두 배 이상 증가했다. 그 결과, 경기는 호황이었고 각종 비즈니스는 번창했으며 주식시장은 급등했고 생활수준도 높아졌다. 당시 미국의 심리사회적인 분위기는 장밋빛으로 채색되어 있었다.

하지만 심리사회적인 분위기가 장미빛을 띠고 있다고 해서 항상 좋은 것만은 아닐 수 있다. 그러한 장밋빛이 '기쁨joy'에 기초한 것일 수도 있지만 때로는 '경조증hypomania'처럼 들뜨고 불안정한 정서 상태를 반영하는 것일 수도 있기 때문이다.

미국의 광란의 20년대에 대한 실상을 정확하게 파악하기 위해서는 그 이후에 드러난 1929년의 경제 대공황으로 이어지는 역사적인 흐름을 함께 고려할 필요가 있다. 이러한 역사적인 흐름을 놓칠 경우, 미국의 1920년대는 1차 세계대전 후의 단순한 경제적 부흥기로 오인될 수 있다.

　　1차 세계대전 종전 후 1920년대의 미국은 외견상 호황기를 구가하는 것처럼 보였다. 상품은 넘쳐났고 새로운 수준의 소비와 여가 생활이 가능했으며 미국은 세계 최강대국으로 자리 잡았다. 또 정부와 기업은 가난의 시대가 끝이 났다고 홍보하는 데 열을 올렸으며 주가는 천정부지로 솟구쳤다.

　　하지만 일부 심리사회적인 분위기와 관련된 지표(예컨대, 출산율)는 광란의 20년대 시기가 기쁨으로 충만된 것이 아니라, 사실은 경조증적인 성격에 가까운 불안정한 시대였음을 보여준다. 이런 점에서 전후 1920년대 광란의 질주 시대는 미국 사회가 일종의 집단 히스테리에 사로잡혀 있었던 시기이며 이미 파국적인 미래에 대한 어두운 그림자가 깊게 드리워졌던 시기라고 할 수 있다.5) 여기서 집단 히스테리mass hysteria는 극심한 스트레스 환경 속에서 발생하는 사회 정신병리 현상을 말한다.6) 이런 맥락에서 미국의 광란의 20년대에 대한 심리학적인 분석을 진행하고자 한다.

1차 세계대전 직후 미국의 집단 히스테리

2

　1차 세계대전이 전 세계 시민들에게 끼친 영향력은 엄청난 것이었다. 1차 세계대전 직후 전 세계는 가치관의 혼란을 경험했다. 1차 세계대전 때 표출된 인간 본성의 잔인함이 세계시민들을 충격과 공포로 몰아넣었던 것이다.

　1차 세계대전의 대표적인 특징 중 하나는 역사상 유래가 없었던 참호전이었다는 점이다.[7] 사실 전쟁 초기에는 그 누구도 이 전쟁이 수년씩이나 지속될 것이라고는 예상하지 못했다. 하지만 현대식 기관총과 대포로 무장한 양측이 맞붙게 되자, 양측 모두 적진을 향해 무작정 돌격하는 보병전은 무의미한 일이라는 사실을 금방 깨닫게 되었다. 그 결과, 양측 모두 서부전선에서만 2만 4,000km에 이

1차 세계대전 중의 참호전 대치 장면

르는 참호를 구축한 상태에서 적들의 공격을 분쇄하는 데 전력을 기울이는 지옥 같은 참호전을 벌이게 되었다. 따라서 수백만 명의 병사들이 좁고 길게 늘어선 황량한 전투구역에 오랫동안 갇힌 채 전투를 치러야 했다.

1,460일 동안 참전한 병사들은 극한의 상황에서 육체적, 심리적인 공황 상태를 경험해야 했다. 프랑스의 한 장교는 이때의 참전 경험을 이렇게 말했다. "인간은 미쳤다! 현 사태를 지속한다는 것은 미친 짓이다. 이 지독한 살육전이라니! 이 끔찍한 공포와 즐비한 시체를 보라. 지옥도 이렇게 끔찍할 수는 없을 것이다. 인간은 미쳤다!"[8]

1차 세계대전의 특징적인 전투 양상은 사람들에게 극심한 공포감을 심어주었다. 바로 보이지 않는 적인 독가스에 대한 공포였다. 화학적으로 정제된 독가스가 최초로 사용된 것은 독일군이 1차 세계대전 당시 벨기에 전선에서 염소가스를 실전에 투입했을 때였다. 무색 무취의 독가스에 노출된 병사들은 전혀 손쓸 수 없이 그저 무기력하게 죽음을 맞이할 수밖에 없다는 사실에서 극도의 공포감을 경험해야 했다. 독가스 공격으로 불과 몇 분 사이에 사단 병력이 궤멸되기도 했으며 약 9만 명이 사망하고 총 130만 명이 부상을 입었다.[9] 독가스에 노출된 병사들은 온몸이 화상투성이로 돌변했고 겨자 색깔로 곪아 터진 물집으로 범벅이 되었다. 그들은 숨조차 제대로 쉴 수 없는 고통 속에서 죽어 갔다.

1차 세계대전 무렵에 독가스처럼 보이지 않는 적에 대한 공포감을 경험한 것은 참전했던 군인들만은 아니었다. 전후에 유럽뿐만 아니라 미국사회에서도 보이지 않는 적에 대한 극도의 공포심을 조장하는 사건이 발생했는데 바로 스페인 독감이었다.

　　스페인독감은 1차 세계대전이 끝난 직후인 1918년에서 1919년 사이에 주로 참전 군인들에 의해 전염되었다. 조류독감의 일종이었던 스페인독감으로 전 세계적으로 1억 명 이상이 희생된 것으로 알려졌다.10) 이는 제1차 세계 대전의 사망자 수보다 6배나 많은 숫자였다. 이러한 스페인 독감은 인류 역사상 최악의 전염병 중 하나로 기록되고 있다.

스페인독감이 유행하던 시기에 마스크 미착용 승객의 탑승을 거부하는 장면

이 스페인독감은 1차 세계대전에 참전했던 미군들이 귀환하면서 미국에까지 확산되었다. 미국에서 첫 환자가 발생한 지 한 달 만에 2만 4천 명의 미군이 독감으로 죽고 총 50만 명의 미국인이 사망하였다. 스페인 독감의 영향으로 미국에서는 마스크를 쓰지 않은 사람은 아예 전차 탑승이 거부되기도 했다.

　　보이지 않는 적에 대한 공포반응은 1차 세계대전이 끝난 직후에 미국 사회에서 또 다른 형태의 집단 히스테리로 전환되었다.11) 미국적이지 않은 것(예컨대, 스페인 독감)에 대해 극도의 증오감을 나타내는 것이다. 그 대표적인 예가 바로 '적색 공포Red Scare'였다. 적색 공포는 1920년대 초반 미국사회의 주요한 정치, 사회, 문화적 현상 중 하나로서 1차 세계대전 중에 공산화가 된 소련이 갖는 파급력에 대한 공포심을 말한다.12) 적색 공포의 여파로 미국에서는 집단 히스테리적 애국주의가 출현하여 대대적인 공산주의자 소탕전이 벌어졌다.

1919년 11월에 미국의 법무장관 파머Alexander M. Palmer는 미국 내 공산주의자들과 무정부주의자들을 잡아들인 후 강제추방 명령을 내렸다. 전시의 치안법에서는 과격한 외국인들을 추방할 수 있었는데 전쟁이 끝났는데도 파머는 치안법을 적용했다. 또 1920년 1월 1일에는 미국 전역에서 열린 공산주의자 집회를 경찰이 급습하기도 했다. 이때 집회 현장에 있던 사람들 모두가 연행 대상이 되었는데 약 6천 명이 체포되어 감옥으로 보내졌다. 하지만 이들 중 대부분은 나중에 공산주의자임을 입증할 수 있는 증거가 불충분하다는 이유로 방면되었다. 1920년대 초반의 공산주의자 소탕 작전은 그 모토가 "S. O. Sship or shoot(추방이냐 사살이냐)"였을 정도로 비합리적이었고 집단 히스테리적인 성격이 강했다.13)

전후 미국사회에서 형성된 이러한 집단 히스테리는 쉽게 가라앉지 않았다. 극우 애국주의자들은 시간이 흐를수록 강렬한 공포분위기를 조장하였다. 특히 극우 애국주의자들은 자신들이 제거하고 싶은 사람들이 있는 경우, 볼쉐비키Bolshevik의 포장만 뒤집어씌우면 문제가 쉽게 해결된다는 것을 깨달았다. 그 결과, 적색 공포는 사람들로 하여금 급진주의로 오인받는 것에 대한 집단 히스테리 반응을 유발하였다.

결국 1920년대 미국 사회에서는 전쟁이 끝났음에도 불구하고 사람들이 모두 무언가를 두려워하게 되는 기이한 일들이 벌어지게 되었다.14) 이러한 적색 공포 히스테리는 대단히 심각해서, 한 자유주의 저널리스트가 속마음을 주고받던 인디애나 주의 친구를 방문했을 때 친구의 방문에 당황한 저널리스트는 사무실 문을 닫고도 엿듣는 귀를 염려해서 옆 사무실 쪽으로 나있는 창문을 닫기 전까지는 정치 얘기를 하지 못하게 할 정도였다. 1922년에 캐서린 제롤드Katherine Gerould는 하퍼스 매거진Harepr's Magazine에 다음과 같이 썼다. "미국은 더 이상 이전과 같은 의미의 자유국가가 아니다. 자유는 점점 더 단순한 수사적 표현에 불과한 것이 되고 있다. 감히 말하건대, 이제 생각하는 시민은 자신의 진실된 신념의 일부 이상을 자유롭게 표현할 수 없다. 물론 그 신념이 명백히 죄가 되는 것이 아님에도 말이다."15)

적색 공포 신드롬에 힘입어 1920년대 미국의 기업들은 오픈 숍open shop을 기반으로 한 미국적 자본주의 계획을 펼쳐나갈 수 있었다. 이것은 노조의 힘을 무력화시키는 전략이었다. 기업에 입사를 하면 의무적으로 가입해야 하는 유니온 숍union shop과는 달리, 오픈 숍에서는 특정 노조 가입을 고용 조건으로 하지 않아도 되었다.

'미국적이지 않은 것에 대한 반감'에 기초한 집단 히스테리는 일종의 불관용intolerance을 미덕화하는 병리적인 문화를 창출하기도 했다.16) 전쟁 중에 확산되었던 자국에 대한 충성심과 적국에 대한 증오감은 그 내재된 관성으로 인해 전쟁이 끝난다고 해도 쉽게 사그러들 수 있는 것이 아니었다. 종전으로 인해 방향성을 잃어버린 백인 개신교도들의 내부 감정들(충성심과 적개심)은 비미국적으로 보이는 모든 것들을 처단하는 방향으로 에너지의 분출 방향을 바꾸었다. 그 결과 흑인과 유대인 그리고 로마 가톨릭교에 대한 반감이 사회적으로 걷잡을 수 없이 확산되었다.

이러한 불관용주의의 결정체는 바로 KKK였다.17) 일명 쿠 클럭스 클란Ku-Klux-Klan으로 불리는 KKK는 흑인, 유태인, 그리고 여타의 소수자들에 대한 적개심과 폭력을 선동하는 백인 남성 비밀결사 조직이었다 KKK는 미국의 대통령 워렌 하딩Warren Gamaliel Harding과 해리 트루먼Harry S. Truman도 조직에 가담한 적이 있을 정도로 미국 사회 전역에 걸쳐 막대한 영향력을 행사했다.

1925년 KKK의 워싱턴 시가 행진

사실 KKK는 1920년까지만 해도 단원이 수백 명 수준에 불과했다. 하지만 회원모집책에게 회원 가입비의 일부를 지급하는 형태의 다단계판매조직의 기법을 도입한 결과, 불과 4년 만에 단원 수가 450만 명으로 불어났다. 적색 공포 히스테리와 마찬가지로 비미국적인 것에 대한 반감에 뿌리를 둔 이러한 심리사회적 분위기는 내재된 공포를 지속시키고 온갖 종류의 변태적인 잔학행위와 범죄를 양산하였다. 1921년 5월 31일, 백인 폭도들이 오클라호마주 털사Tulsa의 흑인 지구인 '블랙 월스트리트Black Wall Street'를 습격했다.18) 이 공격으로 불과 이틀 만에 300명 이상의 흑인 주민이 살해당했고 40개 블록이 잿더미로 변했으며 무려 1만 명에 달하는 흑인 주민이 집을 잃었다.

비미국적인 것에 대한 반감에 뿌리를 둔 집단 히스테리 형태의 심리사회적 분위기는 인류 역사상 가장 기묘한 사회실험으로까지 이어졌다. 바로 '고귀한 금주법禁酒法의 시대'를 연 것이다. 미국의 금주법은 1919년 1월 16일 미국 의회에서 미국 수정헌법 제18조 수정안을 비준해 제정한 법으로서 술의 제조, 판매, 운반, 및 수출입을 금지하는 법안이다. 미국이 1차 세계대전에 참전하게 된 것은 금주법을 찬성하는 지도자들에게 좋은 기회가 되었다. 바로 1차 세계대

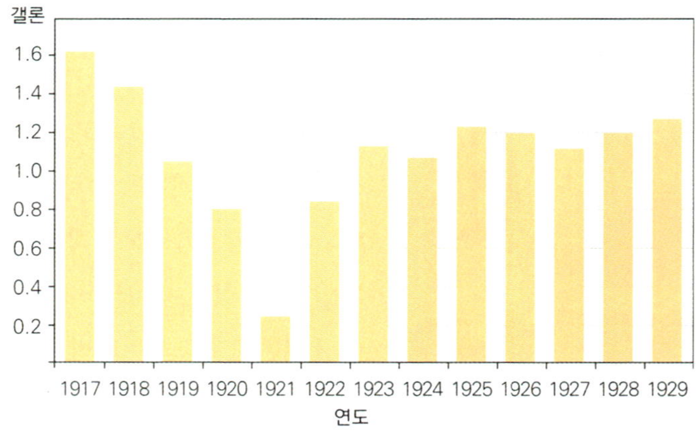

전이 완전한 금주를 반대했을 사람들의 관심을 다른 곳으로 돌려준 것이다. 특히 전시체제는 사람들로 하여금 정부에게 폭넓은 권한을 양도하도록 하는 데 익숙해지도록 만들었다.

사실, 금주법은 실현 불가능한 법안이었다. 1932년 컬럼비아 대학팀의 연구에 따르면, 금주법이 시행된 직후인 1921년에는 알코올 소비량이 감소했으나 그 다음해부터는 예전의 평균치 수준으로 되돌아갔다(그림 39 참조).[19] 이 정책은 사람들로 하여금 맥주 대신 도수가 높은 증류주로 전환하게 만들었고 조직범죄 집단이 주도하는 대규모 알코올 암시장을 조장함으로써 오히려 음주 문제를 악화시켰다는 점에서 명백히 실패한 정책으로 평가받는다.

비현실적인 법안인 금주법이 미국에서 무려 14년간이나 지속될 수 있었던 것은 전후 미국 사회가 보였던 독특한 집단 히스테리 양상과 밀접한 관계가 있다. 첫째, 금주법은 비미국적인 것에 대한 공포와 적개심이 분출될 수 있는 일종의 감정적 통로 역할을 했다는 점이다. 사실 금주법의 경우, 표면적으로는 알코올 중독과 범죄를 줄이는 것이 법을 제정한 명분이었으나 실질적으로는 양조업과 증류업에 종사하는 독일 이민자들을 견제하기 위한 것에 가까웠다. 1차 세계대전 참전으로 인해 미국 내에서는 독일에 대한 감정이 좋지 않았는데 금주법은 독일 이민자들이 양조업으로 부를 쌓는 것을 방지할 스 있게 해주었다.

둘째, 금주법은 1차 세계대전의 승전국이자 세계의 패권국가가 된 것에 대한 선민의식과 비현실적인 형태의 낭만적 기대감을 반영하고 있다. 허버트 후버Herbert Clark Hoover 대통령과 같은 정치인들에게 금주법은 "숭고한 동기와 원대한 목적을 지닌 위대한 사회·경제적 실험"[20]이었을지라도, 현실적인 관점에서 본다면, 그것은 유토피아적인 이상을 꿈꾼 것에 불과했다.

사실 1920년대 내내 미국 사회의 발목을 붙들었던 대표적인 사회문제는 금주법 문제, 갱단 문제, 그리고 공갈 협박 문제였다.[21] 이러한 사회문제의 핵심에는 바로 금주법이 자리잡고 있었다. 왜냐하면, 금주법의 최대 수혜자가 당시의 대표적인 조직폭력배인 알 카포네Al Capone였기 때문이다.

알 카포네는 개인이 한 해에 벌어들인 총수입에서 당시에 세계 최고기록을 보유하기도 했다.[22] 그는 1927년 약 1억 500만 달러의 소득을 올렸다. 이 금액은 미국의 물가 상승에 따른 실질 가치를 반영할 경우, 2025년 기준 약 19억 달러 수준에 해당된다. 이 수입은 주로 불법 주류 거래, 밀주 생산, 도박장 운영, 공갈과 협박에 기초한 '보호비' 갈취, 성매매 등의 범죄 활동을 통해 얻은 것이었다.

전후 신인류의 등장: 집단히스테리의 개인적 전환

1920년대 초반, 미국에서는 아주 특별한 성 문화가 모습을 드러냈다. 이 시기에 미국의 대중들은 정신적으로 매우 피로해 했다. 전쟁의 흥분과 적색 공포 소동이 가져다준 심리적 긴장감에 지친 미국인들은 휴식과 더불어 치유를 간절히 열망했다. 하지만 적색 공포로 인해 심리적인 욕구를 배출할 수 있는 통로는 매우 제한되어 있었다. 적색 공포에 대해 사람들이 환멸을 느끼기 시작할 무렵에, 미국의 젊은이들은 히스테리적인 애국주의자들이 아무리 옭아매려 해도 도저히 공산주의와는 전혀 관련지을 수 없는 새로운 문화적 풍토를 만들어냈다. 1920년대 초반에 등장한 '뉴맨'과 '뉴워먼'이 바로 그 새로운 문화의 주역들이었다.

1919년 발표된 '아메리카 결혼행진곡' 악보 표지

미국 사회에서는 1차 세계대전 때 전쟁 결혼이 유행했다. 전쟁 결혼은 전쟁 소식 또는 참전이 계기가 되어 갑작스럽게 진행하는 결혼식을 말한다. 당시에 군인들과 그 연인들은 훈련소나 전선으로 출발할 때 특별한 정서를 경험하게 되었다. '내일 죽을 수 있으니, 오늘은 즐기자'[23)는 분위기에 빠지는 것이다.

　1차 세계대전 때 프랑스 등 유럽 지역에 참전했던 2백만 명의 미군 병사들은 당시에 자신이 생활하던 곳에서 적용받던 도덕률로부터 벗어난 생활을 했다. 또 간호원 또는 군무원으로 파견되었던 미국 여성들 역시 본국에서 양가집 숙녀들이 받았던 것과 같은 전통적인 속박에서 벗어나 비교적 자유롭게 생활할 수 있었다.

　특히, 프랑스인은 성 문제에 대한 태도가 미국인과는 상당히 달랐다. 프랑스 당국은 군부대 인근에 성매매 업소가 공존하는 것을 당연시해서 공공연하게 용인했지만, 미군 지휘관에게 이것은 충격적인 일로 받아들여졌다.24) 이러한 상황에서 유럽으로 파견된 미군 중 일부는 성적으로 타락한 생활을 일삼았다. 결과적으로, 이 시기에 매춘 및 성병 문제는 미군을 줄기차게 따라다녔던 문제들 중 하나가 되었다.

　전쟁이 끝난 후에도, 이러한 젊은이들의 심리적 세계 속에서는 전쟁 당시의 관성이 작용했다. 이들의 마음은 전쟁 후에도 쉽게 전쟁 이전의 상태로 되돌아갈 수 없었다. 이런 맥락에서 1920년대 미국의 젊은이들은 전쟁을 포함한 세상사에 대한 환멸과 회의감 그리고 세상의 속박으로부터 심리적 자유를 추구하고 싶어 하는 갈망을 적극적으로 표현하기 시작했다. 1920년대에 출현한 플래퍼flapper가 그 대표적인 예이다.

　플래퍼들은 활기차고 자유로운 삶을 추구한 미국의 1920년대 젊은 여성들로서, 당시의 대중들에게는 충격적이고 부도덕하며 심지어 위험하다고 여겨지기도 했다.25) 그 이름은 주로 그들이 입었던 주름 잡힌 짧은 치마가 춤추며 회전할 때 펄럭이는 모습을 빗대어 붙여진 이름이었다.

사실 플래퍼는 젊은 여성 매춘부를 지칭하는 '플랩flap'이라는 16세기 영국 속어에서 유래한 말이다.26) 1차 세계대전 당시 프랑스에서 이 말은 단발머리에 짧은 치마를 입은 길거리 매춘 여성을 가리키는 말로 사용되었다.27) 당시에 이들과 인상 깊은 경험을 했던 미군들은 귀국 후 짙은 화장을 하고 브래지어와 속치마를 착용하지 않는 식으로 대담하게 옷을 입으며 춤과 술 그리고 담배를 즐기는 자유분방한 젊은 여성들을 플래퍼라고 불렀다. 이들 플래퍼는 1920년대 미국의 성혁명 시대의 주역으로 활약했다.

넓은 의미에서 플래퍼는 1차 세계대전 이후 사회참여가 늘어난 신여성을 뜻한다. 1914년부터 1918년까지, 제1차 세계대전은 수많은 영국 여성들의 삶을 송두리째 뒤바꿔놓았다.28) 10만 명이 넘는 여성이 여성농업군에 자원하여 전통적인 성별 규범에 도전했다. 또 다른 여성들은 여성 왕립 해군 보조대, 여성 육군 보조대, 여성 왕립 공군에 입대해 정비공, 운전사, 청소부, 식당 직원, 행정원 등으로 일했다. 전쟁 전에는 주로 가사일을 했던 여성들이 전쟁을 계기로 '남성의 일'을 하기 시작한 것이다.

이러한 맥락에서 플래퍼 복장 자체는 전쟁 중에 많은 천이 필요한 의상을 착용하는 것은 낭비라는 인식이 사회적으로 확산된 점과 더불어 여성들이 활동하기에 편한 의상을 필요로 했던 시대상을 반영한 것이라고 할 수 있다.29)

또 플래퍼 문화의 확산은 미국에서 1920년 8월 26일에 마침내 여성들이 투표권을 획득하게 된 것과도 밀접한 관계가 있다.30) 이러한 사회적 변화 과정에서 여성들은 남성과 사회적으로 동등한 존

재가 되기를 원했고, 경제적 독립과 '성적 권리sex rights'에 대한 자각
으로 이어졌다.31)

플래퍼 룩

하지만 이러한 시대적 배경과는 무관하게, 1920년대 대중들에게 비친 플래퍼의 전형적인 모습은 짧은 치마에 담배를 물고 재즈 음악에 맞추어 몸을 흔들어 대는 일종의 '노는 여자'였다. 플래퍼들은 단발머리 위에 군인들의 철모와 유사한 클로슈cloche라는 모자를 썼다. 이 클로슈 모자는 일종의 커뮤니케이션 장치이기도 했다. 플래퍼들은 클로슈 모자의 기울기로 "심심해요"부터 "밀주 숨겨요, 경찰이에요"에 이르기까지 다양한 신호를 보낼 수 있었다.32)

플라퍼들은 재즈와 불가분의 관계를 맺고 있었다. 피츠제럴드F. Scott Fitzgerald는 '위대한 개츠비The Great Gatsby'의 시대적 배경이었던 1919년 노동절May Day에서 1929년 10월 경제 대공황까지의 10년간을 재즈시대The Jazz Age라고 불렀다. 피츠제럴드는 재즈시대의 의미에 대해 다음과 같이 설명하였다. "재즈라는 단어는 첫째로 섹스, 그 다음 춤, 그리고 음악을 의미해왔다. 그것은 전선의 후방에 있는 대도시들의 상태와 다르지 않은 초조한 흥분 상태와 관련 있다."33)

재즈Jazz는 19세기 후반에서 20세기 초 사이 미국 뉴올리언스의 아프리카-계 미국인 공동체에서 시작된 음악 장르이다.34) 이러한 재즈의 유행은 비미국적으로 보이는 모든 것들을 처단하는 방향으로 진행되었던 종전 직후 미국 사회의 에너지 분출 방향이 선회하게 되었음을 보여준다.35) 재즈는 상징적인 의미에서 흑인과 백인의 문

화적 결합을 의미하기 때문이다.

또 재즈의 유행은 1차 세계대전으로 인한 비극으로부터 벗어나고 싶어 하는 심리사회적 욕구와도 밀접한 관계가 있다.36) 뉴올리언스 고유의 전통 중에는 재즈 장례식jazz funeral이 있다.37) 이 전통 장례 행사에서는 재즈가 중요한 역할을 했는데, 관례적으로 무덤으로 가는 길에는 엄숙한 음악을 그리고 되돌아오는 길에는 경쾌한 음악을 연주했다. 이것은 장례절차를 마치고 귀가할 때 이제는 슬픔을 거두고 본래의 생활로 돌아가려는 사람들의 의지를 반영했던 것이라고 할 수 있다. 이러한 장례식에서의 밴드연주가 재즈 밴드의 효시에 해당된다. 이런 점에서 1920년대 미국 사회에서 재즈가 유행하게 된 것은 1차 세계대전의 비극으로부터 자유로워지고 싶은 내재된 욕구를 반영하는 것으로 보인다.

재즈의 가장 큰 특징은 '자유'이다. 재즈에서의 '자유' 정신은 즉흥성을 중요시하는 연주 스타일과 연주 그 자체에서 확인할 수 있다. 재즈에서는 같은 사람이 똑같은 곡을 연주해도 분위기와 기분에 따라 연주가 크게 달라질 수 있다. 따라서 재즈에서는 '절대성'이라는 것이 없으며 개인의 취향에 따라 자유로워질 수 있고 특히 때로는 어울리지 않는 불협화음도 아름답게 들릴 수 있다. 이러한 재즈의 특징을 고려해 볼 때, 플래퍼들이 재즈로 무장했던 것은 백인 애국주의자들이 불관용을 외쳤던 집단 히스테리에 대해 반동적인(반대되는) 움직임을 나타냈던 것이라고 할 수 있다.

플래퍼들에게는 반대 성의 짝들이 있었다.38) 그들은 바로 바지 뒷주머니에 위스키 병을 넣고 남성다움을 뽐내는 셰이크Sheik 족들이었다. 이 용어는 당시에 남성미의 새로운 문화적 기준을 확립한

영화배우 발렌티노

영화배우 발렌티노Rudolph Valentino가 주연한 영화 '세이크The Sheik'에서 유래한 것이다.

이러한 신세대의 출현으로 미국에서 도덕률의 변화는 불가피한 일이 되었다. 1920년대 세대에서는 과거 세대에 비해 혼전 성관계를 갖는 비율이 크게 증가했다.39) 1900년 이전에 태어난 여성의 경우 25세 이전에 혼전 성관계를 가졌다고 인정한 비율이 14%였으나, 1900년 이후 출생한 여성의 경우에는 그 비율이 약 2.6배 수준인 36%였다.

심리학적인 측면에서 볼 때, 플래퍼들과 셰이크족들의 자유분방한 모습은 종전 직후의 집단 히스테리가 개인적 히스테리로 전환되는 과정과 관계가 있는 것으로 보인다.40) 기본적으로 히스테리적인 성격은 성적인 함의를 갖는 표현이다. 왜냐하면 히스테리는 어원 hyster 자체가 자궁을 의미하기 때문이다. 히스테리적 성격은 대인관계(특히 이성관계)에서 애정욕구가 강하고 외모에 대한 두드러진 관심을 나타내며 유창한 언변을 보이고 리액션이 큰 반응을 나타내며 인상에 의지하여 막연한 형태의 의사결정을 내리는 경향이 있다.

영화배우 클라라 보Clara Bow의 다음 말은 1920년대 '뉴맨'과 '뉴 워먼'의 히스테리적인 생활모습을 상징적으로 잘 보여준다. "우리는 하고 싶은 대로 다 했다. 밤늦게까지 놀고 입고 싶은 대로 입었다. 내 머리색에 어울리는 일곱 마리의 붉은 색 차우(중국 개)와 함께 오픈카 키젤을 몰고 선셋Sunset 대로를 바람처럼 달리곤 했다."41)

1920년대 미국 사회를 수놓았던 문화적 현상은 거의 대부분이 이러한 히스테리적 특성을 반영하는 것들이었다. 1920년대에 미국

사회를 사로잡았던 스포츠도 그러한 사례들 중 하나다. 이 시기는 미국에서 스포츠가 대중화된 스포츠의 황금기라고 할 수 있다.42) 이 기간동안 미국의 각종 스포츠 경기장은 스타 운동선수를 보기 위한 사람들로 문전성시를 이루었다.

신문은 스포츠를 미국인의 국민 오락으로 만들어 주었고 제1차 세계대전의 참상을 겪은 대중들은 스포츠를 통해 위안을 받는 동시에 활력을 얻었다. 광란의 20년대는 야구의 베이브 루스Babe Ruth, 권투의 뎀프시Jack Dempsey, 미식축구의 레드 그레인지Red Grange, 테니스의 빌 틸던Bill Tilden, 골프의 바비 존스Bobby Jones라는 스포츠 영웅 '빅 파이브Big Five'가 탄생된 시기이기도 했다.43)

히스테리의 문화적 특성이 전형적으로 반영된 또 다른 행사로는 1921년 애틀랜틱시티에서 열린 제1회 미인대회를 들 수 있다. 또 1927년 창설된 미국 영화예술과학아카데미의 주관으로 1929년부터 매년 시상된 아카데미상도 히스테리적인 특성과 불가분의 관계라고 할 수 있다.

이 시기의 미국인들이 즐겼던 취미생활과 유행 상품은 지나치게 빠르게 달아오르고 또 빠르게 식어버린다는 공통점이 있었다. 그만큼 이 시기의 미국인들은 소동에 휩쓸리기 쉬운 히스테리적인 정신 상태에 있었던 것으로 보인다. 이 시기의 가장 특징적인 현상 중 하나는 대중들이 별로 대단하지 않은 사건들에 열광하고 관심을 집중시키며 끊임없이 대화하는데 놀라운 수준의 신속함과 일치성을 보여주었다는 점이다. 이 시기에 미국 전역을 수놓은 유명한 사건들 중 상당수는 전통적인 역사가의 시각에서 본다면, 사실상 큰 의미를 갖기 어려운 사건들이었다.44)

　　예를 들면, 1925년 켄터키 주에서 발생한 동굴조난 사건, 일명 플로이드 콜린스Floyd Collins 구출사건은 일반 대중들의 삶과는 직접적인 연관이 없는 사건이었다. 하지만 이 사건에 대한 대중들의 리액션은 히스테리적인 열정을 담고 있었다. 나중에 이 사건은 책과 영화 그리고 뮤지컬로도 제작되었다. 또 대중들의 히스테리적인 리액션을 반영하는 에피소드 중 하나는 앨빈 쉽렉 켈리Alvin Shipwreck Kelly가 볼티모어의 한 깃대에 23일 7시간 동안 앉아 있었던 사건이었다. 이때 수천 명의 미국인들이 선 채로 그 현장을 지키기도 했다.

　　광란의 20년대 당시 히스테리 문화의 특징은 당시의 대표적인 타블로이드 판 신문들에 잘 반영되어 있었다. 1920년대 미국의 타블로이드 판 신문들은 주로 유명인, 성 문제, 범죄에 관한 기사 대결로 치열하게 경쟁했다.45) 이 세 가지 범주는 상징적으로 히스테리적 성격 특징과 밀접한 관계가 있다.

전후 히스테리적 소비 사회의 탄생

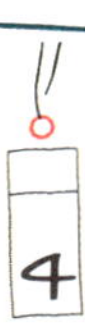

4

1920년대 미국의 경제적 부흥은 경이적인 수준이었다.[46] 당시 미국의 경제동향을 보여주는 다양한 산업지수는 전대미문의 풍요로움을 보여준다. 미국의 1929년 공업생산량은 1920년에 비해 무려 88%나 증가했다.[47] 이처럼 눈부신 실적을 바탕으로 1925년 캘빈 쿨리지Calvin Coolidge 대통령은 다음과 같은 유명한 말을 남겼다. "미국인의 주된 '일business'은 바로 '비즈니스'다."[48]

아마도 이 시기의 번영을 수치로 가장 잘 표현해 줄 수 있는 자료는 자동차 대수일 것이다. 1914년 미국은 약 57만 대의 자동차를 생산했는데 1929에는 약 536만 대로 생산량이 약 9.4배 증가했다.[49] 또 1900년부터 1920년 사이 미국에 등록된 승용차 수는 약 8,000대에서 약 810만 대로 천 배 이상 증가했다.[50]

1920년대에 주목할 만한 또 다른 사회적 변화 중 하나는 여성들이 성가신 가사일로부터 해방되었다는 점이다. 이 시기에 냉장고, 세탁기, 청소기, 전기다리미, 토스터기 등 가전제품이 쏟아져 나왔다.[51] 그 결과, 주부는 가사일에 쏟는 시간과 노력을 크게 절약할 수 있었다. 특히, 가전제품의 대중화는 깨끗한 의복, 위생적인 생활 환경, 가사일로부터의 해방 등 과거에는 상류층만이 누릴 수 있었던 라이프스타일을 중산층도 누릴 수 있도록 해주었다. 이 덕분에 사회적으로 직업 생활을 하는 여성도 이전에 비해 크게 증가했다.

1920년대에는 라디오도 널리 보급되었다. 1922년에는 고작 6천만 대가 보급되었으나 1928년에는 무려 8억 4천 3백만 대가 보급되어 1,400%의 경이적인 증가율을 기록했다.[52] 그 결과, 전국적인 중계망을 갖춘 거대 방송국의 등장과 안테나 숲으로 뒤덮인 아파트의 모습은 1920년대 미국 사회의 모습을 보여주는 대표적인 풍경 중 하나가 되었다. 그리고 라디오 방송은 미국인의 의식과 생활방식을 집단적으로 공유하도록 하는 중요한 매개체가 되었다.

이러한 심리사회적인 분위기에 힘입어, 1928년에 대통령 후보였던 허버트 후버Herbert C. Hoover는 후보 수락 연설에서 대단히 낙천적인 선언을 했다. "오늘날 미국은 역사상 어떤 나라보다도 '빈곤에 대한 최종 승리'에 가까워졌습니다. 빈민 수용소는 이제 우리 사회에서 사라져 가고 있습니다. (…) 만약 지난 8년간의 정책을 계속 추진할 기회만 주어진다면, 우리는 곧 이 나라에서 빈곤이 사라지는 날을 맞이하게 될 것입니다."[53]

후버 대통령의 주장처럼, 사실 1920년대 미국의 많은 사회·경제적 지표들은 호황기의 특징을 보여준다. 그 대표적인 예가 바로 다우존스Dow-Jones 지수이다.

1차 세계대전 직후 미국의 다우존스는 단기 급등하는 양상을 나타냈다(그림 40의 A 지점에서 B 지점으로의 이동).[54] 1920년에서 1950년 사이의 지수 평균선을 고려해 볼 때 엄청나게 단기적으로 급등했음을 알 수 있다.

또 [그림 41]에서처럼 치마길이와 주가지수 간 관계를 고려해

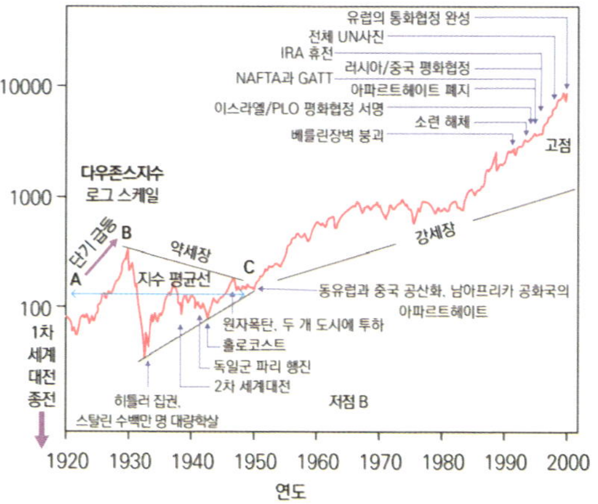

그림 40 미국의 다우존스 지수 변화

그림 41 치마길이와 미국의 다우존스 지수 간 관계

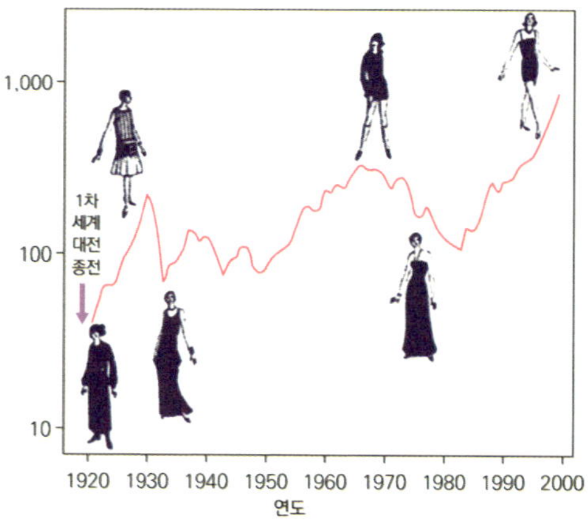

보더라도 1920년대를 호황기로 부르는 데는 주저할 필요가 없어 보인다.55) [그림 41]이 보여주듯이 호황기에는 여성들의 치마 길이가 짧아지는 반면 불황기에는 여성들의 치마 길이가 짧아지는 경향이 있다. 그림에서 확인할 수 있는 것처럼 1920년대는 여성들의 치마

가 짧아지는 시기에 해당된다.

하지간 경제적 번영을 단순히 몇 가지 경제 지표가 상승하는 자료만을 가지고 판단할 경우, 속단에 빠질 위험성이 있다. 이런 점에서 경제적 번영에 대한 정밀한 평가를 위해서는 심리적 안정감과 관련된 평가지표를 함께 고려할 필요가 있다. 왜냐하면 대중들의 심리적 안정감을 동반하지 않는 형태의 히스테리적 활황 장세는 가까운 미래에 거품이 빠져버렸을 때 그 사회의 경제적 기반 자체가 송두리째 파괴되어 버릴 수 있는 위험성을 내포하고 있기 때문이다. 따라서 경제적 상황에 대한 진단 과정에서는 적절한 심리사회적 측정기를 활용하는 것이 필수적이라고 할 수 있다.

[그림 42]는 1920년대 미국의 단기급등 장세가 전형적인 호황기의 모습이 아니라, 미국 대중들의 히스테리적인 사고와 감정이 반영된 결과들이었을 가능성을 시사한다.[56] 왜냐하면, 당시의 심리사회적인 분위기를 반영하는 지표들이 일관성을 갖추지 못하고 불안정

그림 42 미국의 다우존스 지수와 출생률

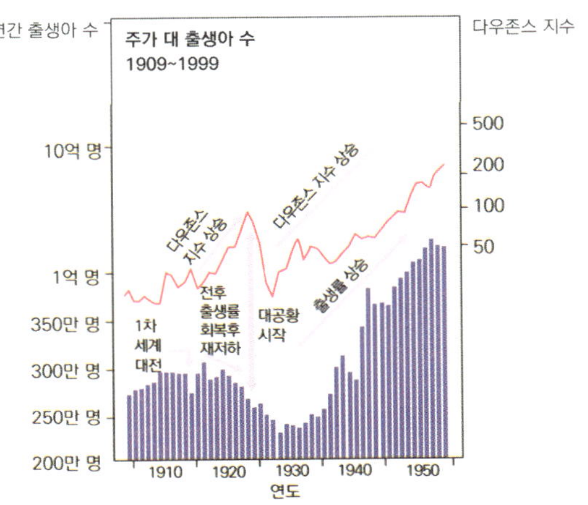

한 양상을 나타냈기 때문이다.

1930년대 중반 이후에는 다우존스 지수의 상승과 연간 출생아 수의 상승 패턴이 일치한다. 하지만 경제 대공황 이전의 1920년대에는 다우존스 지수의 상승이 연간 출생아 수의 상승을 동반하지 않는다는 것을 확인할 수 있다. 존 캐스티 박사John L. Casti에 따르면, 1920년대 중반의 미국인들은 이미 경제 대공황이 일어나기 오래전부터 아기를 갖는 것이 불안하다고 느껴질 정도로 심리적으로 불편한 상태에 있었다.57)

존 캐스티 박사의 주장은 1920년대에 나타난 다우존스 지수의 급등이 전형적인 호황기의 모습과는 다른 의미를 갖는 것일 가능성을 시사한다. 다시 말해서, 1920년대의 심리사회적 측정기는 주가지수가 1929년까지 최고점을 향해 올라가다가 그 이후에 바닥없는 심연으로 추락하게 될 가능성을 이미 내포하고 있는 형태의 불안한 모습을 보여주고 있었다는 것이다.

비단 1920년대의 사회측정기 자료를 활용하지 않더라도, 경제 대공황이 발생하기 직전까지 미국의 경제는 순항보다는 매우 위태위태한 곡예비행을 하고 있었음을 알 수 있다. 바로 소득, 투자, 소비에서의 심각한 '거품' 문제를 안고 있었기 때문이다. 1920년대 미국의 경제는 전형적인 버블경제economy bubble의 모습을 하고 있기도 했다.

첫째, 국민총소득의 경제적 기대효과에서의 거품 문제다. 미국에서 최상위 부유층과 나머지 국민 간의 소득 격차는 1920년 증가 추세로 전환한 후 마침내 1928년에 20세기를 통틀어 최고치를 기록했다.58) 당시에 초고소득층은 자신들에게 유리한 방향으로 경제 관련 규정을 조작할 수 있는 정치권력을 강화함으로써, 소득 불평등을 극대화했다. 이처럼 최상위 부유층과 나머지 국민 간의 소득 격차가 확대될수록 국민총소득의 경제적 기대효과에는 일종의 거품이 끼게 된다. 다시 말해, 미국은 1920년대에 1인당 국민소득 기준으로 세계에서 가장 부유한 국가가 되었지만,59) 이러한 국민소득의 증가가 경제적으로 실효성을 나타내기보다는 장부상의 숫자에 불과한 허상으로 전락하게 된다는 것이다.

1928년에는 상위 1% 부유층이 전체 국가 소득의 23.9%를 점유했다. 이러한 수치는 20세기에 소득격차 수준이 가장 낮았던 1976년 8.9%와 비교하면, 약 2.7배 수준에 해당된다. 참고로, 2008년 9월 리먼 브라더스의 파산으로 촉발된 세계금융위기 직전인 2007년에는 23.5%로, 1920년 이후 100년이 지나는 동안 소득격차 수준이 두 번째로 높았다.

둘째, 부동산과 주식 시장에서의 '버블' 문제였다. 1920년대 내내 미국에서는 투기 열풍이 온 나라를 감염시켰다. 한마디로, '히스

그림 43 미국 상위 1%의 소득이 전체 국가 소득에서 차지하는 비율

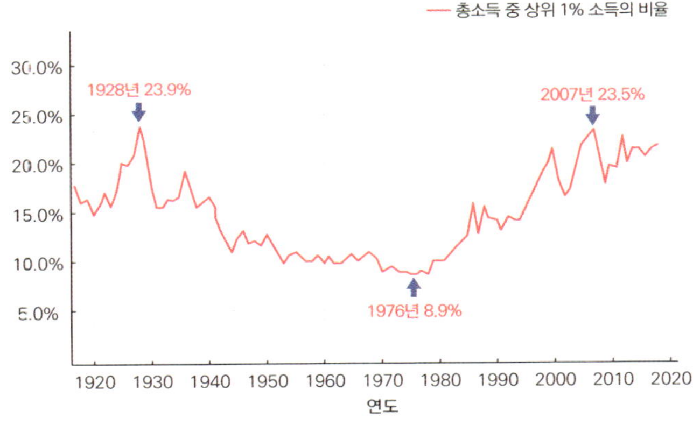

테리적 투기'의 광풍이 불었던 것이다.

이 시기 부동산 버블의 대표적인 중심지는 플로리다였다.60) 그 결정적 계기 중 하나는 바로 플로리다 동해안 철도가 마이애미Miami를 거쳐 키웨스트Key West까지 연장된 것이었다.

사실, 19세기까지만 하더라도 플로리다는 사람이 거의 살지 않는 버려진 땅에 가까웠다. 당시에 플로리다의 인구는 메인Maine 주보다도 훨씬 적었다. 탬파Tampa의 인구는 5,500명 정도였고 올랜도Orlando의 인구도 채 3,000명이 되지 않았다.

하지만 플로리다의 온화한 기후와 더불어 도박과 음주에 대한 허용적인 분위기는 금주법 시대에 관광객들에게 매력적인 인상을 주었다. 게다가 록펠러와 토머스 에디슨Thomas Edison 같은 저명 인사들이 플로리다에 상주하게 되자, 다른 부유층도 덩달아 이주하기 시작했다.

플로리다 부동산 거품의 중심지는 단연 마이애미 지역이었다. 플로리다의 개발이 진행된 이후로 인구는 폭발적으로 증가했다.61) 1925년 날마다 약 7,000명의 사람들이 일확천금에 대한 기대감을 안고서 플로리다로 이주했다. 당시의 플로리다로서는 날마다 새로운 도시가 하나씩 생겨나는 수준이었다. 더불어, 플로리다 은행의 예금액도 3년 사이에 400%나 증가했다.

1918~1923년 사이 마이애미의 부동산 가치는 1,000%나 상승했다. 부동산 투기 광풍 속에서 부동산 가격은 몇 주 만에 2~3배로 뛰었다. 특히 마이애미 도심의 경우, 부동산 붐이 일기 전에는 1,000달러에 불과했던 부지가 1925년에는 100만 달러에 거래되기도 했다. 이러한 광풍 덕분에 사람들은 "모래 위에도 부동산 팻말이 꽂

힐 수 있다는 사실”을 처음으로 깨닫게 되었다. 저널리스트 거트루드 셸비Gertrude M. Shelby는 당시의 분위기를 다음과 같이 표현했다. “플로리다에서는 돈 냄새가 진동했는데, 마치 피 냄새가 야생 동물을 끌어들이듯, 사람들을 유혹했다.”[62]

1920년대의 부동산 광풍은 비단 플로리다 지역에만 한정되었던 것은 아니었다. 예를 들면, 1920년에서 1929년 사이에 미국의 주택담보대출 규모는 거의 세 배로 폭증했다.[63]

1926년에 불어닥친 마이애미 허리케인은 이러한 부동산 거품이 꺼지게 된 촉발 요인 중 하나였다.[64] 허리케인으로 수천 채의 주택이 파괴되고 수많은 부동산 개발 프로젝트가 중단되었다. 그로 인해 신규 개발이 전면 중단되었을 뿐만 아니라, 투자자들의 대규모 탈출을 유발했으며 결과적으로 부동산 가치는 대폭락하게 되었다.

그 후로는 진실이 마치 중력의 법칙처럼 작용해 부동산의 거품을 종식시켰다. 그제서야 부동산 투자와 관련된 야망이 사실은 탐욕이었음이 입증되었다.

부동산 버블이 꺼지기 직전, 일간지인 마이애미 데일리 뉴스Miami Daily News의 지면은 부동산 특별판으로 인해 무려 504페이지에 달하기도 했다.[65] 그러나 버블이 꺼진 다음인 1927년에는 그와는 다른 진풍경이 벌어졌다. 플로리다의 또 다른 일간지에 무려 41페이지 분량의 ‘세금 체납 공고’가 실린 것이다.[66]

1920년대 미국에서 버블 경제의 중심은 단연 대활황 증시였다. 1923년에서 1929년 사이에 미국의 국민총생산GNP은 12.6% 성장했다.[67] 대조적으로, 동기간 다우존스 지수는 1923년 7월 86.91에서 1929년 7월 347.70으로 무려 400%나 상승했다.[68]

1920년대에 지속적으로 주가가 상승하자, 대활황 주식 시장은 국민적인 관심사가 되었다. 전대미문의 상황과 마주한 미국의 대중들은 일부 조정기를 겪더라도 주가는 계속 오르기 마련이라는 환상을 품게 되었다.69) 이러한 주식 투자 열풍 속에서 트럭운전사나 공장 노동자, 가정주부 심지어 구두닦이 소년에 이르기까지 모두 주식 시장에 참여하는 데 열을 올렸다.70)

이러한 대중들의 기대에 부응해 당시의 주식 중개인들은 일반 투자자들에게 주식 액면가의 3분의 2 이상을 대출해 주는 것을 관행처럼 삼았고, 1920년대 말에 가서는 대출 총액이 무려 85억 달러를 넘어서게 되었다.71) 이는 당시 미국 전체 유통 통화량을 초과하는 금액이었다. 이런 식의 주식 투기는 주가를 더욱 끌어올리면서 거품 경제를 더욱 심화시켰다. 이처럼 빚을 내 주식을 매수하는 방식은 언제라도 주가가 떨어질 경우, 막대한 손실을 입을 수 있는 위험성을 안고 있었다.

미국의 국가경제연구소National Bureau of Economic Research, NBER의 보고서에 따르면, 1920년대 주식시장에서 나타난 현상은 주가와 배당금 간 괴리, 기술주에 대한 비현실적 기대, 단기 금융시장의 왜곡된 금리 구조 등 명백히 투기적 거품의 성격을 띠고 있었다.72) 다우존스 지수는 1929년 3분기 말에 343을 기록했지만, '누적 거품 additive bubble'을 감안해 재환산해낸 지수는 분기 기준 188에 불과했다. 이는 당시의 다우존스 지수가 적정 가치보다 약 82% 더 과대평가된 상태였다는 것을 의미한다.

영국 재무장관 필립 스노든Philip Snowden은 이때의 미국 주식 시장을 "투기의 향연speculative orgy"이라고 평가했다.73) 또 연방준비제

무분별한 히스테리적 주식
투자 행태를 풍자하는 그림

도이사회Federal Reserve Board는 1929년 10월 월스트리트 대폭락이 일어나기 8개월 전인 1929년 2월 6일에 이미 은행들과 주식 중개인들이 대중들에게 투기성 신용대출을 지나치게 많이 대출하고 있다고 경고했다. 그 이틀 뒤, 로스앤젤레스 타임스는 "누군가는 그가 자멸하는 것을 막아야 했다!"는 내용으로 무분별한 주식투기자의 모습을 풍자한 만화를 게재했다.74)

히스테리적 투기의 특징은 정확한 정보와 합리적인 판단에 기초한 투자가 아니라, 투자대상에 대한 인상적인 평가와 '~카더라' 통신에 의지한다는 점이다. 인상적인 평가는 수박 겉핥기식으로 체계적으로 즈사하고 깊이 사고하지 않고 겉만 조금 아는 상태에서 신중하지 못한 결정을 하는 것을 말한다. 히스테리적 투기의 문제점은 사람들로 하여금 부자가 되고 싶다는 자연스러운 욕망하에서 황금빛 미래를 약속하는 것이면 무엇이든지 믿도록 만든다는 데 있다.

1929년 9월 3일, 다우존스 지수는 당시 최고점인 381.17을 기록했다.75) 하지만 1929년 10월 28일 블랙 먼데이(검은 월요일)에 12.8% 폭락한 이후, 다우존스 지수는 최저점인 41.22까지 내려갔다. 무려 89% 이상 하락한 것이었다.

셋째, 가계 부채가 소득의 증가율을 초과하는 수준의 상승률을 보이는 소비에서의 버블문제다. 1920년대에 미전역에서 '신용구매'의 열풍이 불었다. 그 당시 미국에서 광고는 소비를 촉진하는 강력한 촉매제였다. 1920년대는 광고 분야에서도 '황금기'에 해당된다.76) 이 시기에 미국의 세일즈맨과 광고업자는 소비사회의 대행자이자 전도사 역할을 수행했다. 특히 전국 규모의 네트워크를 갖춘 라디오 광고는 대중의 열망을 교묘하게 자극함으로써 '광란의 소비'를 촉진하는 역할을 했다. 1914년에 기업의 광고 지출은 14억 달러 수준이었던 데 반해, 1929년에는 30억 달러 수준으로 2배 이상 증가했다.

이러한 상황에서 1920년대 미국의 히스테리적 소비사회를 구성하는 핵심요소가 등장하게 되었다. 바로 신용구매의 남용이다. 미국에서는 1920년대에 자동차와 가전제품 등을 '할부', 즉 오늘날의 신용 방식으로 구매하는 것이 유행했다.77) 신용으로 물건을 구매한다는 것은 대출로 물건을 산다는 것을 뜻한다. 이를 위해 은행은 소비자에게 돈을 빌려주고, 나중에 이자를 붙여 갚도록 한다. 이때 광고업자는 치밀하게 전국 캠페인을 기획하고 갖은 미사여구를 동원함으로써 신용구매에 대한 소비자의 내적인 저항과 불안감을 분쇄해나갔다.

그 결과, 광란의 20년대에 미국에서는 "지금 사고, 나중에 지불하라Buy now, pay later"가 마치 자본주의 사회의 미덕인 것처럼 받아들여졌다.78) 예를 들면, 1920년대 말까지 미국 내 자동차의 절반 이상이 신용 구매로 판매되었다. 사실상 미국의 소비자들은 부채를 감당할 의사만 있다면 모든 것을 누릴 수 있을 것 같은 사회적 분위기가 조성되었다. 결국 미국의 소비자 부채는 1920년에서 1930년 사이에 두 배 이상 증가했다.79) 하지만 같은 기간에 개인소득은 약 51% 증가하는 데 그쳤다.80)

사실, 신용구매한 상품은 대출을 어느 정도 갚기 전까지는 구매자의 것이라고 할 수 없다. 하지만 히스테리적 소비를 하는 사람의 입장에서는 자신의 것이 아닌 자동차나 고가의 가전제품이 구입하는 순간부터 마치 자신의 것처럼 보이게 된다. 히스테리적 소비는 대출을 상환할 수 있는 여력을 갖추지 못한 상태에서 미래의 소득에 대한 막연한 기대감만을 가지고서 고가의 상품을 구매하는 것을 말한다.

히스테리적 소비의 문제점은 경제활동의 모든 요소에 거품이 끼도록 만든다는 데 있다. 은행은 대출을 갚을 능력이 없는 소비자에게 대출을 해주고 그 대출을 받은 소비자는 자신의 경제력으로 감당할 수 없는 고가의 상품을 구입하며 기업은 물건값을 지불할 능력이 없는 소비자에게 물건을 판매하는 식의 경제활동이 이루어지는 것이다. 히스테리적 소비에 기초한 경제활동은 쌓이면 쌓일수록 경제가 좋아지기보다는 더 위험해지며 어느 한 부분에서라도 균열이 생기면, 결국은 파국을 맞이할 수밖에 없다.

전후의 정신적 황폐화와 집단 히스테리 그리고 경제 대공황

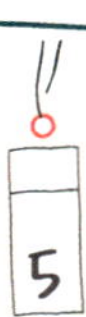

엘리엇T.S. Eliot은 1차 세계대전 후의 피폐해진 정신세계를 상징성 짙은 시어로 노래했다. 20세기 시 가운데 가장 중요한 작품 중 하나라는 찬사를 받는 '황무지The Waste Land'에서 그는 "4월은 잔인한 달"이라고 노래했다. 옛날에는 주로 전쟁을 3월에 시작했기에 '3월March'의 어원이 '전쟁의 신Mars'과 관계있다는 점을 고려해 보면, 그의 시에서 4월은 상징적으로 전쟁 직후의 시기를 뜻한다고 할 수 있다. 이 시에서 엘리엇은 전후 서구의 황폐한 정신적 상황을 황무지로 형상화해 표현했다. 이처럼 1차 세계대전 이후에 사람들의 정신세계를 사로잡았던 핵심어 중 하나는 바로 환멸이었다.[81]

1920년대 미국인들은 한 때 자신들에게 의미가 있었던 구시대적 가치들이 1차 세계대전의 종전과 더불어 모두 사라져 버렸다는 것을 알았다. 더 안 좋은 일은 과학 그 자체에서도 확실성이 사라져버렸다는 점이다. 과거에는 기독교적 세계관을 부정하는 사람도 자연의 질서에는 의존할 수 있었지만 이제는 그것조차 흔들리게 되었다.

스콧 피츠제럴드는 1920년대를 말하면서 '모든 슬픈 젊은이들'이라는 표현을 썼다. 이런 점에서 **[그림 42]** '미국의 다우존스 지수와 출생률'에 담겨 있는 대중들의 심리적인 불편감을 통찰력 있는 시인과 소설가들은 정확하게 감지하고 있었던 것으로 보인다. 저널리스트 월터 리프만Walter Lippmann은 다음과 같이 말했다. "전쟁 말기 이상주의가 붕괴한 이래로 성년이 된 세대를 기성세대와 가장 잘 구분해주는 것은 종교와 부모의 도덕적 계율에 대한 반항이 아니라, 그들 자신의 반항에 대해 스스로 환멸을 느낀다는 점이다. 젊은 남녀가 반항하는 것은 흔한 일이다. 그러나 믿음 없이 슬프게 반항해야 한다는 것, 그리고 옛 확실성만큼이나 새로운 자유도 불신해야 하는 것, 이것이 새로운 점이다."82)

1920년대에 몇몇 통찰력 있는 지식인을 제외한 대다수의 미국인들은 자신들의 정신세계 속에서 환멸의 심리기제가 작동하고 있다는 사실을 인식하지 못했다. 다만 사람들은 삶에 대해 기묘한 형태의 실강감을 느꼈고 그렇기 때문에 자신의 삶에 대해 불만족스러워 했을 뿐이었다. 삶의 방향성을 제공해주는 지표를 상실한 상황 속에서도 오히려 1920년대의 미국인들은 외견상 여전히 즐겁고 활기가 넘치는 것처럼 행동했다. 이들이 자신의 마음속에서 일어나고 있는 변화를 미처 인식하지 못했던 것은 자신의 정서적 불안감을 히스테리적으로 억압했기 때문이다.

사실 히스테리 성격 자체는 건강한 특성과 병리적인 특성을 모두 나타낼 수 있는 중립적인 표현에 해당된다. 하지만 1920년대 미국 사회를 특징 지웠던 히스테리적 특성은 내면의 우울감을 강하게 억압하는 동시에 이를 반동형성reaction formation의 형태로 표출했던 것으로 보인다.83) 이때 반동형성은 내면의 우울감으로부터 벗어나고자 하는 노력이 지나쳐 그 반대쪽 극단, 즉 미래에 대한 장밋빛 기대감 속에서 웃고 즐기는 모습을 보이는 것을 말한다. 이런 점에서 1920년대 미국 사회의 히스테리적 특성은 프로이트가 제안한 "문화 공동체의 병리pathology of cultural communities"[84)에 해당된다고 할 수 있다.

[그림 42] '미국의 다우존스 지수와 출생률'이 보여주는 것처럼, 사실 주가의 급등 속에서도 1920년대 미국의 심리사회적인 분위기는 이미 불황의 어두운 그림자가 깊이 드리워진 상태였다. 실질임금 상승률이 기업의 이윤증가율을 따라가지 못한 상태여서 노동자의 구매력은 감소하고 있었고[85) 시중의 자금 흐름이 생산시설에 대한 투자보다는 증시에 지나치게 집중되어 있었다. 1920년대 호황의 실체는 상환에 문제가 생길 수 있는 형태의 신용구매와 대출에 의존한 거품 경제였던 것이다.

이러한 상황에서 투자가치에 대한 합리적인 검토 없이 마구잡이로 계속되었던 미국인들의 히스테리적 투기 열풍은 1920년대 소비문화의 결정판인 동시에 당시 미국인들의 불안한 심리상태를 적나라하게 보여주는 것이기도 했다. 손에 쥔 돈 없이 신용이나 앞으로 발생할 것으로 기대되는 이윤에 의지해서 도박 형태의 투자를 하는 풍조는 경제 대공황을 예고하고 있었다. 하지만 대부분의 미국인들은 스스로도 어렴풋하게 감지하고 있었던 심리적 불안감([그림 42] '미국의 다우존스 지수와 출생률')에 대해 히스테리적으로 눈을 감고 지낼 뿐이었다.

마침내 1929년 10월 29일 세계사에 한 획을 긋는 대사건이 일어난다. 일명 '블랙 먼데이' 다음날 뉴욕타임즈는 "주식시장이 붕괴했다"[86)고 보도했다. 드디어 1920년대 다우존스 지수의 급등 양상에 숨겨져 있던 심리적 불안감의 정체가 제 모습을 드러낸 것이다. 그 결과, 사람들이 확실하다고 믿고 있었던 수십억 달러에 달하는 서류상의 기대이윤이 일시에 허공으로 사라져버렸다. 또 주식 시장에 뛰어들었던 거의 모든 대중들이 재산의 대부분을 잃었다. 그리고 주요 언론들은 우울한 자살 소식들을 보도하기 시작했다.

외견상 제1차 세계대전, 스페인독감 그리고 경제 대공황은 서로 관계가 없어 보일 수 있다. 하지만 지금까지 심리학적인 관점에서 살펴본 것처럼, 그 세 가지 사건은 불가분의 관계에 있다. 특히, 제1차 세계대전이 미국인들에게 심어준 심리사회적 유산이라고 할 수 있는 집단 히스테리 반응은 후속 사건들 사이를 한편으로는 '매개'하고 또 다른 한편으로는 '조절'하는 역할을 수행했던 것으로 보인다.

20세기 초반의 세 가지 사건이 내적으로 밀접한 관계가 있다고 해서, 1차 세계대전이 직접적으로 1929년의 경제 대공황을 직접 야기했다고 주장하는 것은 아니다. 그보다는 제1차 세계대전과 스페인독감 이후 미국인들이 경험했던 내부의 정신적 공황이 히스테리적 소비 사회를 구축하게 되었고 그 개연성 높은 종착점이 바로 경제 대공황이었다는 것이다.

1920년대 히스테리적인 투기 열풍 속에서도 이미 심리사회적 분위기(예컨대, 출산율 지표) 속에는 대중들의 미래에 대한 불안감이 민감하게 반영되어 있었다. 비록 연방준비제도이사회가 월스트리트 대폭락 8개월 전에 투기 과열에 관한 경고 메시지를 발표했지만, 정부도, 기업도, 그리고 소비자 자신들도 모두 여기에 충분히 귀 기울이지는 못했다. 모두가 잘못된 '전망'을 한 것이다. 그리고 그 대가는 너무나도 참혹했다. 월스트리트 대폭락 이후에 미국에서는 무려 2,294개 은행이 파산했고 총 28,285건의 기업파산이 발생했다.87) 물론, 광란의 20년대도 역사의 뒤안길로 사라져갔다.

20세기 초반의 미국이 21세기 초반의 한국에 주는 시사점

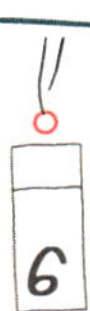

6

　20세기 초반의 미국 역사를 반면교사 삼아 21세기 초반 한국의 심리사회적 무드를 전망하고자 할 때는 다양한 정치, 경제, 사회, 문화적인 지표들 중에서 심리사회적 분위기와 밀접한 관계가 있는 지표들을 종합적으로 살펴봐야 한다. 우리 사회의 모든 지표들이 심리사회적 분위기를 전망하는 데 도움이 되는 것은 아니다. 그리고 다양한 지표들의 의미를 숫자나 표면적인 의미에 기초해 기계적으로 해석하는 것도 바람직하지 않다.

　예를 들면, 미국에서 광란의 20년대에 플래퍼와 재즈가 유행하고 대중들이 스포츠에 열광하며 치마 길이가 짧아졌다고 해서 당시의 심리사회적 분위기가 기쁨으로 충만한 상태였다고 오인해서는 안 된다. 그러한 것들은 기쁨뿐만 아니라 경조증처럼 들뜨고 불안정한 정서 상태와도 연결될 수 있기 때문이다.

　상대적으로 심리사회적인 분위기와 관계가 깊은 주요 지표로는 총소득 중 상위 1% 소득의 비율(불공정 지각에 따른 공적 분노감), 경제성장률 대비 주가 및 부동산 가격(좌절감 또는 소외되는 것에 대한 두려움 FOMO-Fear Of Missing Out), 개인의 순가처분소득 대비 가계부채의 비율(심리적 부담감과 피로감), 출산율(미래에 대한 비관)과 자살률(절망감) 등을 들 수 있다. 이미 앞에서 한국의 출산율과 자살률에 대해서는 살펴봤으므로, 여기에서는 나머지 지표들을 살펴보도록 하겠다.

아래 그림은 한국, 미국, OECD 국가들 간 '총소득 중 상위 1% 소득자가 차지하는 비율'을 비교한 것이다.88) 전반적으로는 미국이 OECD와 한국보다 총소득 중 상위 1% 소득자가 차지하는 비중이 더 높다. 하지만 추세선을 기준으로 했을 때, 한국은 연평균 약 0.456% 증가하는데 이는 미국(약 0.174%)보다 약 2.6배 그리고 OECD(약 0.003%)보다 152배나 더 가파른 증가세에 해당된다. 이러한 결과는 한국의 소득 불평등 심화 속도가 국제 비교 시 매우 두드러진다는 점을 보여준다.

한국의 경우, 21세기 이후의 전체 기간이 아니라 특정 기간 (2010~2023년)만을 따로 떼서 분석하면 하강 패턴처럼 보일 수도 있을 것이다. 아마도 한국 사회가 좋은 방향으로 나아가고 있다고 해석하고 싶어 하는 사람이라면, 그러한 해석에 귀가 솔깃할 수도 있을 것이다. 하지만 만약 21세기의 한국 사회를 조망하는데, 2000년에서 2023년 기간의 자료보다는 2010년부터 2023년까지의 자료를 살펴보는 것이 더 타당할 만한 특별한 이유가 있는 것이 아니라면, 이런 식의 자의적이고 꿰어 맞추기 식의 해석은 경계해야 한다. 전망을 시도하는 경우, 어떤 자료의 어느 부분을 살펴볼 것인지는 분석을 진행하기 이전에 미리 결정해야 하며, 자료를 확인한 다음에 그 자료를 활용할 것인지 여부 그리고 활용한다면 어느 부분을 활용할 것인지를 사후에 결정해서는 안 된다.

[그림 44]에서 눈여겨봐야 할 부분 중 하나는 한국의 경우 자료

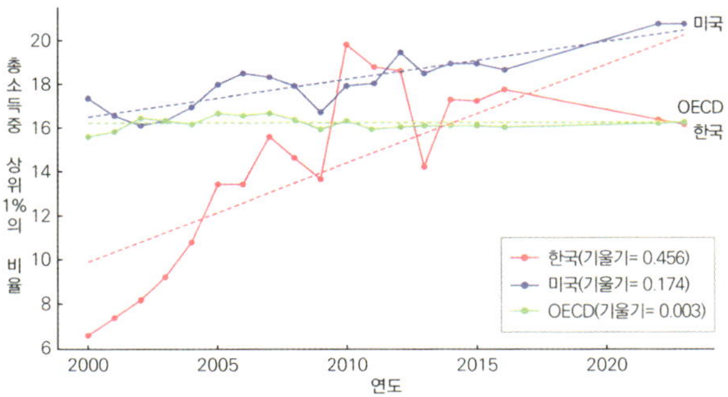

그림 44 한국, 미국, OECD 국가들 간 '총소득 중 상위 1%의 비율' 비교
(2000-2023년)

* 각 선은 실제 비율, 점선은 해당 데이터의 추세선임

의 변산성(예컨대, 높낮이)이 매우 크다는 것이다. 미국의 경우에는 2000년 이후로 총소득 중 상위 1% 소득자가 차지하는 비중이 16.1%에서 20.73% 사이에 머물렀다. 그리고 OECD 국가들은 평균적으로 그보다도 더 낮은 수준의 변동률을 나타냈다. 하지만 한국은 2000년 기후 6.58%에서 19.9%의 변동률을 나타냈다. 이는 한국 사회과 사회경제적 불평등 문제와 관련해서 상대적으로 불안정한 상태에 있음을 보여준다.

더불어, 아래 그림은 한국, 미국, OECD 국가들 간 경제성장률 GDP growth rates을 비교한 것이다.89) 경제성장률은 국가 경제 규모의 실질적인 증가 정도를 나타내는 지표로서, 기준년 국내총생산GDP 가격의 전년 대비 증가율로 나타낸다. 미국은 21세기 들어 경제성장률에서 큰 변동 없이(기울기＝0.02) 안정적인 추세를 이어가고 있다. 그리고 OECD 국가들은 평균적으로 경제성장률이 둔화되는 양상(기울기＝－0.09)을 보였다. 반면에, 한국은 경제성장률의 하향 추세(기울기＝－0.16)가 가장 두드러진 것으로 나타났다.

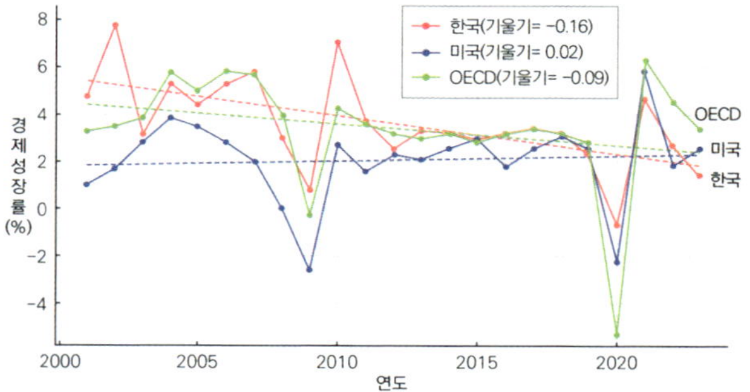

* 각 선은 실제 경제성장률 수치이고 점선은 해당 데이터의 추세선임.

다음으로, **[그림 46]**은 한국, 미국, OECD 국가들 간 주택가격을 비교한 것이다.90) 이는 모든 국가에서 2000년의 주택 가격을 100으로 설정했을 때의 변화 양상을 나타낸 것이다. 한국의 주택가격 상승 속도(5.63)는 OECD 평균(3.57)보다 빠르고 특히, 미국(1.75)보다는 약 3.배 더 가파른 것으로 나타났다. 여기서 중요한 점은 한국은

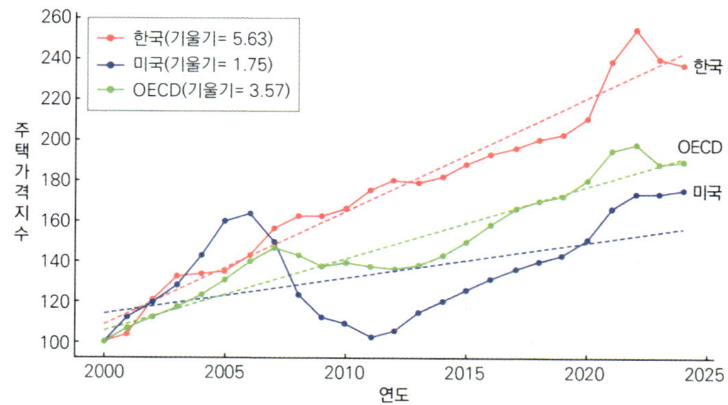

* 각 선은 실제 연도별 주택가격 지수(2000년 가격을 100으로 설정)이고, 점선은 해당 데이터의 추세선임.

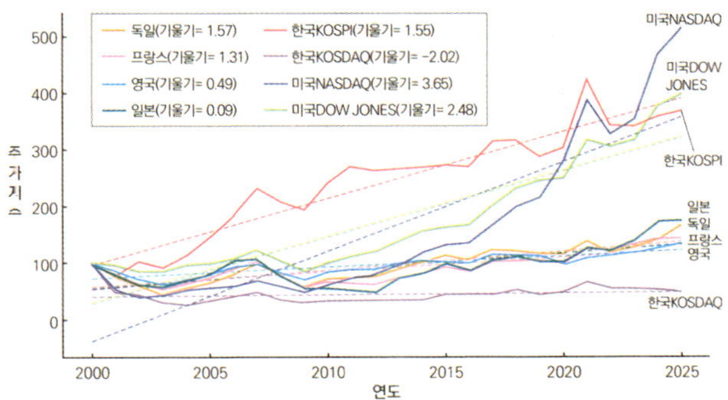

* 각 선은 실제 연도별 주가지수(2000년 가격을 100으로 설정)이고, 점선은 해당 데이터의 추세선임.

상대적으로 경제성장률의 하향 추세가 가장 두드러진 상황 속에서도 오히려 주택가격은 더 가파른 상승 추세를 보인다는 점이다.

[그림 47]은 한국, 미국, 일본, 영국, 프랑스, 독일 간 주가지수를 비교한 것이다.[91] 이는 모든 국가에서 2000년의 주가지수를 100으로 설정했을 때의 변화 양상을 나타낸 것이다. 미국의 NSDAQ (3.65)과 DOW JONES(2.48)의 상승 수준이 가장 높은 것으로 나타났다. 한국의 경우 KOSPI(1.55)에 비해 KOSDAQ(−2.02)의 주가지수는 상대적으로 저조한 실적을 보였다. 다른 주가지수들과 비교했을 때, 미국의 NSDAQ은 가장 높은 성장률을 기록한 반면, 한국의 KOSDAQ은 유일하게 음(−)의 기울기를 나타냈다. 주식시장에서의 대표주와 기술주 간 성장률 차이를 비교할 경우, 한국(3.57)은 미국 (1.17)에 비해 약 3.1배 더 크다.

마지막으로, [그림 48]은 한국, 미국, OECD 국가들 간 가계부채를 비교한 것이다.[92] 가계부채는 지정된 날짜까지 채권자에게 이자

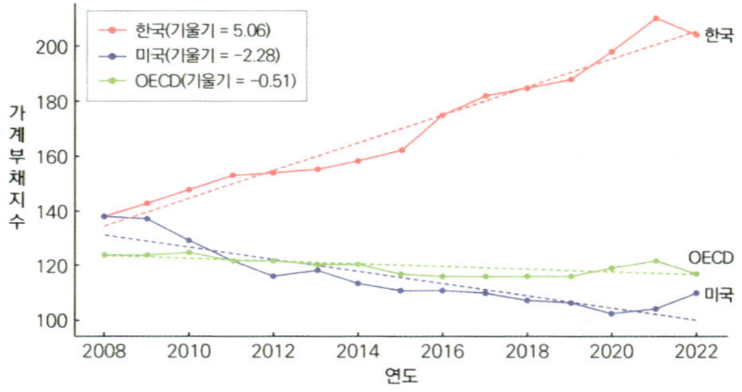

* 각 선은 실제 가계부채지수이고 점선은 해당 데이터의 추세선임.

와 원금을 지급해야 하는 가계의 모든 부채를 의미한다. 주로 주택담보대출과 신용대출이 여기에 속한다. 가계부채 지표는 순가처분소득 대비 백분율로 측정한다. [그림 48]은 다른 나라들에 비해 한국의 가계부채 수준이 월등히 높다는 것을 보여준다.

한국의 총소득 중 상위 1% 소득의 비율은 사회 전반적으로 불공정 지각에 따른 공적 분노감이 팽배해 있을 가능성을 시사한다. 경제성장률에 비해 과도하게 거품이 끼어 있는 부동산 가격은 상대적인 박탈감과 더불어 사회 전반적으로 소외되는 것에 대한 두려움이 확산된 상태임을 암시한다. 주가의 경우, 특히 KOSDAQ과 관련해서 미래 기술에 대한 사회적 투자 시스템이 효율적으로 작동하지 못하는 문제와 관련된 좌절감과 무기력감이 심각한 상태라는 점을 보여준다. 개인의 순가처분소득 대비 가계부채의 비율은 사람들의 심리적 부담감과 피로감을 가중시키는 상태라는 점을 시사한다. 특히, 출산율과 자살률은 현재와 미래에 대한 비관적 평가가 사회적으로 만연된 상태라는 점을 분명하게 보여준다. 이러한 자료를 바탕으로 21세기 초반 한국 사회의 심리사회적 무드를 전망해 본다면, 아마 누구라도 '대공황great depression'을 떠올릴 만큼 심각한 상태라는 점을 떠올릴 수 있을 것이다!

우리는 왜 21세기 초반 한국 사회의 심리사회적 무드에 주목해야 하는가? 앞서 살펴본 광란의 20년대 미국 사회 사례처럼, 심리사회적인 분위기 관련 지표들을 간과한 대가는 경제적 대공황처럼 참혹한 것이 될 수 있기 때문이다. 다행인 점은 아직까지는 한국 사회의 21세기가 어떤 시대였는지를 결정하기에는 이른 시점이고 우리가 지혜로운 노력을 기울이는 한 여전히 20세기보다 더 나은 21세기를 만들어갈 수 있는 기회가 여전히 존재한다는 점이다.

맺음말
: AI시대의 핵심역량, 미래 리터러시

미래를 예측하는 것은 어려운 일이다. 이코노미스트Economist는 매년 1월호에 그 해의 일들을 예측하는 기사를 게재한다.1) 하지만 2020년 1월에 발간된 이코노미스트에는 코로나 바이러스 얘기가 나오지 않는다. 또 2022년 1월에 발간된 이코노미스트에는 러시아의 우크라이나 침공에 관한 내용이 나오지 않는다. 이처럼 우리가 미래를 정확하게 예측하는 것은 사실상 불가능에 가깝다! 하지만 미래를 예측하지 못한다고 해서 우리가 미래와 관련해서 무기력한 존재가 되는 것은 아니다.

카를 마르크스Karl Marx는 역사에 관해 이런 명언을 남겼다. "역사는 반복된다. 한 번은 비극으로, 또 한 번은 희극으로."2) 하지만 정신분석가 시어도어 라이크Theodor Reik는 그와는 사뭇 다른 주장을 했다. "역사는 반복된다고들 말한다. 하지만 아마도 이는 아주 잘 들어맞지는 않을 것이다. 역사는 단지 운율rhymes을 맞출 뿐이다."3)

시어도어 라이크의 관점에서 본다면, 21세기의 전반부와 20세기의 전반부는 그대로를 반복하는 것은 아닐지라도, 적어도 그 둘 사이에 운율은 존재할 수 있다. 시詩에서와 마찬가지로, 역사적 사건에서 운율을 만들어내는 주체는 바로 '인간의 보편적인 심리'다. 인간의 마음이 때로는 주요한 세계사적인 사건들을 인과적으로 매개하기로 하고 그 사건들의 효과를 증폭시키거나 축소시키는 형태로 조절하기도 한다.

여기서 중요한 것은 실천적인 노력을 통해 우리는 얼마든지 미래의 일들을 선택하는 것이 가능하다는 점이다. 다만, 우리가 미래를 지혜롭게 선택하기 위해서는 심리학적인 전망의 기술이 중요하다. 비록 우리가 모든 미래를 선택할 수는 없을지라도, 적어도 과거의 일들을 지혜롭게 조망함으로써, 카를 마르크스의 말처럼, 비극적인 사건이 희극적으로 반복되는 것만큼은 예방할 수 있다.

20세기 전반부의 주요 사건들이 21세기의 유사한 시점에 단순히 기계적으로 반복되는 것은 아니다. 1918년에서 1919년 사이에 스페인독감이 그리고 2019년에서 2021년 사이에 코로나바이러스감염증-19가 세계적으로 대유행했다고 해서, 이것을 역사적 반복 현상으로 보기는 어렵다. 팬데믹pandemic이 일정 주기로 반복되는 것은 아니기 대문이다. 하지만 치명적인 전염병이 대유행을 할 때 사람들이 보이는 심리사회적인 반응 양상들에는 운율이 존재한다.

20세기 초에 살았던 사람들과 21세기 초에 살고 있는 사람들은 서로 다르지만, 흔히 사람들이 생각하는 것만큼 크게 다르지는 않다. 그 둘 간 차이는 주로 경험의 차이에 의해 발생한다. 스마트폰을 한 번도 써본 적이 없을 뿐만 아니라, 상상조차 제대로 하지 못했던 사람이 세상을 바라보는 관점은 스마트폰을 일상적으로 활용하는 사람들과는 사뭇 다를 수밖에 없다. 하지만 어느 시대에 사는 사람이건 간에 정서적인 불안정성과 심각한 스트레스를 주는 사건이 초래하게 될 심리사회적 효과는 유사할 수밖에 없다.

20세기 스페인독감의 대유행은 미국에서 적색공포와 더불어 백인 남성 비밀결사 조직인 KKK의 확산과 같은 집단 히스테리적인 반응을 촉발시켰다. 이와 유사하게, 21세기 코로나바이러스감염증-19의 대유행은 미국에서 아시아계에 대한 인종 차별과 증오범죄를 폭증시켰다.4) 이런 점에서 대격변을 초래하는 사건이 발생했을 때, 심리학적인 전망에 기초해 병리적인 사회현상을 막기 위한 예방적 개입을 시행하는 것은 필수적이라고 할 수 있다!

단, 여기서 오해하면 안 되는 것 중 하나는 역사적인 운율이 '필연성必然性, necessity'이 아니라 '개연성蓋然性, plausibility에 기초한 세계라는 점이다. 필연의 세계에서는 예정된 사건이 반드시 일어나는 반면에, 개연의 세계에서는 해당 사건이 꼭 일어나는 것은 아니며 단지 일어날 가능성이 농후할 뿐이다.

역사의 운율과 관련된 또 다른 사례로는 전쟁을 들 수 있다. 전쟁은 잘못된 전망이 초래할 수 있는 최악의 결과물 중 하나다. 단, 전쟁과 전망의 관계는 결코 단순하지 않다. 일반적으로 전쟁의 책임은 전쟁을 개시한 국가에게 묻는 것이 맞겠지만, 그 국가가 전쟁에서 승리하는 경우, 현실에서는 패전국이 전쟁의 책임을 추궁당하기도 한다. '손자병법孫子兵法'의 머리글에 나오듯이, 전쟁과 관련된 문제는 "삶과 죽음 그리고 국가의 존폐가 달려 있어 마땅히 신중하게 살펴야 할 국가의 중대사"5)라고 할 수 있다.

그럼에도 불구하고 기본적으로 전망의 관점에서 본다면, 전쟁은 '하수下手의 전략'에 해당된다. 손자병법은 이렇게 말한다. "백 번 싸워서 백 번 이긴다 해도 그것이 최상은 아니다. 오히려 싸우지 않고 적을 굴복시키는 것이 최상이다. 그러므로 가장 좋은 것은 병력으로 적의 싸우고자 하는 의도 자체를 분쇄하는 것이고, 그 다음은 적의 외교를 깨트리는 것이며, 그 다음은 적의 병사를 치는 것이고, 성을 공격하는 것은 최악이다."6)

　전망의 측면에서 전쟁이 하수의 전략이 되는 중요한 이유 중 하나는 전쟁의 핵심적 특징 중 하나가 바로 '소모전'이기 때문이다. 카를 폰 클라우제비츠Carl von Clausewitz가 『전쟁론』에서 기술했듯이, 전쟁의 중요한 특징 중 하나는 "힘과 폭력을 무제한으로 쏟아 붓는 것"7)을 요구한다는 점이다. 하지만 국력을 무제한으로 동원하는 것은 사실상 불가능하다. 그렇기에 전쟁을 선택하는 리더들은 흔히 속전속결로 끝낼 수 있을 것으로 믿고서 선전포고를 한다. 국력을 무제한으로 쏟아 붓는 소모전이 될 것을 뻔히 알면서도 전쟁을 개시할 리더는 거의 존재하지 않기 때문이다. 하지만 많은 경우 속전속결을 기대하고서 시작된 전쟁은 결국 장기적인 소모전으로 이어진다. 이런 점에서 전쟁은 전망의 오류 문제와 밀접한 관계가 있다고 할 수 있다.

1. 1차 세계대전과 전망의 오류

　전망의 오류와 관련된 대표적인 전쟁 중 하나가 바로 1차 세계대전이다. 전쟁사학자 존 키건John Keegan은 『1차 세계대전사』의 첫 문장을 이렇게 썼다. "1차 세계대전은 비극적이고 불필요한 전쟁이었다."8) 그에 따르면, 1차 세계대전은 "신중함이나 공동의 선의가 제 목소리를 냈더라면"9) 전쟁으로 이어지는 연결고리를 끊어낼 수 있었다는 점에서 불필요했고, 1차 세계대전이 남긴 상처를 제외하고서는 2차 세계대전의 원인을 말할 수 없다는 점에서 비극적이었다. 역사심리학적인 관점에서 본다면, 1차 세계대전은 잘못된 전망이 우리를 얼마나 나쁜 결말로 이끌게 되는지를 잘 보여주는 사건이기도 하다.

전망의 오류는 정서와 밀접한 관계가 있다. 심리학에서 '정서혁명'을 촉발한 로버트 자이언스Robert B. Zajonc에 따르면, 상식적인 관점과는 달리 정서는 인지에 선행한다.10) 정서적 반응은 빠르고 자동적으로 일어난다. 특히, 정서는 인지적인 형태의 평가 없이도 발생할 수 있기 때문에 고차적인 사고과정에 영향을 줄 수 있다.

1차 세계대전에서 가장 미스터리한 부분 중 하나는 주요 참전국들의 리더들뿐만 아니라 대중들까지도 모두 전쟁이 몇 달 이내에 빨리 끝날 것이라고 믿었다는 점이다.11) 당시에 유럽의 남성들은 일종의 집단 히스테리 성격의 호전적인 사회 분위기 속에서 기꺼이 전쟁터로 나갔다. 하지만 전쟁이 발발하고서 얼마 지나지 않아 주요 참전국 사람들은 자신들의 전망이 크게 잘못되었다는 것을 깨닫게 되었다. 그리고 참호전이 장기간 지속되자 주요 참전국에서는 초기의 호전적 분위기가 점차 공포와 절망감으로 전환되었다.

수많은 사건들이 꼬리에 꼬리를 물고서 일어났던 전쟁에서 책임소재를 결정하는 것은 매우 어려운 일이다. 다만, 1차 세계대전의 경우, 독일의 빌헬름 2세Kaiser Wilhelm II의 책임이 가장 크다고 할 수 있다. 1차 세계대전 직후 체결된 베르사유 조약의 '전쟁책임조항'에는 1차 세계대전의 책임이 독일 및 그 동맹국에 있으며 이를 독일이 수락하는 것으로 명시되어 있다.12)

독일의 빌헬름 2세는 1차 세계대전이 발발하기 약 20개월 전인

1912년 12월 8일에 이미 전쟁위원회를 소집했다. 그리고 이때 결정된 전쟁계획의 상당 부분이 실제로 1914년 실행에 옮겨졌다. 이런 점 때문에 1차 세계대전의 경우 독일의 책임이 가장 크다는 점에 대해서는 역사학자들 간 이견이 거의 없다.[13]

빌헬름 2세의 출생 과정은 한마디로 난산이었다.[14] 산모의 자궁수축이 원활하지 않은 상태에서 그의 엉덩이가 먼저 나왔다. 위험한 상황이었기 때문에 주치의는 좁은 산도에서 그를 꺼내기 위해 불가피하게 왼팔을 강하게 잡아당겼고 그 과정에서 그의 왼팔에 영구적인 신경 손상이 발생했다.

그의 왼팔은 오른팔보다 약 15센티미터 더 짧고 왜소했다. 그는 성인이 된 이후에도 이를 숨기기 위해 애썼으며, 사진 찍을 때 왼손에 흰 장갑을 쥔 자세를 취함으로써 팔이 더 길어 보이도록 했다. 특히, 빌헬름 2세는 출생 시 경험한 저산소증 때문에 경미한 뇌손상 증상도 보였다.

그는 부모님과의 관계가 좋지 않았는데 특히, 어머니와의 관계는 최악이었다. 그는 "영국 의사가 내 아버지를 죽였고, 또 다른 영국 의사가 내 팔을 불구로 만들었다. 이것은 전적으로 어머니 탓이다. 어머니는 독일 의사가 가족을 돌보는 것을 허락하지 않았다."[15]고 말하기도 했다.

그는 왼팔 장애 때문에 식사할 때 칼질조차 하기 어려워했다. 이러한 장애는 그에게 심한 열등감을 심어주었고 종종 그는 이를 '과잉 보상overcompensation'하려 시도했다. 과잉 보상은 내적인 부적절감에서 벗어나고자 하는 시도를 적정 수준 이상으로 지나치게 해서 결과적으로 '과유불급過猶不及'의 결과를 초래하는 것을 말한다.

빌헬름 2세는 "거드름 피우는 군국주의자"16)로 유명했다. 그는 '최고 전쟁지도자'라는 칭호를 즐겼으며 감정적 폭언을 일삼았다. 1908년 영국의 일간지 '데일리 텔레그래프The Daily Telegraph'는 그가 영국인에 대해 "당신네 영국인들은 미쳤어, 완전히 미쳤어, 3월의 산토끼처럼 말이요!"17)라고 말했다고 보도했다. 사실, 그는 영국인들이 자신의 우호적인 입장을 이해해주지 않아 서운하다는 감정을 표현하고자 했던 것이지만, 이 행동은 그가 일으킨 대표적인 외교적 참사 중 하나가 되었다.

이 사건으로 독일에서는 황제의 권한을 제한하기 위해 헌법을 개정해야 한다는 심각한 정치적 요구가 제기되기도 했다. 정신이상자에 의한 암살시도를 비롯한 여러 정치적 스캔들 등으로 그는 심리적으로 크게 위축되었고 우울 증상을 보이기도 했다.

빌헬름 2세의 정서, 심리, 사회적 불안정성은 그의 전망 능력을 크게 약화시킴으로써 결과적으로 정치적 판단에도 중요한 영향을 미쳤다. 그는 즉위 초인 1890년에 철혈재상 오토 폰 비스마르크Otto von Bismarck를 해임했다. 비스마르크는 독일 통일 후 실리적이고 평화를 지향하는 외교를 통해 유럽에서의 힘의 균형을 추구한 반면에, 빌헬름 2세는 독일을 세계열강의 반열에 올려놓기를 희망했다.18) 해임되었을 때, 격분한 비스마르크는 "황제가 독일을 파멸로 이끌 것"19)이라고 신랄하게 비판했다.

빌헬름 2세는 비스마르크 후임으로 정치인이 아닌 행정 관료들을 임명했다. 그 후 독일에서는 황제의 의사결정을 교정할 수 있는 정부 내 절차가 크게 약화되었다. 그리고 결국 독일의 운명은 비스마르크의 말대로 되었다.

요약하자면, 빌헬름 2세는 1차 세계대전과 관련해서 두 가지 전망의 으류를 범했다. 하나는 자신의 내적 열등감에 대해 과잉 보상을 추그한 결과 자만심에 사로잡혀 독일의 전쟁계획 및 전쟁수행 능력을 과신했다는 점이다. 나머지 하나는 비스마르크처럼 황제의 의사결정을 조정할 수 있는 정치인이 아니라, 자신의 명령에 순종하는 행정관료를 더 높이 평가한 점이다.

1차 세계대전과 관련해서는 독일 빌헬름 2세의 책임이 가장 크다 하더라도, 오스트리아-헝가리 제국 프란츠 요제프 I세Franz Joseph I도 전쟁의 책임으로부터 자유로울 수 없다. 1차 세계대전은 프란츠 페르디난트Franz Ferdinand 황태자 부부가 사라예보에서 암살당한 것을 명분으로 프란츠 요제프 I세가 세르비아에게 선전포고를 함으로써 시작되었기 때문이다.

프란츠 요제프 1세는 68년간 제위에 있었으며 유럽 역사상 가장 오랫동안 통치한 군주 중 하나였다. 그는 절대군주제를 강화해 오스트리아의 유럽 내 위상을 높이려 했지만, 외교적, 군사적으로 쓰라린 실패를 여러 차례 맛보게 되었다.

그는 어머니의 반대에도 무릅쓰고 어머니가 추천한 신부감 대신, 자신의 이종사촌이자 시시Sisi라는 애칭을 갖고 있었던 엘리자베트Elisabeth와 결혼했다.20) 하지만 이 결혼은 결국 불행한 것이 되고 말았다. 프란츠 요제프 1세는 아내를 사랑했지만, 그의 애정은 사실상 일방향적인 것이었다.

엘리자베트는 유럽 황실에서 아름다운 용모로 유명했지만 성격이 매우 복잡하고 까다로운 편이었다. 그녀는 한곳에 정착하기 어려워했다. 그녀는 이렇게 말했다. "어떤 곳에 도착했을 때, 그곳을 다

시 떠날 수 없다는 사실을 깨닫게 된다면, 그곳이 아무리 낙원일지
라도 그 머무름은 곧 지옥이 될 겁니다."21)

　　그녀는 궁에서 생활할 때 시어머니와 자주 다투었고 그 과정에
서 다양한 신경쇠약 증상을 나타냈다. 그녀의 증상은 궁 밖으로 요
양을 떠나면 호전되지만 되돌아올 때는 두통과 구토 증상을 나타내
곤 했다. 이런 점에서 그녀의 신경쇠약 증상은 스트레스 관련 질환
에 해당되는 것으로 보인다.

　　그녀는 아름다움을 유지하는 데 남다르게 집착했다.22) 날마다
풍성하고 매우 긴 머리카락을 손질하는 데 2~3시간을 투자했다. 또
자세를 바르게 유지하기 위해 베개 없이 금속 침대에서 잠을 잤다.
그녀는 온갖 기행으로 유명했는데 프란츠 요제프 1세가 성인의 날
선물로 무엇을 받고 싶은지 묻자, 그녀는 "잘 갖춰진 정신병원이 가
장 마음에 들 것 같아요."23)라고 답하기도 했다. 아마도 이러한 대
답은 그녀의 심리적인 문제에 대한 관심을 반영하는 것으로 보인다.

　　프란츠 요제프 1세의 삶은 결코 순탄한 것이 아니었다. 1853년
프란츠 요제프 1세는 산책을 하던 중 헝가리 민족주의자의 칼에 목
뒤쪽을 찔리기도 했다.24) 특히, 그의 삶은 비극적인 가족사로 점철
되어 있었다.25) 멕시코의 군주주의자들에 의해 멕시코 황제로 추대
받았던 동생 막시밀리안 I세Maximilian I는 반대파인 공화군에 의해
1867년에 처형되었다.26) 프란츠 요제프 1세는 엘리자베트와의 사이
에서 두 딸과 아들을 얻었는데 첫째 딸은 유아기에 티푸스로 사망
했다. 그리고 아들 루돌프 황태자는 1889년 연인과 함께 자살했다.
1898년에는 엘리자베트 황후마저 스위스 제네바에서 무정부주의자
에게 암살당했다. 게다가 자신의 황위계승자였던 조카 프란츠 페르

디난트도 사라예보에서 세르비아계 민족주의자에게 살해되었다.

1914년 7월 28일, 프란츠 요제프 1세는 전쟁 개시 선전문에서 다음과 같이 말했다. "나는 백성들을 전쟁의 무거운 희생과 부담으로부터 보호할 수 있기를 간절히 바랐으나, 마침내 칼을 뽑을 수밖에 없게 되었다."27) 하지만 이것은 선전포고를 위해 '명분'을 내걸었던 것일 뿐이었다. 그는 전쟁을 막기 위해 자신이 할 수 있는 모든 노력을 다 기울였던 것처럼 말했지만, 실상은 다르다. 예를 들면, 프란츠 페르디난트 암살 사건 이후에 오스트리아-헝가리 제국은 세르비아에 10가지 요구 조건을 내걸었다. 그중 네 가지는 세르비아의 주권을 침해하는 조항들이었다.28) 세르비아는 10개 중 9개 항목을 수용했고 주권을 가장 심각하게 침해하는 한 가지만 받아들이지 않았다.

하지만 오스트리아-헝가리 제국은 10가지 조건을 완벽하게 충족하지 않았다는 이유로 세르비아에 선전포고를 감행했다. 그 후 연쇄적으로 주변 열강들의 선전포고가 잇달았고 유럽 사회는 1차 세계대전의 소용돌이 속으로 빨려 들어갔다.

프란츠 요제프 1세가 겪게 된 연이은 비극적 사건들은 그의 내면세계에 커다란 파문을 일으켰고 결과적으로 그의 전망 능력을 크게 약화시켰다. 황가의 무너진 위상을 바로 세우고자 하는 절박함이 눈앞을 가리게 된 것이다. 프란츠 요제프 1세는 세르비아에 선전포고를 하건서 두 가지 전망의 오류를 범했다. 하나는 세르비아 침공과 관련해서 독일의 전면적인 지지 효과는 과신하고 러시아의 참전 가능성은 과소평가함으로써, 세르비아와의 전쟁이 국지전에 머무르는 동시게 단기전이 될 수 있다고 믿었다는 점이다.29)

나더지 하나는 자신이 세상을 떠날 때까지 프란츠 콘라트 폰

회첸도르프Franz Conrad von Hötzendorf라는 최악의 장군을 참모총장으로 임명하고 중용했다는 점이다. 역사학자 로렌스 손드하우스Lawrence Sondhaus는 프란츠 요제프 1세의 기이한 신뢰를 이렇게 평가했다. "한 장군이 전쟁 전, 전술·전략·전쟁 계획을 구상하는 과정에서 이렇게 큰 영향을 미치고, 전쟁 발발 후 자기 군대를 재앙으로 이끌면서도 거의 전쟁 내내 지위를 유지할 수 있는 국가는 드물다." 무모하리만치 호전적인 성격을 갖고 있었던 콘라트는 전쟁 준비가 사실상 거의 안 갖춰진 상태에서도 문제 상황만 발생하면 무턱대고 전쟁을 해야 한다는 주장을 남발했다.30) 하지만 실전에서 그는 1차 세계대전 때 자신이 주도한 대부분의 전투에서 패배했다. 반면에 그와 같은 지역에서 같은 교전국과 벌인 전투에서 독일군을 비롯한 동맹국은 모두 승리했다.

프란츠 요제프 1세는 1916년 11월 21일 86세의 나이로 사망했다. 그의 황위는 증손조카인 카를 1세Charles I가 계승하였다. 하지만 1916년 9월 7일, 독자적인 군사작전 능력을 상실한 오스트리아-헝가리 제국의 군통솔권이 독일 황제에게 넘어가 사실상 오스트리아-헝가리 제국은 독일의 위성국으로 전락하게 되었다.31) 결국, 오스트리아-헝가리 제국은 1918년 1차 세계대전의 패전과 함께 역사에서 사라져버렸다.

2. 러시아-우크라이나 전쟁과 역사의 운율

역사의 운율이라는 측면에서, 1차 세계대전과 가장 밀접한 관계가 있는 전쟁 중 하나로는 바로 러시아-우크라이나 전쟁을 들 수 있다. 러시아-우크라이나 전쟁은 제2차 세계대전 이후 유럽 최대

규모의 전쟁이라고 할 수 있다.[32]

2022년 2월 24일 푸틴Vladimir V. Putin 대통령은 우크라이나를 비무장화하고 탈나치화한다는 명분하에 '특별 군사작전special military operation'의 개시를 선언했다. 그 작전의 목표는 맹백했다. 며칠 안에 우크라이나 수도 키이우Kyiv를 점령하고, 친서방 성향의 우크라이나 정부를 전복시켜 우크라이나를 다시 러시아의 영향권으로 되돌리는 것이었다.[33] 하지만 그 과정에서 푸틴 대통령은 두 가지 전망의 오류를 범했다.

첫째, 1차 세계대전 때의 빌헬름 2세와 프란츠 요제프 1세처럼, 러시아-우크라이나 전쟁이 초단기전으로 끝날 수 있다고 믿은 점이다. 사실, 푸틴 대통령은 러시아-우크라이나 전쟁에 대해 특별 군사작전이라는 기이한 이름으로 붙일 정도로 전쟁 취급조차 하지 않았다. 그 결과, 푸틴 대통령은 침공을 개시한 이후 초기 단계에서 중요한 전략적 실수를 범했다. 지상군을 지나치게 적게 투입했을 뿐만 아니라, 지상군과 공군 간 공조를 위한 준비조차 제대로 갖추지 못한 채 침공한 것이다.[34]

둘째, 국운이 달린 전쟁 상황에서 자신이 결코 신뢰해서는 안될 예브게니 프리고진Yevgeny Prigozhin이라는 인물을 중용한 것이다. 러시아-우크라이나 전쟁 초기 단계에서 러시아 지상군은 막대한 인명피해를 입었다. 하지만 푸틴 대통령은 예비군 동원령을 즉시 발령하지 않고 대신 특별 군사작전에 투입할 용병을 적극 모집했다.[35] 그 결과, 프리고진이 이끄는 용병의 규모는 '수천 명 수준'에서 약 5만 명 수준으로 급증했다. 그 대부분은 교도소에서 석방을 조건으로 해서 모집된 범죄자 출신들이었다.

　　푸틴 대통령의 이러한 선택은 매우 위험천만한 것이었는데 프리고진은 정식으로 임명되거나 선출된 적이 없었기 때문에 공식 직책도 없었고 따라서 어떤 공적인 책임도 질 필요가 없는 존재였다. 더욱이 프리고진이 통솔하는 용병은 사실상 러시아의 법률과 군 지휘 체계를 벗어난 프리고진의 사병私兵이나 마찬가지였다.

　　제대로 준비하지 않은 채 감행했던 전쟁에서 군부대에 탄약 공급이 제대로 이루어지지 않자, 결국 프리고진은 2023년 6월에 푸틴 대통령에게 반기를 들었다.[36] 프리고진은 푸틴 대통령이 주장하는 우크라이나 침공의 명분은 거짓에 근거한 것이며 사실 이 전쟁은 국방부와 러시아 재벌의 이익을 위한 것이라고 주장했다. 그리고서 반란을 일으켜 자신의 용병들과 함께 모스크바로 진격했다. 일촉즉발의 위기 상황에서 푸틴 대통령은 일단 유화적인 제스처를 취해 프리고진과 타협을 시도했다. 프리고진은 푸틴의 감언이설에 넘어가 모스크바로 진격하는 것을 멈추었다. 하지만 2023년 8월 23일에 프리고진은 항공기 추락 사고로 사망했다. 러시아 정보기관 요원들이 비행 전 안전점검 과정에서 프리고진이 탑승했던 항공기 날개 아래쪽에 폭탄을 설치했던 것이다.[37]

3. 전망의 오류를 최소화하기 위한 심리학적 노하우

　　지금까지 살펴본 것처럼, 20세기의 빌헬름 2세와 프란츠 요제프 1세 그리고 21세기의 푸틴은 모두 전망의 오류를 범했고 그 결과 제국이 붕괴되거나 국가가 심각한 위기를 경험하게 되었다. 그렇다면, 우리가 이러한 전망의 오류를 범하지 않기 위해 노력해야 하는 방법은 무엇일까?

　이러한 문제에 답하기 위해서는 먼저, 전망의 기술이 중요한 상황과 그렇지 않은 상황을 구분할 필요가 있다. 모든 문제 상황에서 전망의 기술이 중요해지는 것은 아니다. 기계의 성능을 높이거나 질병을 치료할 때처럼 정확하거나 정교한 답이 존재하는 문제 상황에서는 전망의 기술보다는 논리적인 사고나 경험적인 증거가 상대적으로 더 중요하다. 하지만 주요한 정치, 경제, 사회적 문제들처럼, 변동성이 크고 불확실하며 복잡한 동시에 모호해서 확률적 예측이 사실상 불가능한 문제 상황에서는 논리적인 사고나 경험적인 증거보다는 전망의 기술이 훨씬 더 중요하다. 다음은 전망의 오류를 효과적으로 예방할 수 있는 최선의 방법들이다.

　첫째, 심리사회적 성숙을 추구하는 것이다. 이러한 점과 관련해서는 앞서 살펴본 최상위의 긍정감정과 심리-성적인 발달에 관한 설명을 참고하기 바란다. 삶에서 가장 좋은 경험, 즉 최상위의 긍정감정으로 기쁨, 희망, 사랑, 믿음, 연민, 감사, 용서 그리고 경외감을 경험하는 것은 심리사회적 성숙을 촉진할 수 있다.

　심리사회적 성숙을 위해서는 심리-성적인 발달 과정에서 특정 시기에 고착되지 않도록 주의를 기울일 필요가 있다. 사람들은 보통 구순기적인 욕구, 항문기적인 욕구, 그리고 남근기적인 욕구 중 일부에 고착되는 경향이 있다. 반면에, 성숙한 인격을 갖춘 성인은 어느 하나의 욕구에 고착되지 않고 이러한 세 가지 인간적 욕구들을 문화적으로 승화된 형태로 충족하려 노력한다.

　둘째, 전문적인 심리평가를 통해 심리학적인 도움을 받는 것이다. 전망의 오류를 적극적으로 예방하고자 한다면 마크 트웨인Mark Twain의 조언을 기억해 둘 필요가 있다. "곤경에 빠지는 것은 뭔가를 몰라서가 아니다. 뭔가를 확실히 안다는 착각 때문이다.”38) 자기 자신에 대해서도 마찬가지다!

물론 스스로 자기 자신이나 다른 사람들에 대해서 잘 알고 있다고 믿는 것 자체가 나쁜 것은 아니다. 오히려 그러한 사회적 유능성은 권장할 만한 일이다. 문제는 그러한 믿음에 객관적인 근거가 있는지 여부다. 소크라테스에 따르면 “검증받지 않은 삶은 무가치하다.”39) 여기서 소크라테스가 강조하고자 했던 점은 보통 사람들이 흔히 하는 자기-관찰self-monitoring 정도로는 충분하지 않으며 자신에 대한 ‘객관적 검증을 위한 성찰적 노력’을 기울이는 것이 중요하다는 것이다.

만약 스스로 자기 자신이나 다른 사람들에 대해서 잘 알고 있다고 믿는다면 반드시 자문해 볼 필요가 있다. “그 근거가 무엇인가?”

버락 오바마 대통령은 2008년 대통령 선거 캠페인 중 뉴욕타임스와의 인터뷰에서 다음과 같은 유명한 말을 남겼다. “나는 ‘로르샤흐Rorschach 검사’ 같은 사람이다. 사람들이 나한테 실망을 하게 될지라도 그들은 무언가를 얻게 될 것이다.”40) 로르샤흐 검사는 잉크 반점을 통해 성격을 심층적으로 검사하는 전문 심리검사 중 하나다.

적어도 객관적 검증을 위한 성찰적 노력을 기울이고자 한다면, 객관적인 자기 이해를 위해 로르샤흐 검사를 포함하는 심층 심리평가를 받는 것이 필요하다. 무릇 모든 검증은 객관적인 ‘증빙proof’을 요구하는 법이기 때문이다!

셋째, 지혜로운 조언자와 함께 하는 것이다. 여기서 주의해야 할 점이 있다. 자신이 조언을 구해야 하는 상황이 발생하기 전에 미리 문제 영역별로 스스로 신뢰할 수 있는 가족, 동료, 선후배, 스승을 확보해 두어야 한다는 것이다. 조언을 해주는 사람이 지혜로운 조언을 해주는 지 여부는 조언을 들은 다음에 판단하려 해서는 안 된다. 조언을 들은 다음에 판단하는 경우, 대부분 '쓴소리'보다는 '감언이설甘言利說'이 더 지혜로운 얘기처럼 들리기 때문이다. 이것이 인지상정人之常情이다.

빌헬름 2세도 자기 나름대로는 지혜로운 조언자를 두었다고 믿었다. 다만 그는 비스마르크를 해임하고서 자신만의 비스마르크로서 보다 순종적인 행정 관료를 임명했다. 아마도 빌헬름 2세에게는 자신이 임명한 행정관료가 비스마르크보다 더 지혜로운 조언자처럼 보였을 것이다. 하지만, 역사는 결코 그렇지 않다는 것을 보여주었다. 이런 점에서 전망의 기술에서의 출발점은 스스로 인지상정이 문제 되지 않을 초인超人이라고 과신하지 않는 것이라고 할 수 있다!

넷째, 민주적인 의사결정을 따르는 것이다. 널리 알려진 대로, 민주주의는 완전하지 않다! 하지만 현재로서는 그것이 최선이기도 하다. 사람들은 저마다 생각이 다르기 마련이다. 따라서 어디서나 사회적인 긴장과 갈등은 존재할 수밖에 없다. 하지만 사회적 긴장과 갈등 '때문에' 특단의 조치가 필요하다는 식의 미성숙한 주장은 민주주의와 양립할 수 없다. 민주주의에서는 그러한 긴장과 갈등에도 '불구하고' 어떤 선택의 지혜를 발휘하는가가 중요하다. 민주적 의사결정 과정에서의 핵심은 바로 사회적 디스트레스를 심리적으로 성숙하게 유스트레스로 전환하는 것이다. 사실, 대표적인 갈등 사회 중 하나인 한국에서 전망의 기술이 중요한 이유가 바로 여기에 있다.

4. 미래 리터러시Futures Literacy

문화비평가 마셜 맥루언Marshall McLuhan은 이런 명문을 남겼다. "우리는 백미러로 현재를 바라보며, 미래를 향해 후진하고 있다."41) 오늘날 한국 사회의 모습은 그가 냉소적으로 경고했던 기이한 모습과 너무나도 닮았다. 예를 들면, 2026학년도 대학수학능력시험이 끝난 후 뉴욕타임스NYT, BBC, 텔레그래프 등 해외 주요 뉴스 매체들은 수능의 영어 영역 문제들을 신랄하게 비판하는 보도를 쏟아냈다.42) 그중 한 언론사는 "당신은 한국의 '미친' 대학 입학 영어 시험을 통과할 수 있을까?"라는 자극적인 제목의 기사를 내보내기도 했다.

일찍이 철학자 존 듀이John Dewey는 "오늘의 학생들을 어제와 같은 방식으로 가르친다면, 우리는 그들의 내일을 빼앗는 것이다."43)라고 경고했다. 그에 따르면, "교육은 삶을 위한 준비가 아니라, 삶 그 자체다."44) 이런 점에서 교육은 미래의 삶에 필요한 지식과 기술을 학습시키는 도구적 역할을 하는 데서 머물러서는 안 되며, 불확실한 미래를 잘 헤쳐 나갈 수 있는 인재를 양성하는 방향으로까지 나아가야 한다. 바꿔 말하자면, 교육의 본질은 바로 '미래 리터러시Futures Literacy'에 있는 것이다!

리터러시Literacy는 글을 읽고 쓸 줄 아는 능력인 문해력을 말한다. 이런 점에서 미래 리터러시는 '삶 속에서 우리에게 다가올 미래를 이해comprehension하고 해석interpretation하며 비판criticality하고 표현production하며 활용use하는 능력'이라고 할 수 있다.45) 여기서 미래 리터러시는 미래를 예언하는 능력을 뜻하는 것이 아니다. 이미 4장에서 소개한 것처럼, 우리가 머나먼 미래의 일을 온전하게 예측하기는 대단히 어렵다.

윌리엄 깁슨William Gibson에 따르면, "미래는 이미 와 있다. 다만 고르게 분포되어 있지 않을 뿐이다."46) 이런 점을 고려해 볼 때, 미래 리터러시는 '아직 오지 않은 것'을 정확하게 헤아리는 것이 아니라, 이미 나타난 징후를 예리하게 알아차리는 감각을 뜻한다. 그리고 이러한 감각을 바탕으로 다가올 미래가 현재의 상황에 어떤 영향을 미치는지를 파악하고서 미리 적극적으로 대처하는 능력을 가리킨다. 다시 말해, 가능한 미래의 사건들을 민감하게 포착하고, 그 다양한 가능성과 불확실성을 고려해 자신의 향후 전략과 선택을 효과적으로 설계할 수 있도록 해주는 사고, 대처 및 실천 능력을 의미한다.

우리가 미래의 문제를 다룰 때 중요하게 참고해야 할 사항이 있다. 컴퓨터과학자 앨런 케이Alan Kay가 조언한 것처럼, "미래를 예측하는 최선의 방법은 미래를 창조하는 것"47)이라는 점이다. 이처럼 우리가 미래를 만들어가는 데 미래 리터러시는 핵심적인 역할을 수행한다.

미래 리터러시는 다음의 6가지 구성요소를 포함하고 있다. 첫째, 예측prediction이다. 이것은 현재의 데이터와 법칙을 바탕으로 확률적으로 가장 가능성이 높은 결과를 추론해내는 것을 말한다. 예를 들면, 경제성장률, 기상 예보, 선거 득표율 등을 추정하는 것이다.

둘째, 정서예측affective forecasting이다. 이것은 사람들이 미래에 어떤 사건이 발생했을 때 자신이 구체적으로 어떤 감정을 느끼게 될지, 그리고 그 감정이 얼마나 강하며 오래 지속될지를 헤아리는 것을 뜻한다.48) "삶에서는 그 어떤 것도, 그것을 생각하고 있는 바로 그 순간에 우리가 느끼는 것만큼 실제로 중요하지는 않다."49) 바로 그렇기 때문에, 삶에서 정서예측은 사람들이 흔히 상상하는 것보다는 훨씬 더 어려운 과제라고 할 수 있다.

셋째, 낙관성optimism이다. 낙관성은 경험적인 데이터를 기반으로 과거, 현재, 그리고 미래에 대해 합리적인 설명을 진행하는 것이다. 낙천적인 사고가 선천적인 기질을 바탕으로 실제 경험과는 무관하게 맹목적인 형태의 긍정 편향을 나타내는 것인 반면, 낙관성은 후천적으로 학습한 합리적인 태도에 해당된다.

넷째, 전망prospection이다. 이것은 미래 사건에 대한 정신적인 표상으로서, 우리가 떠올릴 수 있는 미래의 모습 중 바람직한 것을 선택하고 실천하기 위해 자신의 미래에 대한 믿음을 오랫동안 간직해내는 능력이다. 전망은 데이터가 자신의 기대에 미치지 못하거나 데이터 자체가 없을 때도 우리가 다가올 미래에 대해 긍정적인 믿음faith을 간직할 수 있게 해준다.

다섯째, 예상anticipation이다. 이것은 성숙한 방어기제적응기제의 하나로서, 누구나 떠올릴 수 있지만 흔히 사람들은 그냥 지나치고 마는 미래의 스트레스 사건에 대해 미리 정서적으로 대비하는 능력을 뜻한다. 미성숙한 적응기제인 공상이 미래의 스트레스 사건을 회피하고 도피하도록 만드는 것과는 다르게, 예상은 그러한 사건들을 직시하도록 해준다. 이러한 예상은 우리가 살면서 후회를 최소화할 수 있도록 해주는 효과적인 대처방식이다.

마지막으로 희망hope이다. 희망은 우리가 현재의 고통을 그저 부정하도록 만드는 것이 아니라, 미래의 대안을 떠올릴 수 있도록 해주는 힘이다. 희망에서는 하루를 버티고, 다음 하루를 살아내며 또다시 하루를 이어 붙이는 일이 중요하다. 거창한 목표보다는 지금이 전부가 아니라는 믿음, 그리고 그러한 믿음을 하루하루의 실천적 삶으로 증명하려는 태도가 중요하다. 체코의 전 대통령인 바츨라프 하벨Václav Havel에 따르면, "희망은 어떤 일이 성공할 가능성이 있기 때문이 아니라, 그 일이 선善하기 때문에 그것을 위해 헌신할 수 있는 능력이다."50) 희망이 결과를 보장해주는 것은 아니다. 희망은 나무 심는 사람이 정작 자신은 그 열매를 보지 못할 수도 있다는 것을 알면서도 나무를 심도록 해준다. 희망은 결과가 보장되지 않더라도 우리가 가치 있는 일에 계속 도전할 수 있도록 해주는 힘이다. 이처럼 희망은 어떤 일이 잘될 것이라고 확신하는 것이 아니라, 설사 부정적인 결과를 맞이하게 되더라도 자신이 선택하고 시도했던 그 일이 의미 있다고 믿는 것이다. 바로 그렇기 때문에 상황이 불리할수록, 오히려 희망은 더욱더 깊어질 수 있는 것이다.

미래 리터러시는 장차 AI와 로봇이 대중화된 사회에서 교육의 대표적인 핵심 가치가 될 것이다. 이러한 사회에서는 미래를 주체적으로 탐색하고 실천함으로써 가치있는 미래를 만들어내는 역량이 그 어느 때보다 중요해질 수밖에 없다. 이러한 미래 리터러시는 개인뿐만 아니라, 조직이나 기관 그리고 정부도 혁신 전략의 측면에서 매우 중요한 의미를 갖게 될 것이다. 사실, 심리학적인 관점에서 본다면 한국 사회의 고질적인 난제들은 미래 리터러시의 문제와 직·간접적으로 연결되어 있다. 이런 점에서 한국 사회는 그 어느 때보다도 절실히 심리학의 도움을 필요로 하고 있기도 하다.

글을 마무리하기 전에 마지막으로, 심리학자로서 한 가지 제안을 하고자 한다. 아마도 내용상 심리학자의 사심이 섞인 주장처럼 보일 수도 있을 것이다. 하지만 이러한 제안이 우리 사회에 도움이 되는 제안인지 아니면 심리학자의 사심 섞인 주장에 불과한 것인지 여부는 객관적인 데이터와 논리적인 설명을 기준으로 판단하는 것이 최선일 것이다.

5. 지금 한국에 가장 필요한 심리학

지금 한국 사회에 가장 필요한 것이 무엇일까? 어쩌면 이 질문에 대해서는 전문가마다 다른 답변을 내놓을 수 있을 것이다. 심리학자로서 저자의 의견은 다음과 같다.

현재 한국사회는 초저출생, 초고령화, 정신건강 고위험군의 증가, 가족의 해체, 공교육의 위기, 청년 실업, 리더십 문제 등 다양한 리스크들을 보이고 있다. 참고로, 초저출산은 전통적으로 여성의 출산에 초점을 맞춘 표현이고, 초저출생은 사회적인 문제현상을 나타내는 표현이기 때문에, 이 글에서는 정부의 공식 용어가 아닌 이상 초저출생이라는 용어를 사용하고자 한다.

심리학이 이러한 리스크들을 관리하는 데 도움을 줄 수 있는 유일한 학문은 아니다. 하지만 심리학은 우리 사회가 이러한 리스크들에 효과적으로 대처하고자 할 때, 결코 빠트려서는 안 되는 학문이다.

하지만 안타깝게도 아직까지 한국에서는 심리학이 꼭 필요한 곳에 심리학이 없는 경우가 많다. 한국 사회의 경우 사회가 필요로 하는 자원을 적재적소에 배분하는 데 심각한 불균형이 존재하기 때문이다. [표 4]는 한국과 미국의 인구 및 경제 관련 지표를 기준으로, 한국과 미국의 전공별 졸업생 수를 비교한 것이다.51)

큰 틀에서 볼 때, 국민총소득은 한 사회의 경제 규모를 상징적으로 보여준다. 또 총인구수는 한 사회의 구성원들이 인간적인 욕구

표 4 한국과 미국의 전공별 졸업생 수 비교

2022년 기준 비교 항목	한국	미국	상대비율(한국/미국)
국민총소득(단위: 십억 달러)	1,697.8	25,838.9	0.07
총인구(단위: 천명)	51,628	338,290	0.15
1인당국민총소득(단위: 달러)	35,990	76,370	0.47
심리학 학사 졸업생 수(단위: 명)	2,506	129,609	0.02
경영학 학사 졸업생 수(단위: 명)	28,454	375,418	0.08
공학 학사 졸업생 수(단위: 명)	85,550	141,422	0.60

의 충족을 위해 기대하는 재화와 서비스의 규모를 알려준다. 그리고 1인당국민총소득은 생활수준에 대한 추정치가 될 수 있다.

[표 4]에 제시된 것처럼, 한국의 국민총소득은 미국의 7% 수준이다. 또 한국의 인구는 미국의 약 15% 수준이다. 그리고 한국의 1인당국민총소득은 미국의 47% 수준이다. 그런데 한국의 대학에서 심리학을 전공한 졸업생 수는 미국의 2% 수준에 불과하다. 대조적으로, 한국의 대학에서 경영학을 전공한 졸업생 수는 미국의 8% 수준 그리고 한국의 대학에서 공학을 전공한 졸업생 수는 미국의 60% 수준에 달한다.

한국은 미국에 비해 심리학에 사회적인 자원을 상당히 적게 투자하고 있다. 국민총소득을 기준으로는 미국의 약 29% 수준($0.02/0.07 \times 100$), 인구를 기준으로는 약 13% 수준($0.02/0.15 \times 100$), 그리고 1인당국민총소득을 기준으로는 약 4% 수준($0.02/0.47 \times 100$)을 투자하고 있다. 반면에 한국은 미국에 비해 공학에 사회적인 자원을 상당히 많이 투자하고 있다. 국민총소득을 기준으로는 미국의 약 857% 수준, 인구를 기준으로는 약 400% 수준, 그리고 1인당국민총소득을 기준으로는 약 128% 수준을 투자하고 있다. 경영학의 경우, 한국은 미국과 비교했을 때, 국민총소득 기준으로는 사회적인 자원을 비슷한 수준(약 114%)으로 투자하고 있지만, 인구 기준으로는 약 53% 그리고 1인당국민총소득 기준으로는 약 17% 수준으로 사회적인 자원을 상대적으로 적게 투자하고 있다.

일반적으로는 사회적인 자원을 투입한 것에 비례해서 성과가 산출되기 마련이다. 따라서, 한국은 공학이나 경영학에 비해 심리학 관련 영역에서 상대적으로 취약성을 드러낼 것이다. 다시 말해서, 한국은 심리학이 올바르게 적용되어야 하는 다양한 삶의 문제들에서 경제 규모 기준으로는 미국의 약 29% 수준, 사회가 필요로 하는 재화와 서비스의 규모 기준으로는 약 13% 수준, 그리고 생활수준 기준으로는 약 4% 수준만큼 기능하고 있다는 것이다. 이것은 우리의 문화적 역량이 부족해서가 아니라, 어떤 이유에서든지 사회적으로 심리학에 관심을 적게 기울이고 그만큼 투자를 적게 하고 있기 때문이다. 현재 한국사회가 나타내고 있는 초저출생, 초고령화, 정신건강 고위험군의 증가, 가족의 해체, 공교육의 위기, 청년 실업, 리더십 문제는 바로 이러한 면을 반영하는 것으로 보인다.

물론, 이러한 한국사회의 주요 현안들을 해결하는 데 공학과 경영학이 기여할 수 있는 부분들도 많을 것이다. 그런데 만약 우리 사회가 미국에 비해 공학이나 경영학에 지금보다도 사회적인 자원을 더 많이 투입할 경우, 과연 이러한 문제들을 해결하는 데 얼마나 추가적인 효과를 거둘 수 있을까? 기본적으로 공학과 경영학이 한국사회의 주요 문제들을 해결하는 데 기여할 수 있다는 것과 그러한 문제들을 해결하기 위해서 지금보다 경영학과 공학에 사회적인 자원을 보다 더 많이 투자하는 것은 별개의 문제다. 투자 대비 효과를 고려해야 하기 때문이다.

특히, 현재 한국사회가 안고 있는 가장 심각한 문제 중 하나는 바로 초저출생 문제이다. 2024년 기준, 한국의 출산율은 0.75다.[52] 출산율 0.75는 세계 최하위 수준으로서, 머지않아 한국사회 자체가 지구상에서 영원히 사라져버릴 수 있을 만큼 심각한 문제에 해당된다. 과연 우리 사회가 지금보다 공학이나 경영학에 투자를 더 할 경우 이 문제를 해결하는 데 도움이 될 것인가? 적어도 이러한 문제는 공학적인 관점이나 경영의 차원에서 다루기보다는 심리학적인 안목으로 접근하는 것이 보다 더 지혜로운 방법에 해당될 것이다.

지금은 모두가 인정할 수 있는 AI시대다. AI시대에는 다른 무엇보다 인간의 경험에 대한 가치가 중시될 수밖에 없다. 장차 인간의 경험은 AI가 대체할 수 없는 인간의 핵심가치 중 하나로 평가받게 될 것이다.

요약하자면, 초저출생 문제를 비롯한 한국사회의 주요 리스크들을 비롯해 AI시대에 삶의 주요한 문제들을 해결할 수 있는 핵심 단서들은 눈으로 볼 수 없는 세계에 있다. 이것이 바로 우리에게 심안, 즉 심리학적인 안목이 꼭 필요한 이유다!

끝으로, 이 책의 일부에는 저자가 십여 년 전부터 동아비즈니스리뷰와 동아일보 등에 투고했던 기사 내용이 포함되어 있다. 본서의 출간 작업을 위해 오래된 원고를 다시 꺼내, 과거에는 기사의 성격상 출처를 명확하게 밝히지 못했던 부분들을 확인해서 정확하게 표기하고 지면의 제한으로 미처 담지 못했던 내용들을 보강하였다. 아무쪼록 이 책을 통해 독자들이 전망의 지혜를 조금 더 잘 이해할 수 있게 되기를 바란다. 그리고 그 과정에서 독자에게 '심리학의 묘미'가 함께 전해질 수 있기를 바란다!

미주

들어가는 글: 미로 같은 삶에서 지혜로운 길 찾기

1) 찰스 디킨스 (2020). 두 도시 이야기(김소영 역). 허밍버드. p. 13.

2) Kern, H. (2000). *Through the labyrinth: Designs and meanings over 5,000 years*. Prestel Publishing.

3) 한국민족문화대백과사전. https://encykorea.aks.ac.kr/Article/E0033957

4) 고린도전서 13장

5) Merton, R. K., Sills, D. A., & Stigler, S. M. (1984). The Kelvin dictum and social science: An excursion into the history of an idea. *Journal of the History of the Behavioral Sciences, 31*, 319−331.

6) Merton, R. K., Sills, D. A., & Stigler, S. M. (1984). p. 329.

7) Merton, R. K., Sills, D. A., & Stigler, S. M. (1984). p. 330.

8) 모건 하우절 (2024). 불변의 법칙(이수경 역). 서울: 서삼독. pp. 141−159.

9) Vaillant, G. E. (1995). *Adaptation to Life*. Cambridge, MA: Harvard University Press. p. 11.

10) KBS2(2012년 2월 14일). 김승우의 승승장구. 102회.

11) Rosenhan, D. L. (1973). On being sane in insane places. *Science*, 179(4070), 250−258.

12) Cahalan, S. (2019). *The great pretender: The undercover mission that changed our understanding of madness*. New York: Grand Central Publishing. chapter 4.

13) Cahalan, S. (2019). chapter 19.

14) Slater, L. (2004). *Opening Skinner's box: Great psychological experiments of the twentieth century*. New York: W. W. Norton & Company. p. 77.

15) Cahalan, S. (2019). chapter 11.

16) Cahalan, S. (2019). p. 120.

17) Cahalan, S. (2019). p. 197.

18) Rosenhan, D. L. (1973). p. 250.

19) BBC (Nov, 11 & 18, 2008). *How mad are you?*

20) https://www.cugmhp.org/faculty/michael-first-md/

21) Progler, Y. (2009). Mental illness and social stigma: notes on "How Mad Are You?", *Journal of Research in Medical Sciences, 14*(5): 331-334.

22) 모건 하우절 (2024). p. 49.

23) Doyle, A. C. (1997). *The Project Gutenberg eBook of The Memoirs of Sherlock Holmes.* https://www.gutenberg.org/files/834/834-h/834-h.htm#chap01

24) Newman, J. P., Wolff, W. T., & Hearst, E. (1980). The feature-positive effect in adult human subjects. *Journal of Experimental Psychology: Human Learning and Memory*, 6(5): 630-650.

25) 크리스토퍼 차브리스, 대니얼 사이먼스 (2011). 보이지 않는 고릴라(김명철 역). 파주: 김영사. pp. 32-39.

26) Schacter, D. L., Gilbert, D. T., Nock, M. K., & Wegner, D. M. (2022). 심리학입문(민윤기 등 공역). 서울: 시그마프레스. p. 118.

27) 크리스토퍼 차브리스, 대니얼 사이먼스 (2011). p. 37.

28) Iris Murdoch, 영화 『아이리스(Iris)』

29) *President Obama's remarks from the 2024 Democracy Forum.* https://www.obama.org/democracy-forum-2024/president-obama-remarks/

30) Schwarcz, V. (1997). The pane of sorrow: Public uses of personal grief in modern china. Social suffering (Arthur Kleinman, Veena Das, & Margaret Lock, Eds.) Berkeley: University of California Press.

31) Terry Tempest Williams (January 1, 1970). Engagement: The conclusion of the author's *triptych on the open space of democracy.* https://orionmagazine.org/article/engagement/

32) 파커 J. 파머 (2012). 비통한 자들을 위한 정치학(김찬호 역). 파주: 글항아리. pp. 124-125.

33) Pluut, H., Curşeu, P. L,, & Fodor, O. C. (2022). Development and validation of a short measure of emotional, physical, and behavioral markers of eustress and distress (MEDS). *Healthcare 10*(2): 339.

34) 라세 할스트롬(2000). 사이더 하우스. 미라맥스.

35) 권창은 외 (2005). 소크라테스는 악법도 법이라고 말하지 않았다. 서울: 고려대학교 출판부.

36) 연합뉴스(2005년 12월 2일). 소크라테스는 악법도 법이라 말하지 않았다.

37) Yeats, W. B. (1919). *The second coming,*

1) Michael Kahn (2008). 21세기에 다시 읽는 프로이트(안창일 역). 서울: 학지사. p. 30.

2) https://www.freud.org.uk/2020/07/13/freuds-bbc-speech/

3) Michael Kahn (2008). 21세기에 다시 읽는 프로이트(안창일 역). 서울: 학지사. pp. 53-76.

4) 고영건 (2012). 삶에 단비가 필요하다면: 인디언기우제 이야기. 서울: 박영북스.

5) 김진영 고영건 (2022). 이만하면 괜찮은 부모. 서울: 한국경제신문사 출판부. pp. 42-56.

6) Lobue V, Deloache, J. S. (2011). Pretty in pink: The early development of gender-stereotyped colour preferences. *British Journal of Psychology*, 29(3), 656-667.

7) https://www.nec.go.kr/site/nec/ex/bbs/View.do?cbIdx=1147&bcIdx=17020

8) 지그문트 프로이트 (1998). 정신분석 강의(하). 서울: 열린책들. pp. 483-508.

9) Chicago Tribune (Apr 10, 2003). *'Grill man' in kitchen at McDonald's.*

10) Los Angeles Times (July 17, 1988). *Mac's Attack on the Milkshake Biz.*

11) Financial Times (January 12, 2013). *Obituary. Burger flipper who rose up the food chain.*

12) Maverick (11 Jan, 2013). *Fred Turner, the man behind the Egg McMuffin and Chicken McNuggets, now cooking in the McKitchen in the sky.*

13) https://www.bbc.co.uk/worldservice/specials/1616_fastfood/page4.shtml

14) The Independent (07 February, 2013). *Fred Turner: Executive who transformed McDonald's into a global empire.*

15) *The complicated history of McDonald's Happy Meal* https://digitaledition.chicago tribune.com/tribune/article_popover.aspx?guid=8b176b85-2740-4d43-b199 -0f9ccecd40bd

16) The Independent (07 February, 2013). *Fred Turner: Executive who transformed McDonald's into a global empire.*

17) *Late McDonald's CEO Fred Turner: Guardian of standards* https://www.qsrwe b.com/blogs/late-mcdonalds-ceo-fred-turner-guardian-of-standards/

18) Chicago Tribune (November 3, 2021). *Former CEO was 'heart and soul' of McDonald's*

19) 세계일보(2013년 1월 9일). 맥도날드 창업 공신 프레드 터너 명예회장 사망

20) Chicago Tribune (November 3, 2021). *Former CEO was 'heart and soul' of McDonald's*

21) Financial Times (January 12, 2013). *Obituary. Burger flipper who rose up the*

food chain.

22) Chicago Business Journal (Jan 14, 2013). *Why McDonald's still owes so much of its success to this CEO.*

23) The Washington Post (January 8, 2013). *Fred Turner, savvy operations chief who helped build McDonald's empire, dies at 80.*

24) 론 처노 (2010). 부의 제국 록펠러 I(안진환, 박아람 역). 파주: 21세기북스. pp. 69−111.

25) 론 처노 (2010). 부의 제국 록펠러 I. pp. 128−131.

26) *Higher Ground: The man who gave his way to health.* https://www.mlive.com/advancenewspapers/opinion/2011/08/higher_ground_the_man_who_gave.html

27) 론 처노 (2010). 부의 제국 록펠러 I. pp. 558−605.

28) 론 처노 (2010). 부의 제국 록펠러 I. p. 566.

29) 론 처노 (2010). 부의 제국 록펠러 I. pp. 604−605.

30) 론 처노 (2010). 부의 제국 록펠러 I. p. 112.

31) 론 처노 (2010). 부의 제국 록펠러 II. pp. 490−491.

32) 론 처노 (2010). 부의 제국 록펠러 I. p. 605.

33) 론 처노 (2010). 부의 제국 록펠러 I. pp. 606−607.

34) 론 처노 (2010). 부의 제국 록펠러 II. p. 290.

35) 론 처노 (2010). 부의 제국 록펠러 II. p. 607.

36) 론 처노 (2010). 부의 제국 록펠러 II. p. 123.

37) 론 처노 (2010). 부의 제국 록펠러 II. p. 599.

38) New York Daily News. (October 8, 2016). *A look at some lesser−known facts about oil tycoon John D. Rockefeller, who became America's first billionaire 100 years ago.*

39) 론 처노 (2010). 부의 제국 록펠러 II. p. 496.

40) 론 처노 (2010). 부의 제국 록펠러 II. p. 352.

41) 론 처노 (2010). 부의 제국 록펠러 II. p. 534.

42) 론 처노 (2010). 부의 제국 록펠러 II. pp. 300−301.

43) 론 처노 (2010). 부의 제국 록펠러 II. p. 535.

44) 론 처노 (2010). 부의 제국 록펠러 II. p. 600.

45) 론 처노 (2010). 부의 제국 록펠러 II. p. 600.

46) *Rockefeller was author of inspirational poem.* https://archive.nytimes.com/www.nytimes.com/books/98/05/17/specials/rockefeller−poem.htm

47) 앤드류 카네기 (2011). 철강왕 카네기 자서전(박별 역). 서울: 나래북. p. 33.

48) 레이몬드 라몬−브라운 (2006). 카네기 평전(김동미 역). 서울: 작은 씨앗. pp. 37−50

49) 앤드류 카네기 (2011). 철강왕 카네기 자서전(박별 역). 서울: 나래북. p. 26.

50) 레이몬드 라몬-브라운 (2006). 카네기 평전. p. 148.

51) 레이몬드 라몬-브라운 (2006). 카네기 평전. pp. 217-235.

52) History(October 29, 2009). *Homestead strike*.

53) History(August 11, 2017). *How America's Most Powerful Men Caused America's Deadliest Flood: A desire to fish created an epic 1889 deluge*.

54) 앤드류 카네기 (2011). 철강왕 카네기 자서전. p. 49.

55) 레이몬드 라몬-브라운 (2006). 카네기 평전. p. 398.

56) 앤드류 카네기 (2011). 철강왕 카네기 자서전. p. 207.

57) 레이몬드 라몬-브라운 (2006). 카네기 평전. p. 165.

58) 레이몬드 라몬-브라운 (2006). 카네기 평전. p. 387.

59) 레이몬드 라몬-브라운 (2006). 카네기 평전. pp. 363-364.

60) 앤드류 카네기 (2014). 부의 복음(박별 역). 서울: 예림.

우리들 마음속 그림자

1) 이부영 (1998). 분석심리학. 서울: 일조각.

2) 마틴 프리드슨 (2000). 그래서 그들은 부자가 되었다(김선희 역). 서울: 롱셀러. p. 243. The New York Times. (June 6, 1976). *Paul Getty Dead at 83; Amassed Billions From Oil*.

3) The Observer (November 3, 1957). "If you can actually count your money, then you are not really a rich man."

4) The Telegraph (12 September, 2018). *John Paul Getty was a ruthless billionaire – but who were his five wives?*

5) 마틴 프리드슨 (2000). 그래서 그들은 부자가 되었다. p. 236.

6) 마틴 프리드슨 (2000). 그래서 그들은 부자가 되었다. p. 237.

7) 폴커 타인하르트 (2010). 탐욕의 지배(김희선, 최정미 공역). 서울: 말글빛냄. p. 293.

8) 폴커 타인하르트 (2010). 탐욕의 지배. pp. 297-299.

9) The New York Times. (February 7, 2011). *J. Paul Getty III, 54, Dies; Had Ear Cut Off by Captors*.

10) Forbes. (Mar 24, 2016). *The Getty Family: A Cautionary Tale of Oil, Adultery, And Death*.

11) 잭 웰치 (2001). 잭 웰치, 끝없는 도전과 용기(이동현 역). 서울: 청림출판. p. 182.

12) 잭 웰치 (2001). 잭 웰치, 끝없는 도전과 용기 p. 188.

13) Fortune (March 3, 2020). *Jack Welch's complex legacy.*

14) 경향신문 (2001년 12월 19일). CEO라운지: 세계에서 존경받는 기업 GE.

15) 잭 웰치 (2001). 잭 웰치, 끝없는 도전과 용기 p. 196.

16) 잭 웰치 (2001). 잭 웰치, 끝없는 도전과 용기 p. 197.

17) 잭 웰치 (2001). 잭 웰치, 끝없는 도전과 용기 p. 196.

18) 잭 웰치 (2001). 잭 웰치, 끝없는 도전과 용기 p. 197.

19) 잭 웰치 (2001). 잭 웰치, 끝없는 도전과 용기 p. 123.

20) *President Obama on the Passing of Steve Jobs: "He changed the way each of us sees the world."* (October 5, 2011). https://obamawhitehouse.archives.gov/

21) 월터 아이작슨 (2011). 스티브 잡스(안진환 역). 서울: 민음사. 3-11장.

22) 월터 아이작슨 (2011). 스티브 잡스. p. 201.

23) 월터 아이작슨 (2011). 스티브 잡스. pp. 202-203.

24) 월터 아이작슨 (2011). 스티브 잡스. p. 281.

25) 월터 아이작슨 (2011). 스티브 잡스. pp. 95-97.

26) 월터 아이작슨 (2011). 스티브 잡스. pp. 149-156.

27) 조지 J. 마레트 (2005). 하워드 휴즈(강혜정 역). 경기: 달과소. pp. 21-26.

28) 조지 J. 마레트 (2005). 하워드 휴즈. pp. 57-65.

29) 조지 J. 마레트 (2005). 하워드 휴즈. p 127.

30) https://en.wikipedia.org/wiki/Howard_Hughes

31) 조지 J. 마레트 (2005). 하워드 휴즈. p 343.

32) 찰스 하이햄 (2005). 에비에이터(이지선 역). 서울: 황금가지. p. 41.

33) 찰스 하이햄 (2005). 에비에이터. p. 51.

34) 찰스 하이햄 (2005). 에비에이터. 11장.

35) 찰스 하이햄 (2005). 에비에이터. p.121.

36) 찰스 하이햄 (2005). 에비에이터. p. 51.

37) 찰스 하이햄 (2005). 에비에이터. p. 272.

38) 찰스 하이햄 (2005). 에비에이터. pp. 301-331.

39) 찰스 하이햄 (2005). 에비에이터. pp. 195-198.

40) Snow R. F. (2000). "Young man, I invented the modern age." *American Heritage, 51*(3). https://www.americanheritage.com/young-man-i-invented-modern-age

41) 헨리 포드 (2019). 나의 삶과 일: 헨리포드 자서전(이주명 역). 서울: 필맥. p. 129.

42) https://www.britannica.com/money/Henry-Ford#ref213223-1

43) https://en.wikipedia.org/wiki/Henry_Ford#cite_note-23

44) New York Times (May 20, 1923). *List of the ten richest men in the world includes six amenricans, with Ford on top; Rockefeller Rated Second — men of mystery, Zaharoff and Walker, found among wealthiest.*

45) 헨리 포드 (2019). 나의 삶과 일: 헨리포드 자서전. pp. 111-112.

46) 헨리 포드 (2019). 나의 삶과 일: 헨리포드 자서전. p. 104

47) https://www.britannica.com/money/Henry-Ford/Control-of-the-company

48) Alexander, M. (2004). Henry Ford and the Jews: The mass production of hate. *Jewish Quarterly Review, 94*(4), 716-718.

49) Quartz. (December 12, 2017). *America's wholesome square dancing tradition is a tool of white supremacy.*

50) The New York Blueprint. (November 15, 2010). *Jews and baseball is a film you should catch.*

51) https://www.thehistoryreader.com/ *Hitler's american friends: Henry Ford and nazism* by Bradley W. Hart

52) 토머스 J. 윗슨, 피터 페트리 (1995). IBM 창업자와 후계자(유철준 역). 서울: 을유문화사. 2장.

53) 토머스 J. 윗슨, 피터 페트리 (1995). IBM 창업자와 후계자. p. 23.

54) Williams, W. H. A. (1996). *Twas only an irishman's dream: The image of ireland and the irish in american popular song lyrics, 1800-1920.* Champaign, IL: University of Illinois Press. p. 148.

55) Harper's Weekly. (September 2, 1871). *The usual irish way of doing things.*

56) 토머스 J. 윗슨, 피터 페트리 (1995). IBM 창업자와 후계자. pp. 69-71.

57) 토머스 J. 윗슨, 피터 페트리 (1995). IBM 창업자와 후계자. 15장.

58) 토머스 J. 윗슨, 피터 페트리 (1995). IBM 창업자와 후계자. p. 183.

59) 토머스 J. 윗슨, 피터 페트리 (1995). IBM 창업자와 후계자. p. 184.

60) 로버트 A. 존슨 (2007). 당신의 그림자가 울고 있다: 융 심리학이 밝히는 내 안의 낯선 나(고혜경 역). 용인: 에코의 서재. p. 104.

61) 로버트 A. 존슨 (2007). 당신의 그림자가 울고 있다. 책머리.

콤플렉스의 힘

1) Turnbull, H. W. ed., (1959). *The Correspondence of Isaac Newton: 1661-1675* (Vol. 1), London: the Royal Society at the University Press. p. 416.

2) 고영건 (2015). CEO를 위한 성격심리학: 사회적 가치 추구형 CEO가 승리한다. 동아비즈니스리뷰, 184호.

3) https://ourworldindata.org/life-expectancy

4) Orgler, H. (1939). *Alfred Adler, the man and his work.* London: C. W. Daniel. p. 67.

5) Hergenhahn, B. R., & Olson, M. H. (2006). *An Introduction to theories of personality*. Lebanon, IN: Prentice Hall. pp. 95-123.

6) A. 아들러, H. 오글러. (1992). 아들러 심리학 해설(설영환 역). 부산: 선영사. 1장 −4장.

7) A. 아들러, H. 오글러. (1992). 아들러 심리학 해설. pp. 19−20.

8) A. 아들러, H. 오글러. (1992). 아들러 심리학 해설. p. 17.

9) A. 아들러, H. 오글러. (1992). 아들러 심리학 해설. 5장.

10) Ryckman, R. M. (2013). 성격심리학(10판: 장문선 외 공역). 서울: 박학사. p. 133.

11) Ryckman, R. M. (2013). 성격심리학. 4장.

12) 프랭크 설로웨이 (2008). 타고난 반항아: 출생 순서, 가족 관계, 그리고 창조성(정병선 역). 서울: 사이언스북스.

13) Ryckman, R. M. (2013). 성격심리학. 4장.

14) https://heritage.humanists.uk/herbert−spence

15) https://www.cbsnews.com/pictures/presidents−ranked−worst−best/

16) Ridings, W. J., & McIver, S. B. (2000). 위대한 대통령 끔찍한 대통령(김형곤 역). 서울: 한국언론자료간행회. pp. 277−285.

17) The New York Times. (July 13, 2014). *The letters that Warren G. Harding's family didn't want you to see*.

18) Ridings, W. J., & McIver, S. B. (2000). 위대한 대통령 끔찍한 대통령. pp. 286−292.

19) Coolidge, C. (2001). Peter Hannaford (ed.). *The Quotable Calvin Coolidge: Sensible words for a new century*. Carlisle, MA: Applewood Books. p. 169.

20) 린더 카니 (2019). 팀 쿡(안진환 역). 파주: 다산북스. p. 166−175.

21) Forbes. (Oct 31, 2012). *Apple management lesson: How to handle a wayward superstar*.

22) 린더 카니 (2019). 팀 쿡. p. 6.

23) 머니투데이 (2014년 11월 26일). 애플, 시총 7,000억 달러 돌파... 잡스 때보다 2배↑

24) 린더 카니 (2019). 팀 쿡. p. 369.

25) Fortune (2015). *CEO ranking: Apple's Tim Cook is no. 1, Tesla's Elon Musk is no. 204*.

26) 조선일보. (2015년 7월 10일). 희미해진 '잡스'의 추억⋯ 이제 나의 시대가 왔노라.

27) 매일경제. (2015년 3월 27일). 팀 쿡 "8,800억 원 전 재산 생전에 기부하겠다"

28) Tim Cook's commencement address at George Washington University (May 17, 2015).

29) 아주경제 (2015년 5월 12일). 팀 쿡 애플 CEO 또 중국...웨이보 가입으로 중국인 마음 녹여.

30) A. 아들러, H. 오글러. (1992). 아들러 심리학 해설. p. 84.

31) Ryckman, R. M. (2013). 성격심리학. pp. 118−119.

32) 고영건 (2012). 삶에 단비가 필요하다면: 인디언 기우제 이야기. 서울: 박영북스. 3장.

33) Ward, G. C., & Burns, K. (2014). *The Roosevelts: An intimate history*. New York: Knopf Doubleday Publishing Group. p. 332.

34) Service, R. (2004). *Stalin: A Biography*. New York: Macmillan. p. 17.

35) Service, R. (2004). *Stalin: A Biography*. p. 25.

36) Guardian. (Aug 4, 2005). *Journal reveals Hitler's dysfunctional family*.

37) https://en.wikipedia.org/wiki/Germania_(city)

38) Gunther, J. (1940). *Inside europe*. New York: Harper & Brothers. pp. 516–517, 530–532, 534–535.

39) Dickens, C. (1986). *A Christmas Carol*, New York: Bantam Classics. Stave 4, The Last of the Spirits.

40) Carnegie, D. (1981). *How to win friends and influence people*. New York: Simon and Schuster. p. 71.

우주산업 시대를 연 실리콘밸리 거장들의 힘, 전망의 기술

1) 중앙일보 (2018년 7월 5일). 인사이트: 362조 우주산업 시장을 열었다 ⋯ 현실 속 아이언맨들.

2) 한국경제신문 (2017년 12월 7일). 머스크 CEO, 테슬라와 스페이스X 합병 검토해야.

3) 한국경제 (2025년 12월 13일). 일론 머스트 '스페이스X' 상장 앞두고 기업가치에 깜짝.

4) Gilbert, D. (2006). *Stumbling on happiness*. New York: Vintage Books. ch 3.

5) 피터 틸, 블레이크 매스터스 (2014). 제로 투 원(이지연 역). 한경BP. pp. 246−251.

6) Gilbert, D. (2006). *Stumbling on happiness*. New York: Vintage Books. ch 6.

7) Wall Street Journal (2016. 9. 27). *Elon Musk Outlines Plans for Missions to Mars*.

8) Dole, S. (2001). Reconciling contradictions: Identity formation in individuals with giftedness and learning disabilities. *Journal for the Education of the Gifted*, 25, 103−137.

9) 피터 틸, 블레이크 매스터스 (2014). 제로 투 원(이지연 역). 한경BP. p. 229.

10) 헤럴드경제 (2016년 3월 11일). '괴짜'에서 메디컬 산업 주역으로⋯세상 바꾸는 '여성 너드'

11) 리처드 L. 브랜트 (2012). 원클릭 (안진환 역). 자음과 모음,

12) 리처드 L. 브랜트 (2012). 원클릭 (안진환 역). 자음과 모음, p. 68.

13) 중앙일보 (2019년 2월 15일). 안혜리의 시선: 세계 최고 부자, 아마존 회장의 스캔들 대응법.

14) 국민일보 (2019년 7월 1일). 43조짜리 이혼… 아마존 CEO, 이번 주 이혼문서 서명.

15) 애슐리 반스 (2015). 일론 머스크, 미래의 설계자 (안기순 역). 김영사. p. 491.

16) 애슐리 반스 (2015). 일론 머스크, 미래의 설계자 (안기순 역). 김영사.

17) 애슐리 반스 (2015). 일론 머스크, 미래의 설계자 (안기순 역). 김영사. p. 61.

18) The Guardian (2019. 5. 11). Elon Musk faces trial after calling British diver a paedophile.

19) Bowlby, J. (1969/1982). *Attachment and loss: Attachment*. New York: Basic Books.

20) 리처드 브랜슨 (2007). 내가 상상하면 현실이 된다 (이장우 외 공역). 웅진씽크빅.

21) Paulesu et al., (2001). Dyslexia: Cultural diversity and biological unity. *Science, 291*(5511). 2165−7.

22) 리처드 브랜슨 (2007). 내가 상상하면 현실이 된다 (이장우 외 공역). 웅진씽크빅. p. 35.

23) 리처드 브랜슨 (2007). 내가 상상하면 현실이 된다 (이장우 외 공역). 웅진씽크빅. p. 7.

24) 매일경제 (2017년 11월 1일). 'FUN' 리더십의 주역, 버진그룹 창업자 리처드 브랜슨(Richard Branson) 리더에게 필요한 것은 사랑과 도전이다.

25) 조지 베일런트 (2019). 내 마음 속 천국(김진영, 고영건 역). 박영사.

26) 크리스천 데이븐 포트(2019). 타이탄(한정훈 역). 리더스북. p. 438.

27) Sagan, C. (1994). *Pale blue dot: a vision of the human future in space*. New York: Random House. p. 8.

28) 고영건, 김진영 (2019). 행복의 품격. 한경 BP.

29) 고영건, 김진영 (2019). 행복의 품격. 한경 BP.

30) 리처드 L. 브랜트 (2012). 원클릭 (안진환 역). 자음과 모음, p. 59.

31) 크리스천 데이븐 포트(2019). 타이탄(한정훈 역). 리더스북. p. 428.

32) 리처드 브랜슨 (2007). 내가 상상하면 현실이 된다 (이장우 외 공역). 웅진씽크빅. 1장.

33) Dyer, F. L., & Martin, T. C. (1910). *Edison: His life and inventions*. New York: Harper & Brothers. pp. 615−616.

34) 리처드 브랜슨 (2007). 내가 상상하면 현실이 된다 (이장우 외 공역). 웅진씽크빅. 3장.

35) Vaillant, G. E. (2008). *Spiritual evolution: A scientific defense of faith*. New York, NY, US: Broadway Books. p. 103.

36) Evans, B. (1977). You must believe in spring.

37) 앤절라 더크워스 (2016). 그릿(김미정 역). 비즈니스북스. p. 250.

38) 애슐리 반스 (2015). 일론 머스크, 미래의 설계자 (안기순 역). 김영사. pp. 76－77.

39) Wilde, O. (1892). *Lady Windermere's Fan*. Third Act.

40) 고영건, 김진영 (2019). 행복의 품격. 한경 BP.

41) Kierkegaard, S. (2000). *The diary of Soren Kierkegaard*. New York: Citadel Press Books. p. 111.

42) Steve Jobs Stanford Commencement Speech, 2005.

인생의 보이지 않는 리스크

1) 조선일보 (2023년 7월 13일). "젊어지고 싶어" 17세 아들 피 수혈받은 美억만장자, 돌연 중단한 이유.

2) https://blueprint.bryanjohnson.com/pages/blueprint－protocol

3) https://blueprint.bryanjohnson.com/pages/blueprint－protocol#move－on－from－bad－habits

4) Time(September 20, 2023). *The man who thinks he can live forever*. https://time.com/6315607/bryan－johnsons－quest－for－immortality/

5) SBS (2023년 10월 8일). SBS 스페셜: 육체실험. 1부.

6) Time(September 20, 2023). *The man who thinks he can live forever*. https://time.com/6315607/bryan－johnsons－quest－for－immortality/

7) https://blueprint.bryanjohnson.com/pages/blueprint－protocol#master－these－5－habits

8) https://protocol.bryanjohnson.com/#current－results

9) Time(September 20, 2023). *The man who thinks he can live forever*.

10) 조선일보 (2023년 7월 13일). "젊어지고 싶어" 17세 아들 피 수혈받은 美억만장자, 돌연 중단한 이유.

11) SBS (2023년 10월 8일). SBS 스페셜: 육체실험. 1부.

12) 조선일보 (2023년 7월 13일). "젊어지고 싶어" 17세 아들 피 수혈받은 美억만장자, 돌연 중단한 이유.

13) 조선일보 (2023년 7월 13일). "젊어지고 싶어" 17세 아들 피 수혈받은 美억만장자, 돌연 중단한 이유.

14) Time(September 20, 2023). *The man who thinks he can live forever*.

15) 조선일보(2024년 4월 14일). 회춘에 年27억 쓴 40대... "리즈 시절 투표해 달라" 결과 보니

16) Johnson, B. (2024). *Before and after my $2m anti−aging routine* https://www.youtube.com/watch?v=pSkfk_Snygo

17) Time(September 20, 2023). *The man who thinks he can live forever.*

18) Time(September 20, 2023). *The man who thinks he can live forever.*

19) 쇠렌 오뷔에 키르케고르 (2012). 죽음에 이르는 병(박병덕 역). 파주: 비전북.

20) Navarini, A. A. (2009). Marie Antoinette syndrome. *Archives of Dermatology, 145*(6), 656.

21) Trüeb, Ralph M. (2013). *Female Alopecia: Guide to successful management.* Berlin: Springer Science & Business Media. p. 132.

22) 풍몽룡 (2015). 동주열국지(4권: 김영문 역). 파주: 글항아리. 제 72회, p. 202.

23) Nahm, M., Navarini, A. A., & Kelly, E. W. (2013). Canities subita : A reappraisal of evidence based on 196 case reports published in the medical literature. *International Journal of Trichology, 5*(2), 63–68.

24) Zhang, B., Ma, S., Rachmin, I. et al. (2020). Hyperactivation of sympathetic nerves drives depletion of melanocyte stem cells. *Nature,* 577, 676–681.

25) Borgschulte, M., Guenzel, M., Liu, C., & Malmendier, U. (2020). CEO stress, aging, and death. *CEPR Discussion Paper* No. DP14933.

26) Starbucks (November 16, 2006). *Starbucks reports record full year 2006 results.* https://www.marketscreener.com/quote/stock/STARBUCKS−CORPORATION−4905/news/Starbucks−Starbucks−Reports−Record−Full−Year−2006−Results−253836/

27) 세계일보(2008년 1월 9일). '스타벅스 신화' 슐츠 회장 컴백.

28) Feynman, R. (November 9−19, 1964). *The character of physical law* (Part 6: Probability and uncertainty). https://www.youtube.com/watch?v=aAgcqgDc−YM

29) 슈테판 츠바이크 (2000). 정신의 탐험자들(안인희 역). 서울: 푸른숲. p. 135.

30) https://en.wikipedia.org/wiki/Hans_Selye

31) 로버트 새폴스키 (2008). 스트레스: 당신을 병들게 하는 모든 것(이재담 등 공역). 서울: 사이언스 북스. pp. 28−30.

32) Selye, H. (1974). *Stress without distress.* New York: Harper & Row. p. 25.

33) Selye, H. (1974). p. 20.

34) Selye, H. (1974). pp. 24−27.

35) V. M. 딜만. (1995). 뚱뚱한 사람의 시간은 더 빨리 흐른다(유병선 역). 서울: 서운관. p. 91.

36) 로버트 새폴스키 (2008). p. 36.

37) V. M. 딜만. (1995). p. 114.

38) V. M. 딜만. (1995). p. 100.

39) 리사 펠트먼 배럿 (2021). 이토록 뜻밖의 뇌과학(변지영 역). 서울: 길벗. pp.

$20-33.$

40) 로버트 새폴스키 (2008). p. 30.

41) Sterling P. (2012). Allostasis: a model of predictive regulation. *Physiology & Behavior, 106*(1), 5－15.

42) 로버트 새폴스키 (2008). p. 31.

43) CNN (Thu October 3, 2013). *How Google's Calico aims to fight aging and 'solve death.'* https://www.cnn.com/2013/10/03/tech/innovation/google－calico－aging －death/index.html

44) The Telegraph (19 September, 2014). *Peter Thiel: the billionaire tech entrepreneur on a mission to cheat death.*

45) UN WPP (2022); HMD (2023); Zijdeman et al. (2015); Riley (2005) – with minor processing by Our World in Data. "Life expectancy at birth – Various sources – period tables" [dataset]. Human Mortality Database, "Human Mortality Database" United Nations, "World Population Prospects 2022" United Nations, "World Population Prospects" Zijdeman et al., "Life Expectancy at birth 2" James C. Riley, "Estimates of Regional and Global Life Expectancy, 1800－2001" [original data]. https://ourworldindata.org/life－expectancy

46) 유발 하라리 (2017). 호모데우스(김명주 역). 파주: 김영사. p. 48.

47) Lehallier, B. et al. (2019). Undulating changes in human plasma proteome profiles across the lifespan. *Nature Medicine, 25*(12), 1843－1850.

48) 통계청 (2024). 기대수명(0세 기대여명) 및 유병기간 제외 기대수명(건강수명) 추이(출처: 통계청, 「생명표, 국가승인통계 제101035호」)

49) Singer, B., & Ryff, C. D. (1999). Hierarchies of life histories and associated health risks. *Annals of the New York Academy of Sciences*, 896(1), 96-115.

50) https://kosis.kr/statHtml/statHtml.do?orgId＝101&tblId＝DT_1BPA002&checkFlag ＝N

한국의 초저출생 및 초고령화 문제에 대한 심리진단: 보이지 않는 전쟁

1) 대한민국정부 (2020). 제4차 저출산·고령사회 기본계획 2021－2025. 대한민국정부. p. 11.

2) United Nations, Department of Economic and Social Affairs Population Division (2024).

3) 채상욱, 김정훈 (2024). 피크아웃 코리아. 서울: 커넥티드그라운드. p. 20.

4) 대한민국정부 (2018). 제1차 저출산·고령사회 기본계획 2006－2010(보완판). 대한민국정부. p. 14.

5) 국회예산정책처(2023). 중장기 재정현안 분석, 인구위기 대응전략: 3. 저출산 대응 전략. 서울: 국회예산정책처. p. 20.

6) 중앙일보(2023년 4월 21일). CCTV설치가 저출산 대책? 헛발질 예산만 10년간 7조 4000억원.

7) 대한민국정부 (2020). p. 48.

8) 이철희(2018). 한국의 출산장려정책은 실패했는가?: 2000년~2016년 출산율 변화요인 분해 경제학연구, 66(3), pp.5－42.
대한민국정부 (2020). 제4차 저출산·고령사회 기본계획 2021－2025. p. 33.

9) Luhmann, M., Lucas, R. E., Eid, M., & Diener, E. (2013). The prospective effect of life satisfaction on life events. *Social Psychological and Personality Science*, 4(1), 39–45.

10) Mencarini, L., Vignoli, D., Zeydanli, T. & Kim, J. (2018) Life satisfaction favors reproduction. The universal positive effect of life satisfaction on childbearing in contemporary low fertility countries. *PLOS ONE 13*(12): e0206202.

11) 대한민국정부 (2020). 제4차 저출산·고령사회 기본계획 2021－2025. p. 43.

12) United Nations, Department of Economic and Social Affairs Population Division (2024).

13) 통계청 (2024). 2024년 3월 인구동향. 대전: 통계청. p. 4.

14) Keynes, J. M. (1936). *General Theory of Employment, Interest and Money*. New York: Harcourt, Brace. p. 84.

15) Helliwell, J. F., Layard, R., Sachs, J. D., De Neve, J.－E., Aknin, L. B., & Wang, S. (Eds.). (2024). World Happiness Report 2024. University of Oxford: Wellbeing Research Centre.
United Nations, Department of Economic and Social Affairs Population Division (2024).

16) Waldinger, R., & Schulz, M (2023). *The good life*. New York: Simon & Schuster. pp. 18－19.

17) 대한민국정부 (2020). p. 17.

18) 박진백 (2022). 주택가격 상승이 출산율 하락에 미치는 동태적 영향 연구. 세종: 국토연구원. p. 22.

19) 국민 삶의 질 지표－지표누리
https://www.index.go.kr/unity/potal/indicator/IndexInfo.do?cdNo＝210&clasCd＝8&idxCd＝8063&upCd＝23 United Nations, Department of Economic and Social Affairs Population Division (2024).

20) Deaton, A., & Stone, A. A. (2014). Evaluative and hedonic wellbeing among those with and without children at home. *Proceedings of the National Academy of Sciences, 111*(4), 1328－1333.

21) 제니퍼 시니어. (2014). 부모로 산다는 것(이경식 역). 서울: 알에이치코리아. p. 14.

22) Financial Times (August 16, 2013). *Russia accused of triggering trade war with Ukraine.*
경향신문(2013년 12월 1일). 유럽과 러시아 사이' 갈등의 우크라이나.
JTBC (2014년 3월 18일). 푸틴, 크림반도 합병 절차 개시…서방, 러시아 제재 나서
중앙일보 (2022년 2월 25일). 러시아군, 우크라 수도 외곽 진격

23) Bolouki A, Zal F. (2020). Impact of war on fertility and infertility. *Archives of Iranian Medicine, 1*(23), 4Suppl1, 16 − 22.

24) Hannoun, A. B., Nassar, A. H., Usta, I. M. Zreik, T. G., & Abu − Musa, A. A. (2017). Effect of war on the menstrual cycle. *Obstetrics & Gynecology, 109*(4), 929 − 932.

25) Abu − Musa, A. A., Kobeissi, L., Hannoun, A. B., & Inhorn, M. C. (2008). Effect of war on fertility: a review of the literature. *Reproductive BioMedicine Online, 17*(Suppl. 1). 43 − 53.

26) Abu − Musa A. A., Nassar A. H., Hannoun A. B., & Usta, A. M. (2007). Effect of Lebanese civil war on sperm parameters. *Fertility Sterility 88*, 1579–1582.

27) Abu − Musa, A. A., Kobeissi, L., Hannoun, A. B., & Inhorn, M. C. (2008).

28) Vaara, J. P., Kalliomaa, R., Hynninen, P., & Kyröläinen, H. (2015). Physical fitness and hormonal profile during an 11 − week paratroop training period. *The Journal of Strength & Conditioning Research*, 29(Suppl 11), 163 − 167.

29) 통계청 (2023). 장래인구추계 중 주요 연령계층별 추계인구(생산연령인구, 고령인구 등). https://kosis.kr

30) 대한민국정부 (2020). p. 8.

31) 대한민국정부 (2020). p. 38.

32) 통계청 (2023). 사망원인통계 중 자살률.
https://www.index.go.kr/unity/potal/indicator/IndexInfo.do?cdNo = 210&clasCd = 8&idxCd = 8040&upCd = 5

33) Centers for Disease Control and Prevention (2024). *Suicide data and statistics.*
https://www.cdc.gov/suicide/facts/data.html#cdc_data_surveillance_section_4 − suicide − rates

34) 권중돈, 엄태영, 김유진 (2012). 보건사회연구, 32(1), 89 − 114.

35) 통계청 (2023). 장래인구추계 2023 중 독거노인비율.
https://www.index.go.kr/unity/potal/indicator/IndexInfo.do?cdNo = 2&clasCd = 2&idxCd = 4233&upCd = 7

36) 통계청 (2023). 사회조사 중 사회적 고립도
https://www.index.go.kr/unity/potal/indicator/IndexInfo.do?cdNo = 2&clasCd = 8&idxCd = 8080&upCd = 12

37) 통계청 (2024). 지역사회 소속감(출처: 한국행정연구원, 사회통합실태조사)
https://www.index.go.kr/unity/potal/indicator/IndexInfo.do?cdNo = 210&clasCd = 8&i

dxCd＝8073&upCd＝12

38) Charles, S. T., Reynolds, C. A., & Gatz, M. (2001). Age－related differences and change in positive and negative affect over 23 years. *Journal of Personality and Social Psychology, 80*(1), 136－151.

39) 국회미래연구원 (2023). 한국인의 행복조사.
Charles, S. T., Reynolds, C. A., & Gatz, M. (2001).

40) 통계청 (2023). 삶의 만족도 중 긍정정서와 부정정서
https://www.index.go.kr/unity/potal/indicator/IndexInfo.do?cdNo＝210&clasCd＝8&idxCd＝8063&upCd＝23

전쟁 같은 삶을 견딜만한 것으로 바꾸는 비결

1) 통계청 (2024). 국제비교: OECD 주요국의 자살률(1985 ~ 2021).
https://www.index.go.kr/unity/potal/indicator/IndexInfo.do?cdNo＝210&clasCd＝8&idxCd＝8040&upCd＝5

2) 통계청 (2024). 국제비교: OECD 주요국의 자살률(1985 ~ 2021).
United Nations, Department of Economic and Social Affairs Population Division (2024).

3) Pew Research Center (November 18, 2021). *What makes life meaningful? Views from 17 advanced economies.*
https://www.pewresearch.org/global/2021/11/18/what－makes－life－meaningful－views－from－17－advanced－economies/

4) Pew Research Center (November 18, 2021). *What makes life meaningful? Views from 17 advanced economies.*

5) 스티브 테일러 (2024). 자아폭발(우태영 역). 고양: 서스테인. p. 17.

6) van der Dennen, J. M. G. (1995). The origin of war: The evolution of a male－coalitional reproductive strategy, Vols. 1 & 2. Origin Press. p. 54.

7) 톰 필립스 (2019). 인간의 흑역사(홍한결 역). 파주: 월북. p. 257.

8) Technical World Magazine (October, 1912). *Marconi's plans for the world.* 145－150.

9) 토머스 길로비치, 리 로스 (2018). 이 방에서 가장 지혜로운 사람(이경식 역). 서울: 한국경제신문사. p. 284.

10) 스티브 테일러 (2024). p. 21.

11) WHO (2024). *The Global Health Observatory.*
https://www.who.int/data/gho/data/themes/mortality－and－global－health－estimates/ghe－leading－causes－of－death

12) 헤로도토스 (2001). 역사(박광순 역) 상(上). 서울: 범우사. p. 83.

13) Suits, B. (2005). *The grasshopper: Games, life and utopia*. Peterborough, ON: Broadview Press. p. 55.

14) 제인 맥고니걸 (2012). 누구나 게임을 한다(김고명 역). 서울: 알에이치코리아. p. 42.

15) 요한 하위징아 (2019). 호모루덴스: 놀이하는 인간(권오상 역) 고양: 연암서가. pp. 47 − 49.

16) MBC(2002년 6월 15일). 9시 뉴스데스크.

17) Vaillant, G. E. (2008). *Spiritual evolution: A scientific defense of faith*. New York, NY, US: Broadway Books. p. 5.

18) 김진영, 고영건 (2022). 이만하면 괜찮은 부모: 세상의 나쁜 것을 이기는 부모의 좋은 힘. 서울: 한국경제신문사. p. 19.

19) 고영건, 김진영 (2019). 행복의 품격. 서울: 한국경제신문사. pp. 122 − 128.

20) 스티브 도나휴 (2005) 사막을 건너는 여섯가지 방법(고상숙 역). 파주: 김영사. pp. 64 − 80.

21) 김진영, 고영건 (2022). 이만하면 괜찮은 부모, p. 54.

22) 고영건 (2019). 사람의 향기. 서울: 피와이메이트. p. 13.

23) Shaw, G. B. (1901). *Three plays for Puritans: The devil's disciple, Cæsar and Cleopatra, & Captain Brassbound's conversion*. London : G. Richards p. 189.

24) 김진영, 고영건 (2022). 이만하면 괜찮은 부모, pp. 57 − 61.

25) Vaillant, G. E. (2008). *Spiritual evolution*, p. 117.

26) 조지 베일런트 (2013). 행복의 지도: 하버드 성인발달연구가 주는 선물(김진영, 고영건 공역). 서울: 학지사. pp. 483 − 495.

27) Vaillant, G. E. (2008). *Spiritual evolution: A scientific defense of faith*. New York, NY, US: Broadway Books. pp. 151 − 163.

28) https://cascadianwanderer.com/2014/07/29/the − dalai − lama − is − jim − brown/

29) 법정 (2010). 아름다운 마무리. 서울: 문학의 숲. p. 58.

30) Lacewing, M. (2016). Can non − theists appropriately feel existential gratitude? *Religious Studies, 52*(2), 145 − 165.

31) John Ortberg (2008). *When the game is over, It all goes back in the box*. Grand Rapids, MI: Zondervan. p. 149.

32) Melody Beattie Quotes. https://www.brainyquote.com/authors/melody − beattie − quotes

33) Chowdhury, M. R. (2021). The neuroscience of gratitude and how It affects anxiety & grief. https://positivepsychology.com/neuroscience − of − gratitude/

34) 조지 베일런트 (2019). 내 마음 속 천국: 영성이 이끄는 삶(김진영, 고영건 역). 서울: 박영스토리. p. 205.

35) Keltner, D. (2009). Born to Be Good: *The science of a meaningful life*. New York: W. W. Norton & Company.

36) Keltner, D. (2023). *Awe: The new science of everyday wonder and how it can transform your life*. New York, NY: Penguin Press. pp. 105−108.

37) Eben, H. (2023). The power of everyday awe. *Harvard Business Review, 101*(1), 150−151.

38) Los Angeles Times (April 29, 2002). *Charting the hours of chaos*.

39) 리차드 라그라네스 (2007). 프리 라이터스 다이어리. 파라마운트.

40) 에린 그루웰 (2007). 프리덤 라이터스 다이어리 (김태훈 역). 서울: 랜덤하우스.

41) Erin Gruwell. The line game
https://www.youtube.com/watch?v=rmk85C7GBB8
https://www.chasingthefrog.com/reelfaces/freedomwriters.php

42) Gruwell, E. (1999). *The freedom writers diary*. New York: Broadway Books. p. 49.

43) Gruwell, E. (1999). p. 278.

44) Erin Gruwell. The line game

45) Churchill, W. (1940). *First speech as prime minister to house of commons*.
https://winstonchurchill.org/resources/speeches/1940−the−finest−hour/blood−toil−tears−sweat/

46) Gruwell, E. (1999). p. 149.

47) Gruwell, E. (1999). p. 149.

48) https://freedomwritersfoundation.org/about/

49) Erin Gruwell. The line game

50) Elliott R., Strenta A. C., Adair R., Matier M., & Scott J. (1996). The role of ethnicity in choosing and leaving science in highly selective institutions. *Research in Higher Education, 37*(6), 681-709.

51) 매일경제(2023년 8월 8일). CEO 성공 제1조건은 '멘탈 관리'

52) 벤 호로위츠(2014). 하드씽(안진환 역). 서울: 한국경제신문사 출판부.

53) 고영건, 김진영 (2019). 행복의 품격. 서울: 한국경제신문사 출판부. pp 99−100.

54) Fortune(August 31, 2016). *12 business leaders on how they handle stress*.

55) Fortune(April 7 2023). *Apple's Tim Cook shares his simple stress relief tip for running one of the biggest businesses in the world—and anyone can do it*.

56) CNBC(Apr 21 2023). *Warren Buffett says he worries about nuclear threats and more pandemics—but never the future of Berkshire Hathaway*.

57) Inc.com. Grow. *Warren Buffett was 'terrified' of public speaking and took 3 steps to conquer his fear*.
https://www.inc.com/carmine−gallo/3−steps−to−overcome−stage−fright−that−

worked－for－warren－buffett.html

58) Wegner, D. M., Schneider, D. J., Carter, S. R., & White, T. L. (1987). Paradoxical effects of thought suppression. *Journal of Personality and Social Psychology, 53*, 5－13.

21세기에 대한 심리학적 전망

1) 존 L. 캐스터. (2012). 대중의 직관(이현주 역). 서울: 반비. p. 52.

2) Eade, K. (2021). *Beyond all recognition*. Selden, NY: Times Square Publishing. Prologue.

3) Economic History Association (2023). *U.S. economy in World War I.* https://eh.net/encyclopedia/u－s－economy－in－world－war－i/

4) *The Roaring twenties.* https://www.history.com/articles/roaring－twenties－history

5) 고영건 (2014). 미국의 번영과 히스테리적 소비, 마침내 거품과 대공황을 낳다. 동아비즈니스리뷰, 157호.

6) Costa A, Jesus S, Almeida M, Alcafache J. (2022). Psychogenic epidemic: mass hysteria phenomena in Portugal. *European Psychiatry, 65*(S1), s395.

7) 존 엘리스. (2009). 참호 속에 갇힌 제 1차 세계대전(정병선 역). 서울: 마티.

8) 존 엘리스. (2009). 참호 속에 갇힌 제 1차 세계대전. p. 9.

9) https://en.wikipedia.org/wiki/Chemical_weapons_in_World_War_I

10) Barry, J. M. (2021). *The great influenza: The story of the deadliest pandemic in history*. New York: Penguin Books. pp. 397－398.

11) 고영건 (2014). 미국의 번영과 히스테리적 소비, 마침내 거품과 대공황을 낳다. 동아비즈니스리뷰, 157호.

12) Levin, M. B. (1971). *Political hysteria in America: The democratic capacity for repression*. New York: Basic Books.

13) The Red Scare. https://coldwarstudies.com/the－red－scare

14) 고영건 (2014). 미국의 번영과 히스테리적 소비, 마침내 거품과 대공황을 낳다. 동아비즈니스리뷰, 157호.

15) Mrs Katherine Fullerton Gerould write a letter to Harper's Magazine in 1922.

16) 고영건 (2014). 미국의 번영과 히스테리적 소비, 마침내 거품과 대공황을 낳다. 동아비즈니스리뷰, 157호.

17) 고영건 (2014). 미국의 번영과 히스테리적 소비, 마침내 거품과 대공황을 낳다. 동아비즈니스리뷰, 157호.

18) The Washington Post (June 1, 2021). *Tulsa isn't the only race massacre you*

were never taught in school. Here are others.

19) Warburton, C. (1932). *The economic results of Prohibition.* New York: Columbia University Press. pp. 23-26, 72.

20) https://www.pbs.org/kenburns/prohibition/unintended−consequences

21) 고영건 (2014). 미국의 번영과 히스테리적 소비, 마침내 거품과 대공황을 낳다. 동아비즈니스리뷰, 157호.

22) *Highest gross income in a single year by a private citizen.* https://www.guinnessworldrecords.com/world−records/115643−highest−gross−income−in−a−single−year−by−a−private−citizen

23) 고영건 (2014). 미국의 번영과 히스테리적 소비, 마침내 거품과 대공황을 낳다. 동아비즈니스리뷰, 157호.

24) 올리버 스톤, 피터 커즈닉 (2015). 아무도 말하지 않는 미국현대사(이광일 역). 파주: 들녘. pp. 66−68.

25) *Flappers.* https://www.history.com/articles/flappers

26) https://www.encyclopedia.com/history/united−states−and−canada/us−history/flappers

27) 찰스 패너티 (1997). 문화와 유행상품의 역사(이용웅 역). 서울: 자작나무. p. 255.

28) The Guardian (Apr 21, 2025). *Women and the first world war: a taste of freedom.*

29) The Doughboy Foundation (Jun 27, 2023). *Women's fashion during World War I: 1914-1920.*

30) Langley, S. (2005). *"Jazz" in roaring '20s fashions.* Atglen, PA: Schiffer Publishing. p.16.

31) Latham, A. J. (2000). *Posing a threat: Flappers, chorus girls, and other brazen performers of the American 1920s.* Hanover NH: University Press of New England. p. 9.

32) Glamour Daze (May 10, 2025). *The cloche hat: A bell−shaped revolution. That's still ringing.*

33) Fitzgerald, F. S. (1931). Echoes of the jazz age. *Scribner's Magazine,* November.

34) *Jazz.* https://en.wikipedia.org/wiki/Jazz

35) 고영건 (2014). 미국의 번영과 히스테리적 소비, 마침내 거품과 대공황을 낳다. 동아비즈니스리뷰, 157호.

36) 고영건 (2014). 미국의 번영과 히스테리적 소비, 마침내 거품과 대공황을 낳다. 동아비즈니스리뷰, 157호.

37) 64 Parishes (June 29, 2019). *Jazz funerals and second line parades.*

38) 찰스 패너티 (1997). 문화와 유행상품의 역사. p. 256.

39) Duenil, L. (1995). *The modern temper: American culture and society in the*

1920s. New York, NY: Hill and Wang. p. 136.

40) 고영건 (2014). 미국의 번영과 히스테리적 소비, 마침내 거품과 대공황을 낳다. 동 아비즈니스리뷰, 157호.

41) 찰스 패너티 (1997). 문화와 유행상품의 역사. pp. 246−247.

42) *The golden age of competition: 1920s sports.* https://www.1920s−fashion−and−music.com/1920s−sports.html

43) *Roaring twenties.* https://en.wikipedia.org/wiki/Roaring_Twenties

44) 고영건 (2014). 미국의 번영과 히스테리적 소비, 마침내 거품과 대공황을 낳다. 동 아비즈니스리뷰, 157호

45) *Tabloid (newspaper format).* https://en.wikipedia.org/wiki/Tabloid_(newspaper_format)

46) 전상봉 (2012). 자본주의, 미국의 역사. 서울: 시대의 창. p. 57.

47) 주명건 (1983). 미국경제사. 서울: 박영사. p. 365.

48) Library of Congress Blogs (Jan 17, 2019). *When a quote is not (exactly) a quote: The business of America is business Edition.*

49) 주명건 (1983). 미국경제사. p. 374.

50) *Credit history: The evolution of consumer credit in America.* https://www.econlowdown.org/v3/public/credit−history−the−evolution−of−consumer−credit−in−america

51) 전상봉 (2012). 자본주의, 미국의 역사. p. 59.

52) 전상봉 (2012). 자본주의, 미국의 역사. p. 59.

53) *Herbert Hoover's 1928 acceptance speech*

54) 존 L. 캐스터. (2012). 대중의 직관. p. 240.

55) 존 L. 캐스터. (2012). 대중의 직관. p. 121.

56) 고영건 (2014). 미국의 번영과 히스테리적 소비, 마침내 거품과 대공황을 낳다. 동 아비즈니스리뷰, 157호.

57) 존 L. 캐스터. (2012). 대중의 직관. pp. 90−91.

58) Income Inequality in the United States https://inequality.org/facts/income−inequality/

59) *Roaring twenties.* https://en.wikipedia.org/wiki/Roaring_Twenties

60) The Tontine Coffee−House (Apr 17, 2023). *The Florida land bubble.*

61) The New York Times (Jan 14, 2020). *Built on sand: The get−rich−quick scams of 1920s Florida.*

62) The New York Times (Jan 14, 2020). *Built on sand: The get−rich−quick scams of 1920s Florida.*

63) 로버트 라이시 (2011). 위기는 왜 반복되는가(안진환, 박슬라 공역). 파주: 김영사. p. 48.

64) The Tontine Coffee−House (Apr 17, 2023). *The Florida land bubble.*

65) The New York Times (Jan 14, 2020). *Built on sand: The get−rich−quick scams of 1920s Florida.*

66) The New York Times (Jan 14, 2020). *Built on sand: The get−rich−quick scams of 1920s Florida.*

67) 진 스마일리 (2008). 세계대공황 (유왕진 역). p. 18.

68) *Dow Jones − 100 year historical chart.* https://www.macrotrends.net/1319/dow−jones−100−year−historical−chart

69) *Wall street crash of 1929.* https://en.wikipedia.org/wiki/Wall_Street_crash_of_1929

70) 전상봉 (2012). 자본주의, 미국의 역사. p. 61.

71) *Wall street crash of 1929.* https://en.wikipedia.org/wiki/Wall_Street_crash_of_1929

72) Rappoport, P., & White, E. N. (1991). *Was there a bubble in the 1929 stock market?* NBER Working Paper No. 3612. Cambridge, MA: National Bureau of Economic Research

73) *Wall street crash of 1929.* https://en.wikipedia.org/wiki/Wall_Street_crash_of_1929

74) Los Angeles Times (Feb 8, 1929). *Somebody had to save him from himself!*

75) The blog of the Herbert Hoover Library and Museum (June 15, 2022). *The great stock market crash of 1929: Why history textbooks and the conventional wisdom get it wrong.*

76) BrandVerge (Oct 3, 2023). *Advertising in 1920s: The Influence of agencies, radio, and print in a pivotal decade.*

77) *The great depression, the dust bowl, and New Deal in Oklahoma.* https://www.okhistory.org/learn/depression1

78) https://www.ushistory.org/us/46f.asp?srsltid=AfmBOorr_8wmEm5nvF6ySANzkmaOBtVKxwtgpfrYAo8WIjTTC5bfFgls&utm_source=chatgpt.com

79) https://www.ushistory.org/us/46f.asp?srsltid=AfmBOorr_8wmEm5nvF6ySANzkmaOBtVKxwtgpfrYAo8WIjTTC5bfFgls&utm_source=chatgpt.com

80) 주명건 (1983). 미국경제사. p. 396.

81) 고영건 (2014). 미국의 번영과 히스테리적 소비, 마침내 거품과 대공황을 낳다. 동아비즈니스리뷰, 157호.

82) Lippmann, W. (2009). *A preface to morals.* New York: Macmillan. p. 17.

83) 고영건 (2014). 미국의 번영과 히스테리적 소비, 마침내 거품과 대공황을 낳다. 동아비즈니스리뷰, 157호.

84) Freud, S. (1930). *Civilization and its discontents* (translated from the German

by James Strachey). p. 52.

85) 전상봉 (2012). 자본주의, 미국의 역사. p. 60.

86) The New York Times (Oct 30, 1929). *Stocks collapse in 16,410,030−share day, but rally at close cheers brokers; Bankers optimistic, to continue aid.*

87) *Wall street crash of 1929.* https://en.wikipedia.org/wiki/Wall_Street_crash_of_19 29

88) *Income share of the richest 1% (before tax), 1820 to2023.* https://ourworldindata. org/grapher/income−share−top−1−before−tax−wid?tab=table&country= KOR~USA&mapSelect=KOR~USA&tableFilter=selection

89) 통계청 국가통계포털(KOSIS) (2025). 경제성장률(GDP growth rates). https://kosis.kr/statHtml/statHtml.do?orgId=101&tblId=DT_2KAA905&conn_pat h=I3

90) Federal Reserve Economic Data (FRED). https://fred.stlouisfed.org/categories/33 503

91) https://www.macrotrends.net/2622/dow−jones−by−year−historical−annual− returns 한국은행 금융·경제 스냅샷. https://snapshot.bok.or.kr/

92) 통계청 국가통계포털(KOSIS) (2025). 가계부채. https://kosis.kr/statHtml/statHtml.do?orgId=101&tblId=DT_2KAAD34&conn_pat h=I3

맺음말: 전망의 오류 최소화하기

1) 모건 하우절 (2024). 불변의 법칙(이수경 역). 서울: ㈜ 서삼독. p. 52.

2) Marx, K. (1869). *The eighteenth Brumaire of Louis Bonaparte* (Trans. Padover, S. K.) Marxists Internet Archive (first pub. 1852).

3) Quote Investigator (Jan 12, 2014). *Quote origin: History does not repeat itself, but it rhymes.*

4) Zhou, S., Banawa, R., & Oh, H. (2021). The mental health impact of COVID−19 racial and ethnic discrimination against Asian American and Pacific Islanders. *Frontiers in Psychiatry, 12,* Article 708426.

5) 兵者, 國之大事, 死生之地, 存亡之道, 不可不察也

6) 是故百戰百勝, 非善之善者也, 不戰而屈人之兵, 善之善者也. 故上兵伐謀, 其次伐交, 其次伐兵, 其下攻城.

7) 카를 폰 클라우제비츠 (2016). 전쟁론(김만수 역). 서울: 갈무리. pp. 59−83.

8) 존 키건 (2009) 1차 세계대전사(조행복 역). 서울: 문원문화사. p. 14.

9) 존 키건 (2009) 1차 세계대전사. p. 14.

10) Zajonc, R. B. (1980). Feeling and thinking: Preferences need no inferences. *American Psychologist, 35*(2), 151-175.

11) 윌리엄 맥닐 (2005). 전쟁의 세계사(신미원 역). 서울: 이산. pp. 410−457.

12) *Treaty of Versailles* (1919). https://avalon.law.yale.edu/subject_menus/versailles_menu.asp

13) 피터 심킨스 등 (2008). 모든 전쟁을 끝내기 위한 전쟁(강민수 역). 서울: 플래닛미디어. p 34.

14) *Kaiser Wilhelm II.* https://en.wikipedia.org/wiki/Wilhelm_II

15) Röhl, John C. G. (1998). *Young Wilhelm: The kaiser's early life, 1859-1888.* Cambridge University Press. p. 12.

16) *Kaiser Wilhelm II.* https://www.history.com/articles/kaiser−wilhelm−ii

17) *Kaiser Wilhelm II.* https://www.history.com/articles/kaiser−wilhelm−ii

18) 피터 심킨스 등 (2008). 모든 전쟁을 끝내기 위한 전쟁. pp 26−30.

19) *Kaiser Wilhelm II.* https://www.history.com/articles/kaiser−wilhelm−ii

20) *Franz Joseph I of Austria.* https://en.wikipedia.org/wiki/Franz_Joseph_I_of_Austria

21) *Empress Elisabeth of Austria* https://en.wikipedia.org/wiki/Empress_Elisabeth_of_Austria

22) *Empress Elisabeth of Austria* https://en.wikipedia.org/wiki/Empress_Elisabeth_of_Austria

23) *Empress Elisabeth of Austria* https://en.wikipedia.org/wiki/Empress_Elisabeth_of_Austria

24) *Franz Joseph I of Austria.*https://en.wikipedia.org/wiki/Franz_Joseph_I_of_Austria

25) *Franz Joseph I of Austria.*https://en.wikipedia.org/wiki/Franz_Joseph_I_of_Austria

26) *Maximilian I of Mexico.* https://en.wikipedia.org/wiki/Maximilian_I_of_Mexico

27) *To my peoples.*https://en.wikipedia.org/wiki/To_my_peoples?utm_source=chatgpt.com

28) 존 키건 (2009) 1차 세계대전사. p. 86.

29) 존 키건 (2009) 1차 세계대전사. pp. 76−105.

30) 존 M. 제닝스 등 (2022). 삐뚤어진 리더들의 전쟁사(곽지원 역). 파주: 북이십일. pp. 154−155.

31) *Austria−Hungary.* https://en.wikipedia.org/wiki/Austria−Hungary

32) *Russo−Ukrainian War.* https://en.wikipedia.org/wiki/Russo−Ukrainian_War

33) BBC (May 15, 2025). *Why did Putin's Russia invade Ukraine?*

34) AFP(Mar 8, 2022). *Five reasons why Ukraine has been able to stall Russian advance.*

35) *Yevgeny Prigozhin*. https://en.wikipedia.org/wiki/Yevgeny_Prigozhin

36) *Yevgeny Prigozhin*. https://en.wikipedia.org/wiki/Yevgeny_Prigozhin

37) *Yevgeny Prigozhin*. https://en.wikipedia.org/wiki/Yevgeny_Prigozhin

38) 아담 맥케이 (2015). 빅쇼트. 헐리우드: 파라마운트 픽처스.

39) Plato. *Apology.* 38a.

40) The New York Times (June 4, 2008). *Obama, the self−described 'Rorschach test,' liberal but inscrutable.*

41) McLuhan, M., & Foire, Q. (1967). *The medium is the massage: An inventory of effects.* New York: Bantam Books. pp. 74-75.

42) 조선일보 (2025년 12월 15일자). "맞힐 수 있나요?"···美 NYT도 깜짝 놀란 '불수능' 영어 군항.

43) Dewey, J. (1916). *Democracy and education: An introduction to the philosophy of education.* p. 167.

44) Dewey, J. (1916). *Democracy and education: An introduction to the philosophy of education.* New York: Macmillan. p. 239.

45) https://www.unesco.org/en/futures−literacy?utm_source=chatgpt.com

46) Gibson, W. (December 4, 2003) *The Economist*, Interview.

47) Kay, A. *Xerox PARC internal talks & lectures.*

48) Wilson, T. D., &Gilbert, D. T. (2003). Affective forecasting. *Advances in Experimental Social Psychology, 35,* 345-411.

49) Kahneman, D., Krueger, A. B., Schkade, D. A., Schwarz, N., &Stone, A. A. (2006). Would you be happier if you were richer? A focusing illusion. *Science, 312*(5782), 1908-1910.

50) Havel V. (1990). *Disturbing the peace: A conversation with Karel Hvížďala* (Trans. Paul Wilson). New York: Alfred A. Knopf. p. 181.

51) 한국교육개발원 (2023). 2023년 교육통계연보. 교육부.
National Center for Education Statistics (2023). *Digest of Education Statistics 2023.*
https://nces.ed.gov/programs/digest/d23/tables/dt23_322.10.asp
국가통계포탈 (2024). KOSIS 세계속의 한국.
https://kosis.kr/visual/koreaInWorld/index.do?lang=

52) 국가통계포탈 (2025). https://kosis.kr/index/index.do

고영건

고려대학교 심리학과에서 임상심리학으로 박사 학위를 받았으며 삼성서울병원 정신과에서 임상심리레지던트로서 수련을 받았다. 세계 최초로 '감성지능(EQ)'의 개념을 이론화한 예일 대학교 심리학과의 피터 샐로베이 교수의 지도하에 박사 후 연구원으로 정서지능에 관한 연구를 수행하였다. 고려대학교 심리학과(현재 심리학부) 교수로 부임한 후 고려대학교 학생상담센터장, 고려대학교 문과대학 멘토링상담센터장, 보건복지부 정신건강복지기본계획 수립 추진단 위원, 한국임상심리학회장 등을 역임했다.

고려대학교의 대표적인 강의상 3가지(고려대학교 학부 석탑강의상, 교육대학원 명강의상, 그리고 평생교육원 우수강의상)를 모두 수상한 바 있으며 국가공무원인재개발원, 지방자치인재개발원, 서울특별시 교육연수원 그리고 주요 대기업의 다양한 심리학 교육 프로그램에서 강사로 활약 중이다. 삼성그룹 CEO들이 2011년부터 6년간 수요사장단회의를 통해 들었던 247번의 특강 중에서 조선일보 기자들이 삼성언론재단의 지원을 통해 삼성그룹 CEO들의 추천을 받아 최고의 명강의 30편을 선정해 수록한 『삼성의 CEO들은 무엇을 공부하는가』 책자에 강연 내용이 소개되었다.

한국의 대표적인 경영전문지인 '동아 비즈니스 리뷰(DBR)'와 지식경제 신문인 '매일경제'에 CEO를 위한 심리학 칼럼을 연재한 바 있고 현재 동아일보에 '고영건의 행복견문록'이라는 심리학 칼럼을 연재하고 있다. 주요 저서로는 『사람의 향기: 좋은 것은 사라지지 않는다』, 『행복의 품격(공저)』, 『이만하면 괜찮은 부모: 세상의 나쁜 것을 이기는 부모의 좋은 힘(공저)』, 『삶에 단비가 필요하다면: 인디언기우제 이야기』, 『플로리시: 삶을 밝히는 마음의 빛』, 『심리학적인 연금술(공저)』, 『멘탈휘트니스 긍정심리 프로그램(공저)』 등이 있으며 역서로는 『내 마음속 천국: 영성이 이끄는 삶(공역)』과 『행복의 지도: 하버드 성인발달 연구가 주는 선물(공역)』이 있다.

심리학의 묘미

초판발행	2026년 2월 15일
지은이	고영건
펴낸이	노 현
편 집	전채린
표지디자인	이영경
제 작	고철민·김원표
펴낸곳	㈜ 피와이메이트
	서울특별시 금천구 가산디지털2로 53, 210호(가산동, 한라시그마밸리)
	등록 2014. 2. 12. 제2018-000080호
전 화	02)733-6771
f a x	02)736-4818
e-mail	pys@pybook.co.kr
homepage	www.pybook.co.kr
ISBN	979-11-7279-207-7 03180

정 가 23,000원